Entscheidungstheorie

Markus Wessler

Entscheidungstheorie

Von der klassischen Spieltheorie
zur Anwendung kooperativer Konzepte

Prof. Dr. Markus Wessler
Hochschule für angewandte Wissenschaften München
Deutschland

ISBN 978-3-8349-3136-8   ISBN 978-3-8349-3734-6 (eBook)
DOI 10.1007/978-3-8349-3734-6

Die Deutsche Nationalbibliothek verzeichnet diese Publikation in der Deutschen Nationalbibliografie;
detaillierte bibliografische Daten sind im Internet über http://dnb.d-nb.de abrufbar.

Springer Gabler
© Gabler Verlag | Springer Fachmedien Wiesbaden 2012
Das Werk einschließlich aller seiner Teile ist urheberrechtlich geschützt. Jede Verwertung, die nicht ausdrücklich vom Urheberrechtsgesetz zugelassen ist, bedarf der vorherigen Zustimmung des Verlags. Das gilt insbesondere für Vervielfältigungen, Bearbeitungen, Übersetzungen, Mikroverfilmungen und die Einspeicherung und Verarbeitung in elektronischen Systemen.

Die Wiedergabe von Gebrauchsnamen, Handelsnamen, Warenbezeichnungen usw. in diesem Werk berechtigt auch ohne besondere Kennzeichnung nicht zu der Annahme, dass solche Namen im Sinne der Warenzeichen- und Markenschutz-Gesetzgebung als frei zu betrachten wären und daher von jedermann benutzt werden dürften.

Lektorat: Ulrike Lörcher
Einbandentwurf: KünkelLopka GmbH, Heidelberg

Gedruckt auf säurefreiem und chlorfrei gebleichtem Papier

Springer Gabler ist eine Marke von Springer DE. Springer DE ist Teil der Fachverlagsgruppe
Springer Science+Business Media
www.springer-gabler.de

Wir würden uns für unsere Meinungen nicht verbrennen lassen; wir sind ihrer nicht so sicher. Aber vielleicht dafür, dass wir unsere Meinungen haben dürfen und ändern dürfen.
Friedrich Nietzsche

Vorwort

Unsere Entscheidungen sind etwas zutiefst Persönliches. Sie sind von unseren Erfahrungen, unseren Persönlichkeiten, unseren Meinungen geprägt. Und unsere Meinungen möchten wir vertreten und verteidigen können, selbst wenn die Möglichkeit besteht, dass wir uns geirrt haben. Die Entscheidung selbst, so Friedrich Nietzsche, darf unsicher sein. Zweifel ist legitim. Wie man sich entscheidet, das ist letzten Endes sogar zweitrangig. Die Tatsache, dass man es überhaupt kann und dass man Entscheidungen auch bedauern und, wenn es möglich ist, ändern kann, ist das Wesentliche. Ohne im Vorfeld zu wissen, ob eine Entscheidung „richtig" sein wird, teilweise ohne überhaupt zu wissen, was „richtig" bedeutet, ist der Mensch in der Lage und hat er die Möglichkeit, Entscheidungen zu treffen, zu überdenken und zu revidieren. Der damit verbundene Prozess, komplex und hindernisreich, wie er ist, hat viele Facetten. Einige davon sind Gegenstand dieses Buches, und in diesem Sinn soll der Begriff *Entscheidungstheorie* verstanden werden.

Ausgehend von einer der Ur-Beschäftigungen des Menschen, dem Spiel, und deren systematischer Untersuchung, machen wir uns auf eine Reise durch verschiedene Bereiche des Entscheidens. Es wird in diesem Buch ein Weg beschritten, der wichtige Aspekte unseres Lebens miteinander verbindet: Rationalität und Intuition, Kalkül und Verantwortung. Was dieses Buch genau ist und will, wird in der Einleitung ausführlich dargelegt. Was es nicht ist, kann schon an dieser Stelle gesagt werden. Es ist kein „Standardwerk" über Entscheidungstheorie und will auch keines sein. Davon gibt es genug, und am Ende der Einleitung werden einige weiterführende Literaturhinweise zum allgemeinen Feld der Entscheidungstheorie gegeben. Das Buch will zum eigenständigen Denken anregen; es finden sich durchaus ungewöhnliche Themen darin, während manches, was vielleicht standardmäßig in einem Buch mit diesem Titel erwartet wird, nicht zu finden ist.

Ein Ziel besteht auch darin, den Leserinnen und Lesern, die aus mathematikfernen Gebieten kommen, zu zeigen, was Mathematik kann und sein kann. Wir leben in Zeiten, in denen man bei zehn von zehn Punkten in einem Online-Mathematik-Quiz als Bewertung erhält: „Sie sind ein kleines Genie, stimmt's?" Dabei muss man sich angesichts der recht einfachen Fragen schon wundern, wie wenig Mathematik-Können dem Durchschnittsmenschen offenbar noch zugetraut wird. Dass nach so vielen Image-Kampagnen, auch nach dem Wissenschaftsjahr 2008, die Mathematik, u. A. von Betriebswirten, häufig als eine Disziplin betrachtet wird, deren Verständnis Genie erfordert, ist höchst irritierend.

Dieses Buch soll zeigen, dass jeder Mensch Zusammenhänge erkennen, Strukturen finden und Schlussfolgerungen ziehen kann. Mathematisches Denken und gesunder Menschenverstand greifen hierbei im Idealfall ineinander.

Das Entscheidungsvermögen des Menschen und die Art und Weise, wie er Entscheidungen trifft, macht im Laufe des Lebens eine Entwicklung durch. Es gibt unvorstellbar viele Aspekte der Entscheidungstheorie, und viele davon wurden mir erst während der Arbeit an diesem Buch bewusst. Dabei erkannte ich auch wieder einmal die tiefe Weisheit des Mathematikers Serge Lang, der gesagt hat, man solle ein Buch schreiben, wenn man etwas über ein Thema lernen möchte. Einen kompletten Überblick über die moderne Entscheidungstheorie kann es schwerlich geben, und dies nicht zuletzt, weil sie sich ständig in der Entwicklung befindet. Einige Bücher zu diesem Thema scheinen diesen Anspruch zwar zu haben, decken auch einige Aspekte sehr gut ab, doch umfassend gerecht wird ihm keines, das mir bekannt ist. So habe auch ich so etwas gar nicht erst versucht. Man muss sich stets an irgendeiner Stelle einschränken und kann nicht all die hochinteressanten Aspekte mit gleicher Ausführlichkeit behandeln. Man muss Dinge kürzen oder auch weglassen können. Das Buch hat daher eine sehr subjektive Färbung und eigentlich nur einen Anspruch: Es soll Ihnen beim Lesen den Eindruck vermitteln, dass Entscheidungstheorie ein spannendes Thema sein kann. Es wäre schön, wenn Sie Lust bekämen, auf eigene Faust mehr über die angesprochenen Themen zu erfahren.

An dieser Stelle möchte ich den Studierenden der Fakultät für Betriebswirtschaft der Hochschule München danken. In zahlreichen Vorlesungen und Seminaren hatte ich die Gelegenheit, mit ihnen zu diskutieren, mich auszutauschen, zu sehen, was Entscheidungsprozesse auch für junge Menschen bedeuten. Gerade in den Seminaren zur Spieltheorie konnte ich viele der in der Literatur erwähnten Experimente ausprobieren und deren Ergebnisse größtenteils bestätigen oder gegebenenfalls die überraschenden Resultate diskutieren. Aus diesem Austausch nahm ich wertvolle Ideen, anregende Fragen und hilfreiche Anmerkungen mit.

München, im April 2012   Markus Wessler

Inhaltsverzeichnis

1	**Einleitung**		1
	1.1	Was ist Entscheidungstheorie?	1
	1.2	Ziel des Buchs	3
	1.3	Aufbau des Buchs	5
	1.4	Literatur zur Entscheidungstheorie	7
	1.5	Anmerkungen zu Kapitel 1	8
2	**Rationalität und Kalkül: Spieltheorie des 20. Jahrhunderts**		9
	2.1	Historische Entwicklung	9
		2.1.1 Früheste Spiele	10
		2.1.2 Die Entwicklung der Stochastik	11
		2.1.3 Die Untersuchung strategischer Spiele	16
		2.1.4 Versuch einer Spieldefinition	18
	2.2	Der Strategiebegriff	19
		2.2.1 Reine Strategien	21
		2.2.2 Langzeit-Strategien	21
		2.2.3 Gemischte Strategien	22
	2.3	Reine Strategien	23
		2.3.1 Zwei-Personen-Spiele in Normalform	23
		2.3.2 Das Nash-Gleichgewicht	27
		2.3.3 Ein erster Blick auf das Gefangenendilemma	32
		2.3.4 Der Übergang zu stetigen Strategieräumen	37
		2.3.5 Mehr-Personen-Spiele	44
	2.4	Langzeit-Strategien	47
		2.4.1 Zwei-Personen-Spiele in Extensivform	47
		2.4.2 Ökonomische Anwendungen	51
	2.5	Gemischte Strategien	55
		2.5.1 Gemischte Strategien bei Spielen in Normalform	55
		2.5.2 Das Nash-Gleichgewicht bei gemischten Strategien	58
	2.6	Verweise auf weiterführende Literatur	63

	2.7	Anregungen zum Weiterdenken	65
	2.8	Anmerkungen zu Kapitel 2	68
3	**Exkurs: Rationale Optimierungsmethoden, kritisch betrachtet**		**75**
	3.1	Anmerkungen zu Kapitel 3	81
4	**Realität und Kooperation: Entscheidungen in der Praxis**		**83**
	4.1	Theoretische Strategien in der Praxis	83
		4.1.1 Spiele mit unvollständiger Information	84
		4.1.2 Wege aus dem Gefangenendilemma	90
		4.1.3 Wie du mir, so ich dir	92
	4.2	Kooperation und Gruppenentscheidungen	97
		4.2.1 Koalitionen	97
		4.2.2 Verhandlungen	103
		4.2.3 Probleme mit der Logik	109
		4.2.4 Entscheidungsprozesse in Gruppen	112
	4.3	Die Auswahl von Wegen	115
		4.3.1 Egoismus oder Rücksicht	115
		4.3.2 Abkürzungen bringen nichts	117
		4.3.3 Die Wahl des kürzesten Weges	121
	4.4	Selbstbezüglichkeit	124
		4.4.1 Eigenwertprobleme	125
		4.4.2 Anwendung im Fußball	128
		4.4.3 Anwendung auf Suchmaschinen	130
	4.5	Verweise auf weiterführende Literatur	134
	4.6	Anregungen zum Weiterdenken	136
	4.7	Anmerkungen zu Kapitel 4	138
5	**Exkurs: Intuitive Entscheidungen, kritisch betrachtet**		**145**
	5.1	Anmerkungen zu Kapitel 5	151
6	**Intuition und Verantwortung: Alternative Entscheidungsaspekte**		**153**
	6.1	Der Umgang mit der Wahrscheinlichkeit	153
		6.1.1 Der Begriff der bedingten Wahrscheinlichkeit	154
		6.1.2 Die Regel von Bayes	158
		6.1.3 Unerwartete Erwartungswerte	161
	6.2	Beziehungen in sozialen Netzwerken	164
		6.2.1 Ein Netzwerk aus drei Beteiligten	164
		6.2.2 Dynamische Betrachtung	166
		6.2.3 Langfristige Entwicklung und Praxis	170
	6.3	Evolutionäre Spieltheorie und Schwarmintelligenz	172
		6.3.1 Historische Entwicklung	173
		6.3.2 Evolutionär stabile Strategien	174

		6.3.3	Dynamische Modelle	178

		6.3.3	Dynamische Modelle	178
		6.3.4	Synchronisation	181
		6.3.5	Ameisenalgorithmen	185
	6.4	Zukünftige Entscheidungsaspekte		190
		6.4.1	Die Grenzen des Wachstums	191
		6.4.2	Ausblicke	194
	6.5	Verweise auf weiterführende Literatur		195
	6.6	Anregungen zum Weiterdenken		196
	6.7	Anmerkungen zu Kapitel 6		199

Literatur 203

Personenverzeichnis 207

Sachwortverzeichnis 209

Einleitung 1

An jedem Tag sind wir mit einer enormen Fülle von Entscheidungen konfrontiert, von den kurzfristigen Entscheidungen ohne große Reichweite (etwa, ob man einen Schirm mitnehmen sollte, weil es regnen könnte) bis zu solchen Entscheidungen, die den Verlauf unseres weiteren Lebens nachhaltig prägen können. Mit dem Eintritt in das 21. Jahrhundert stehen wir an einem Punkt, an dem vieles, was unser Leben und unseren Alltag, aber auch, in größeren Dimensionen gedacht, unsere Politik, unsere Kultur, das Weltgeschehen betrifft, neu zu überdenken ist. Informationen und die Entscheidungen, die wir auf ihrer Grundlage treffen, haben in den vergangenen Jahrzehnten eine immer größere Bedeutung erhalten. Sie werden häufig als das zentrale Gut des 21. Jahrhunderts bezeichnet. Wie sollen wir mit der Fülle an Informationen umgehen, die uns täglich überflutet? Welche davon sind wichtig, welche weniger wichtig; nach welchen müssen wir uns bei unseren Entscheidungen richten?

1.1 Was ist Entscheidungstheorie?

Was unter Entscheidungstheorie zu verstehen ist, dazu gibt es keine einheitliche Meinung und kann es auch keine geben. Ein Buch über dieses Thema muss aber einen Minimalkonsens finden, und ein Versuch, diesen zu erfassen und den Begriff *Entscheidungstheorie* möglichst kompakt zu präzisieren, könnte so lauten:

> Die Entscheidungstheorie beschäftigt sich mit Verfahren, die einen Überblick über die Möglichkeiten gestatten, die einem Menschen, auf sich allein gestellt oder in einer Gruppe, in einer bestimmten Situation, an einem bestimmten Ort, zu einer bestimmten Zeit zur Verfügung stehen. Sie beschreibt und vergleicht darüber hinaus, welche Methoden und Konzepte der Mensch hat, um sich für eine dieser Möglichkeiten zu entscheiden. In der Regel geht die getroffene Entscheidung dann auch mit einem gewissen messbaren Nutzen einher, und eine in diesem Zusammenhang häufig gestellte Frage ist die nach der Nutzenmaximierung. Schließ-

lich sucht die Entscheidungstheorie auch Erklärungen, warum diese oder jene Möglichkeit gewählt wurde, bemüht sich um nachhaltige Erkenntnisse und Bewertungen, will aus Fehlern lernen.

Die letzten Punkte in diesem Versuch einer Definition spiegeln dabei eine modernere Sichtweise, denn die Entscheidungstheorie entwickelt sich ständig. Und so kann auch ein Buch über Entscheidungstheorie nirgendwo wirklich anfangen und nirgendwo aufhören. Es muss unvollständig bleiben und wird bereits bei seinem Erscheinen veraltet sein. In drei Punkten lässt sich aber zumindest, wie oben angedeutet, einiges konzentrieren:

- Entscheidungen setzen eine gewisse Anzahl an *Handlungsalternativen* voraus, mindestens zwei natürlich, von denen aber durchaus auch eine die Unterlassung der anderen sein kann. Diese Handlungsalternativen müssen klar beschrieben und auch klar voneinander abgrenzbar sein.
- Für Entscheidungen ist darüber hinaus eine mehr oder weniger ausgeprägte Kenntnis der *äußeren Umstände* erforderlich oder zumindest nützlich. In diesem Zusammenhang erfolgt in den meisten Büchern die Einteilung in *Entscheidung unter Sicherheit* und *Entscheidung unter Unsicherheit bzw. Risiko*. Diese strenge Einteilung wird hier nicht vorgenommen. Da viele Entscheidungen vielmehr Aspekte von beidem haben, wird jeweils im Einzelfall darauf eingegangen.
- Die Resultate der Entscheidungen sollten in irgendeiner Weise *bewertbar* sein, also mit einem messbaren Nutzen oder einer Auszahlung verbunden sein.

Diese drei Punkte bilden unserem Verständnis nach den gewünschten Minimalkonsens, und mit ihrer Kenntnis kann häufig bereits eine sogenannte *Entscheidungsmatrix* erstellt werden, also eine systematische Auflistung aller relevanten Umstände und Bewertungen. Sehr bald schon werden uns solche Matrizen in Form von Auszahlungsmatrizen bei Zwei-Personen-Spielen begegnen.

Es gibt einige Grundsatzprinzipien, die diese zentralen Punkte aufgreifen, so etwa das *Maxi-Max-Prinzip*. Bei einer Entscheidung, die von einem nicht beeinflussbaren äußeren Umstand abhängt, wird dieses Prinzip für die Ausprägung dieses Umstands stets den optimalen Fall annehmen. Dies setzt voraus, dass die verschiedenen Umstände einer gewissen Ordnung unterworfen sind. Unter einer solchen optimistischen Annahme wird dann wiederum optimal entschieden, sofern die Ausgänge des Entscheidungsprozesses ebenfalls bewertbar sind. Beispielsweise handelt ein Konzern, der auf wirtschaftlichen Aufschwung hofft und deswegen in neue Filialen investiert, nach dem Maximax-Prinzip, weil er eben den Fall, dass es gar keinen Aufschwung gibt, einfach außer Acht lässt. Das *Mini-Max-Prinzip* hingegen entscheidet sich für die Alternative, deren schlechtestes Ergebnis noch das beste aller schlechten Ergebnisse ist. Solche gängigen grundsätzlichen Entscheidungsprinzipien gibt es viele, und sie wenden sich durchaus an unterschiedliche Entscheidungstypen. Das Maxi-Max-Prinzip spricht eher risikofreudige und das Mini-Max-Prinzip risikoscheue Menschen an. Überhaupt ist das *Risiko* ein sehr wichtiger Faktor bei Entscheidungen. Jedoch werden wir auf die verschiedenen Risikotheorien, mit denen allein ganze Bücher gefüllt werden, nicht ausführlich eingehen können.

In der Literatur findet sich häufig auch die Unterscheidung in *normative Entscheidungstheorie* und *empirische Entscheidungstheorie*, eine Abgrenzung, die das vorliegende Buch an manchen Stellen aufgreift. Die normative Entscheidungstheorie beschreibt, untersucht und analysiert Verfahren einer *rationalen Entscheidungsfindung*, einer Entscheidungsfindung, die allein auf logischer Überlegung und strengen Schlussfolgerungen basiert. Sie beurteilt Entscheidungsprobleme danach, ob sie gut oder schlecht strukturiert sind. Gut strukturierte Probleme können problemlos in einen mathematischen Kontext übertragen und dort mit Hilfe eines Algorithmus gelöst werden, während bei schlecht strukturierten Problemen vielleicht nicht alle für die Lösung erforderlichen Daten bekannt sind. Die Grundlage für die normative Entscheidungstheorie ist in jedem Fall Rationalität.

Für die empirische Entscheidungstheorie sind hingegen andere, „weichere" Zugänge charakteristisch: Sie beobachtet, befragt, hinterfragt, experimentiert und versucht, auf diese Weise, „gute" Verhaltensweisen zu identifizieren, Verhaltensweisen also, die zu einem Erfolg führen. Natürlich spielen auch hier quantitative Aspekte mit hinein. Wie sonst könnte überhaupt „Erfolg" festgestellt werden? Aber mehr als die normative untersucht die empirische Entscheidungstheorie, ob es bei gegebenem Problem und gegebenen Handlungsalternativen überhaupt eine „optimale" Alternative gibt, wägt verschiedene, in verschiedenem Sinn optimale Alternativen gegeneinander ab, überlegt, was „optimal" überhaupt bedeutet. Der gesamte Entscheidungsprozess wird als ein einheitlicher betrachtet, ausgehend von der Problemformulierung, über die Informationserhebung, bis hin zu der eigentlichen Entscheidung.

1.2 Ziel des Buchs

Was will dieses Buch, das Sie in der Hand halten, nun eigentlich? Angesichts der nicht mehr zu überschauenden Fülle an Neuerscheinungen in der ökonomisch-ökologischen Literatur scheint ein weiteres Werk überflüssig. Und tatsächlich wäre es dies auch, wenn nicht ein Aspekt dieses Buches die anderen stützt und durchdringt: Es ist ein Mathematikbuch, wenn auch vielleicht nicht an allen Stellen ein solches, wie Sie es kennen. In jedem Fall will es zum selbständigen Denken anregen und vor allem Überzeugungsarbeit leisten, dahingehend, was Mathematik kann. Wie oft liest und hört man die folgenden oder vergleichbare Aussagen:

> Mathematik, das sind Zahlen und Tabellen und Skalen; Mathematik ist kalt und berechnend; Mathematik war mir in der Schule immer verhasst; Mathematik argumentiert, ohne sich einzufühlen und ist kein adäquater Weg, sich mit den wirklich für die Zukunft relevanten Themen auseinanderzusetzen; Mathematik erreicht den Menschen nicht.

Wer sich solchen Meinungen anschließt, der hat Mathematik definitiv falsch oder doch zumindest nicht weitreichend genug verstanden. Es ist häufig notwendig, Dinge zu berechnen.[1] Und es ist auch gut, dass dies möglich ist, dass die Mathematik konkrete Verfahren, Algorithmen, hervorgebracht hat, mit denen praktische Problemstellungen gelöst werden können. Aber zu oft beschränkt man sich auf diesen Punkt, und leider trägt der Mathematikunterricht in Deutschland meist nicht dazu bei, dieses Bild zu ändern. In keinem anderen Schulfach etwa hört man bei der Vermittlung des Stoffs beim Stand des 17. Jahrhunderts auf. In der Schulmathematik aber ist genau dies der Fall. Viele Menschen wissen daher überhaupt nicht, dass es eine moderne Mathematik gibt und dass die Mathematik ein lebendiges Forschungsfeld ist. Moderne Mathematik wird in Deutschlands Schulen nicht gelehrt, und die Folgen spürt man an den Hochschulen. Denn gerade in den Augen vieler Anwender, darunter auch Studierende der Betriebswirtschaft, ist die Mathematik schlimmstenfalls eine Qual, eine unverständliche, interessanterweise häufig „unlogisch" genannte Wissenschaft. Bestenfalls ist sie ein Formelwerk, das einem für jedes Problem eine Formel, eine Schablone bereitstellt. Das Gleichsetzen von mathematischem, strukturellen Denken mit einer Formelanwendung ist aber schlichtweg falsch. Die Anwendung einer Formel ist keine Mathematik. Dieses verzerrte Mathematikbild ein wenig zurechtzurücken, den mathematischen Horizont zu erweitern, auch das ist eines der erklärten Ziele dieses Buchs. Es wird Carl Friedrich Gauß zugeschrieben, diesen Gedanken folgendermaßen auf den Punkt gebracht zu haben:

> Der Mangel an mathematischer Bildung gibt sich durch nichts so auffallend zu erkennen wie durch maßlose Schärfe im Zahlenrechnen.

Ein Buch, das einen vollständigen Überblick über die Entscheidungstheorie bietet, kann es nicht geben – weder über die Methodik noch über die aktuellen Strömungen. Es gibt viele Bücher auf dem Markt, die sich Ziele in der einen oder anderen Richtung gesetzt haben, und am Ende dieser Einführung werden einige davon kurz vorgestellt. Darunter sind hervorragende Werke, Standardwerke fast, die den Anspruch haben, eine möglichst umfassende formal-methodische Beschreibung der Theorie zu liefern. Einige werden diesem Anspruch größtenteils gerecht, indem sie ein Instrumentarium zur Verfügung stellen, mit dem Entscheidungsprobleme, die in einem gewissen Rahmen formuliert werden können, zu lösen sind. Hier werden Algorithmen geliefert. Zu diesen Büchern gehören auch solche über die klassische Spieltheorie, die sich etwa seit Beginn des 20. Jahrhunderts entwickelt hat. Auch die Einsicht, dass rational begründete Verfahren zur Entscheidungsfindung aber kein ausschließlicher, jedenfalls kein zeitgemäßer Weg sein können, ist Gegenstand zahlreicher aktueller Veröffentlichungen, die sich neuen Strömungen verpflichtet haben. Sie vermitteln die Wichtigkeit, ja Notwendigkeit, in Entscheidungsprozesse neben formalen Algorithmen andere Aspekte mit einfließen zu lassen, Verantwortungsbewusstsein, Kooperation, Intuition. Es gibt viele Gründe für eine solche Sichtweise, die durchaus kritisch mit den rationalen Zugängen umgeht. Solche Ideen der Entscheidungstheorie sind neu und gleichzeitig alt. Vieles von dem, was hier zu finden ist, auch und gerade vieles von dem, was für das 21. Jahrhundert wichtig sein wird, war schon einmal da. Neu sind vielleicht die Zusammenhänge, die aufgedeckt werden. Neu könnten auch für einige von Ihnen die Methoden sein, die hier angewendet werden. Neu sind aber die wenigsten Ideen, die hier vorgestellt werden. Bereits in den Anfängen der Ökonomie als durchdachter und eigenständiger Wissenschaft, so wie sie bei Max Weber zu finden sind, hat man nachhaltig gedacht und argumentiert und erkannt, dass rationales Handeln nicht alles ist.

Das vorliegende Buch versucht nun, zwischen diesen beiden Polen, zwischen Rationalität und Intuition, zu vermitteln. Es will Verständnis für die grundsätzliche Problematik von Entscheidungen wecken, aber auch, soweit möglich, Lösungsverfahren anbieten. Es wird dabei nicht den gängigen Lehrbüchern über Entscheidungstheorie folgen. Wer auf der Suche nach Formeln ist, wird eher dort fündig werden; an den entsprechenden Stellen des Buches wird konkret auf diese Literatur verwiesen.

1.3 Aufbau des Buchs

Das Buch hat drei Hauptkapitel, und die hierdurch gegebene Dreiteilung skizziert in gewisser Weise den eben erwähnten Weg zwischen den zwei Polen der Rationalität und der Intuition. Sie folgt durchaus auch, aber bei weitem nicht nur, einer Chronologie. Denn die verschiedenen Ideen und Ansätze überlappen und durchdringen sich. Vieles von dem, was im dritten Teil zukunftsweisend klingt, greift auf alte Konzepte zurück, während viele rational-berechnende Techniken trotz ihres überholt scheinenden Charakters nach wie vor eingesetzt werden, und dies wohl auch noch für lange Zeit. Als Übergänge zwischen den Kapiteln gibt es zwei Exkurse, einen (zwischen dem zweiten und dem vierten) mit einer kritischen Betrachtung rationaler Optimierungsmethoden; einen (zwischen dem vierten und dem sechsten) mit einigen Gedanken zum Spannungsfeld zwischen Rationalität und Intuition. Es folgt eine kurze Beschreibung der Kapitel:

1. Die (mittlerweile „klassische") Spieltheorie, so wie sie im Prinzip seit etwa 100 Jahren entwickelt wurde und wird, bildet den Ausgangspunkt dieses Kapitels und damit des Buches. Die erstmals großflächig betriebene systematische Untersuchung von Spielen, von strategischen Spielen, an der Wende vom 19. zum 20. Jahrhundert lässt sich heute rückblickend als die erste ernsthafte Auseinandersetzung mit dem formalen Prozess des Entscheidens betrachten. Gerade weil dieses Buch den Rahmen der klassischen spiel- und entscheidungstheoretischen Konzepte ein wenig verlassen will, muss damit begonnen werden, diese in einiger Ausführlichkeit darzustellen. So werden also die Grundlagen dieser zunächst nicht-kooperativen Theorie vermittelt und eine kurze Einführung in die spieltheoretische Denkweise gegeben. Es werden die wichtigsten Begriffe und Konzepte, wie etwa der des Nash-Gleichgewichts, vorgestellt. Durchdrungen ist das gesamte Kapitel vom Geist des *Homo Oeconomicus*, einem Begriff, der auf das Standardwerk *A History Of Political Economy* von John Kells Ingram aus dem Jahre 1888 zurückgeht. Dort schreibt er:

   > Science [...] must be regarded as a purely hypothetic one, its deductions are based on unreal, or at least one-sided, assumptions, the most essential of which is that of the existence of the so-called *economic man*, a being who is influenced by two motives only, that of ac-

> quiring wealth and that of avoiding exertion; and only so far as the premises framed on this conception correspond with fact can the conclusions be depended on in practice.[2]

Der Homo Oeconomicus handelt also der Definition nach grundsätzlich im eigenen Interesse, rational, nutzenmaximierend. Er denkt an sich und nur an sich, will seinen eigenen Nutzen maximieren und kümmert sich um andere höchstens insofern, dass sie Einfluss auf den eigenen Gewinn haben. Genau dies macht die *nicht-kooperative Spieltheorie* aus.

2. Die enge Sicht des Homo Oeconomicus wird durch die kooperative Spieltheorie, allgemeiner durch Untersuchung kooperativen, auch koalierenden Verhaltens und Verhandelns, und durch die Untersuchung von Gruppenentscheidungen erheblich erweitert. Hier muss man allerdings bedenken, dass die Abgrenzung der Begriffe der *kooperativen* und *nicht-kooperativen Spieltheorie* im deutschen Sprachgebrauch nicht einheitlich scharf gezogen wird. Häufig werden etwa Verhandlungen bzw. Verhandlungsspiele noch zur nicht-kooperativen Theorie gerechnet, während dieses Buch sie zu den kooperativen Aspekten zählt. Es soll, das gilt für das gesamte vorliegende Buch, kooperative Spieltheorie in dem Sinn verstanden werden, den der amerikanische Mathematiker Robert Aumann vorschlägt, der im Jahre 2005 mit dem Wirtschaftsnobelpreis ausgezeichnet wurde:

> Perhaps a better name for *cooperative* would be [...] *coalitional*, and [a better name] for *non-cooperative* [would be] *strategically oriented*. Cooperative Theory [...] is not so obsessed with procedural details; its fundamental parameters are the *capabilities* of players and coalitions.[3]

In der Natur der Sache liegt es dann, dass die in diesem Sinn kooperativen Aspekte, die das menschliche Miteinander betreffen, auch schlicht interessanter und spannender sind. Darauf geht das zweite Kapitel ein. Wie handeln Menschen, wenn sie im Spiel, in Situationen, die als Spiel modelliert werden können, in Entscheidungssituationen aufeinander treffen? Wie werden individuelle Bedürfnisse, Befindlichkeiten mit in ihre Entscheidungsprozesse einbezogen? Wie funktionieren Koalitionen? Wie kommt man miteinander aus?

3. Intuition und Verantwortung sind schließlich die zentralen Begriffe des letzten Kapitels. Wir gehen aus von den Fragestellungen in einem Exkurs über den erforderlichen und den erlaubten Grad an Intuition bei Entscheidungen. Dies hängt sehr eng mit dem Verständnis von Wahrscheinlichkeit zusammen. Es werden einige überraschende stochastische Aspekte betrachtet, und wir gelangen schließlich zu dem Paradigmenwechsel oder besser der Paradigmenerweiterung, die das 21. Jahrhundert erforderlich macht. Wie gehen wir mit den Prozessen, wie mit den Folgen unserer Entscheidungen um? Was muss wirklich neu erfunden und gestaltet werden? Wo können wir uns auf alte Konzepte und Werte besinnen? Welche neuen quantitativen Methoden gibt es? Solche Ideen sind, wie bereits erwähnt wurde, keineswegs neu. Schon bei Max Weber heißt es etwa:

> Die zunehmende Intellektualisierung und Rationalisierung bedeutet also nicht eine zunehmende allgemeine Kenntnis der Lebensbedingungen, unter denen man steht. Sondern sie bedeutet etwas anderes: das Wissen davon oder den Glauben daran, dass man, wenn man nur wollte, es jederzeit erfahren könnte, dass es also prinzipiell keine geheimnisvollen unberechenbaren Mächte gebe, die da hineinspielen, dass man vielmehr alle Dinge – im Prinzip – durch Berechnen beherrschen könne. Das aber bedeutet: die Entzauberung der Welt.[4]

Das Buch gibt vielleicht mancher Leserin und manchem Leser nicht genug Antworten. Das will es aber auch nicht, sondern es will vielmehr dazu anregen, *die richtigen Fragen* selbst zu stellen und Brücken zu spannen zwischen dem, was man in gängigen Fachbüchern liest und dem, worauf moderne, auch sogenannte populärwissenschaftliche Werke abzielen.

1.4 Literatur zur Entscheidungstheorie

Zur Entscheidungstheorie im Allgemeinen gibt es wie erwähnt hervorragende Standardwerke, von denen etliche schon in mehreren Auflagen erschienen sind. An dieser Stelle soll, selbstverständlich sehr subjektiv, eine kleine Schneise in diesen undurchsichtigen Dschungel geschlagen werden und einiges an allgemeiner Literatur zum Thema empfohlen werden. Am Ende der drei Kapitel folgen dann jeweils weitere Literaturhinweise zu den speziellen dort behandelten Aspekten.

Über die Frage, ob eine umfassende Einführung in das Gebiet der Entscheidungstheorie überhaupt möglich ist, kann man geteilter Meinung sein. Von den Büchern, die dem zumindest recht nahe kommen, nennen wir an dieser Stelle zunächst *Entscheidungstheorie* von Gillenkirch, Laux und Schenk-Mathes [31]. Dort wird eine äußerst gründliche Einführung in viele der relevanten Fragestellungen gegeben, und wenn man durch die Lektüre des vorliegenden Buchs auf den Geschmack gekommen ist, lohnt sich auf jeden Fall ein Blick. Es gibt eine klare Strukturierung der Vielzahl an Entscheidungskonzepten. Großes Gewicht liegt auf rationalen Entscheidungen, auch und gerade unter Risiko, und auch Gruppenentscheidungen werden behandelt. Leider gibt es keine Aufgaben, und stellenweise wirkt das Buch sehr formal. Das liegt möglicherweise an der Tatsache, dass die drei Autoren aus der Betriebswirtschaft kommen und sich der mathematischen Sprache manchmal nicht ganz ungezwungen bedienen.

Kein neues, aber ein sehr lesenswertes Buch mit einer interessanten Sicht auf entscheidungslogische und risikotechnische Aspekte ist *Entscheidungstheorie* von Bitz [8]. Eine auch nicht mehr ganz neue, aber vor kurzem in überarbeiteter Auflage erschienene Alternative ist *Wissensmanagement und Entscheidungstheorie: Theorien, Methoden, Anwendungen und Fallbeispiele* von Haas und Meixner, das wohl vor allem für Betriebswirte eine besonders interessante Sicht auf die Entscheidungstheorie bietet [37]. Einen interessanten alternativen, wenn auch vielleicht eher theoretischen Aspekt bringen Eickemeier und Rommelfanger in ihrem Buch *Entscheidungstheorie: Klassische Konzepte und Fuzzy-Erweiterungen*, in dem neben Risikoaspekten auch Fuzzy-Modelle betrachtet werden [26]. In einigen Büchern aus dem Themenkomplex Operations Research gibt es sehr brauchbare Kapitel über Entscheidungstheorie, so etwa in *Operations Research* von Zimmermann. Schließlich sind auch die Standardwerke über Spieltheorie lesenswert, so etwa *Einführung in die Spieltheorie* von Holler und Illing [42]. Es ist sehr praxisorientiert, erklärt die spieltheoretischen Konzepte äußerst detailliert und wird seit langer Zeit an vielen Hochschulen erfolgreich eingesetzt. Leider ist auch hier, wie bei vielen Werken, an manchen Stellen der Einsatz der mathematischen Sprache nicht gelungen, teilweise verkrampft.

1.5 Anmerkungen zu Kapitel 1

[1] Das Wort „Berechnung" hat in der deutschen Sprache bekannterweise eine negative Zweitbedeutung, die es auch in anderen Sprachen gibt. Das französische Wort „calculation" (ursprünglich auch die „Berechnung" und unschuldiger als die Wortform „calcul") kann in entsprechender Sinnumgebung durchaus negativ gemeint oder verstanden werden. Im Englischen haben sich ebenfalls beide zwei Lesarten als gleichberechtigt eingebürgert. In *Collins Cobuild Advanced Learner's English Dictionary* heißt es etwa: „Calculation characterizes someone's behaviour when they are thinking only of themselves and any benefit that they will get from their actions rather than of the way their actions will affect other people; used showing disapproval.

[2] So äußert sich Kells Ingram in seinem Werk *A History of Political Economy* [43], in dem er sich mit der Geschichte der Volkswirtschaft beschäftigt.

[3] Robert Aumann wurde im Jahre 1998 von Eric van Damme interviewt [15]. Aumann entwickelte das Konzept des *korrelierenden Gleichgewichts*, das in gewisser Weise mehr Flexibilität besitzt als das Nash-Gleichgewicht.

[4] Max Weber schrieb dies in seinem Buch *Wissenschaft als Beruf* [76]. Das gesamte Werk von Weber ist von Ideen durchzogen, die schon damals nicht neu gewesen sein mögen, aber er hat sie in einzigartiger Weise gebündelt und sortiert, in einer Weise, die seine Schriften auch heute noch lesenswert macht.

Rationalität und Kalkül: Spieltheorie des 20. Jahrhunderts

Ein Spiel lebt davon, dass die beteiligten Spieler Entscheidungen treffen müssen, die für den weiteren Spielverlauf Konsequenzen haben. In der Tat sind Spielen und Entscheiden sehr miteinander verwoben, denn meist, wenn Entscheidungsprozesse formalisiert und systematisiert werden, zeigen sich die Überschneidungen, sprachlich (wenn etwa von *Strategien* die Rede ist) und auch inhaltlich. In viele Entscheidungen, die heute von uns zu treffen sind, fließen Spielerfahrungen persönlichster Art und Weise mit ein. Um diese beiden Aspekte, Entscheidungen im Spiel und Spielen, um Entscheidungen zu treffen, geht es in diesem ersten Kapitel. Es geht darum nachzuvollziehen, wie und wozu eine Theorie des Spielens entstand, warum eine eigene Sprache für das Spielen erfunden wurde, kurz: wie und warum das Spielen formalisiert wurde. Die Spieltheorie, in diesem Sinn verstanden, wie die Entscheidungstheorie im Allgemeinen, ist alles andere als „jung", aber auch wenn die meisten der Prinzipien, denen wir in der Spieltheorie begegnen, Jahrhunderte alt sind, so ist doch ihre Anwendung auf Probleme etwa aus der Wirtschaft eine Errungenschaft des 20. Jahrhunderts und somit „relativ neu".

2.1 Historische Entwicklung

Die moderne Spieltheorie hat eine lange Vorgeschichte, die eng mit der Entwicklung der Menschheit selbst zusammenhängt. Ursprünglich musste der Mensch notwendige Strategien entwickeln, die ihm das Leben in einer zunächst alles andere als lebensfreundlichen Umwelt zu ermöglichen. Die dahingehende Schärfung der Ur-Instinkte war für das Überleben eine unbedingte Voraussetzung. Eine leidvolle Fortsetzung dieser Kämpfe waren dann später die Kriegsstrategien, bei denen es um die richtige Einschätzung der Gegner ging und weitreichende, lebensgefährliche oder doch zumindest lebensverändernde Entscheidungen zu treffen waren. Später sprach man dann auch bei Gesellschafts- oder Glücksspielen von Strategien; auf diese Entwicklung werden wir im folgenden Abschnitt detaillierter eingehen. Die systematische Untersuchung von Spielen schließlich, die weniger Glücks- oder Zufallsmomente haben, sondern die in einem engeren Wortsinn als strategische Spiele bezeichnet werden, führte dann zu Beginn des 20. Jahrhunderts zur heutigen Spieltheorie. Die Grenzen zwischen diesen sehr verschiedenen Aspekten des Spielens sind durchaus fließend. Im Verlauf des Buchs wird etwa an einigen Stellen auf stochastische Elemente zugegriffen, und die Abtrennung der strategischen Spieltheorie von der aus den Glücksspielen hervorgegangenen Wahrscheinlichkeitstheorie wird nicht so scharf gezogen sein, wie dies sonst häufig gemacht wird. Spiele, eingebettet in das größere Konzept der Entscheidungstheorie, sollen weiter gefasst verstanden werden; die beiden Hauptaspekte, Glück und Strategie, bereichern und durchdringen sich, sind nicht zu trennen.

2.1.1 Früheste Spiele

Auch wenn die Spieltheorie ein vergleichsweise junges Gebiet der Mathematik ist, so wird doch seit Menschengedenken gespielt. Und beim Spielen ergibt es sich auch in der Regel von allein, dass über die verschiedenen Möglichkeiten, die es in einer gewissen Spielsituation gibt, nachgedacht wird. Man stellt Fragen nach dem Sinn dieses oder jenes Spielzugs, üblicherweise, um dem Ziel, dem Sieg, näher zu kommen. Schon Kinder machen bei ihren ersten Spielen solche Erfahrungen. Die Fähigkeit dazu, also die Fähigkeit zur Abstraktion, zum Hinterfragen des eigenen Handelns, ist nun aber etwas dem Menschen zutiefst Eigenes. Die Entwicklung von *Strategien*, in den verschiedensten Lebensbereichen, perfektioniert der Mensch im Laufe seines Lebens, von den von Egoismus geprägten Spielen der Kindheit bis zu den reifen, wohlüberlegten, manchmal strategischen, manchmal intuitiven Entscheidungen des Erwachsenen. So spannt sich über das Leben jedes Einzelnen, was seine Entscheidungsfähigkeit angeht, ein sehr individueller Bogen.

Spiele haben den Menschen immer fasziniert, und der Wunsch zu spielen ist in seinem Charakter tief verwurzelt. Die Zielsetzungen mögen dabei immer schon unterschiedlich gewesen sein: individueller Gewinn oder Förderung des Allgemeinwohls, etwa in Form von Finanzierungen von Projekten durch frühe Glückslotterien. Zu den allerfrühesten dokumentierten Spielen zählen die sogenannten NIM-Spiele, die es schon gab, als noch kein systematischer Gedanke an Spieltheorie verschwendet wurde. Die originale Herkunft der NIM-Spiele ist ungewiss, der Ursprung wird aber in China vermutet, und zwar vor weit über tausend Jahren. Dort, und ab dem 15. oder 16. Jahrhundert auch in Europa, wurden sie meist mit Münzen gespielt. Ausgangspunkt waren dabei stets ein oder mehrere Stapel dieser Münzen, die nach ganz bestimmten Regeln nach und nach abzutragen waren. Beispielsweise sind bei einer einfachen Variante von einem Stapel mit elf Münzen von zwei Spielern abwechselnd in jedem Zug eine, zwei oder drei Münzen zu entfernen. Wer die letzte Münze entfernt, gewinnt. Man erkennt schnell, dass dieses Spiel ein gewisses Vorausdenken erfordert. Es sind Gedankengänge wie „… der Gegner wird denken, dass ich denke, dass er denkt, …", die bei solchen Spielen auf natürliche

Weise auftreten. Mit diesem und ähnlichen Spielen werden wir uns bald eingehender beschäftigen.

Für den Namen „NIM-Spiel" gibt es übrigens keine abschließende Erklärung, nur Mutmaßungen, die populärste davon ist wohl, dass der Name tatsächlich auf den deutschen Imperativ „nimm!" zurückzuführen ist. Bis in die neuere Zeit faszinieren solche Spiele mit einfachen Regeln, und es scheint ein tiefes Anliegen des Menschen zu sein, hier Ordnung hineinzubringen. Der Wunsch nach systematischer Lösung von Spielen ist also ebenfalls sehr alt. Die einfachen NIM-Spiele wurden dann aber in einer großen Breite erst zu Beginn des 20. Jahrhunderts vollständig gelöst, und zwar durch den amerikanischen Mathematiker Charles Leonard Bouton. Er untersuchte sie im Jahre 1902 mit Hilfe der Binärdarstellung ganzer Zahlen. Es ist daher auch kaum verwunderlich, dass sie bei der Entwicklung erster digitaler Rechner eine Rolle spielten – ein weiteres Beispiel dafür, wie Spiele den Alltag und sogar die Entwicklung neuer Technologien durchdringen, bereichern und vorantreiben können.

2.1.2 Die Entwicklung der Stochastik

Wann genau die Untersuchung von Spielen begann, ist kaum exakt zu sagen, aber ein Blick auf die mathematikhistorische Entwicklung zeigt, dass die erste *ernsthafte* Beschäftigung mit Spielen die Untersuchung von Glücksspielen war, und zwar im 17. Jahrhundert, vor nunmehr also etwa 350 Jahren. Dies waren tatsächlich die Anfänge der *Wahrscheinlichkeitsrechnung*. Moderne Wahrscheinlichkeitsrechnung, zusammen mit der deskriptiven und induktiven Statistik, die heute im Allgemeinen so genannte *Stochastik*, gehört zum Schulstoff in allen deutschen Bundesländern, neuerdings bereits in der Unterstufe des Gymnasiums.

Große Namen sind mit der Entwicklung dieser Wahrscheinlichkeitstheorie verbunden. Besonders erwähnenswerte Verdienste erworben haben sicher Blaise Pascal und Pierre de Fermat.[1]. Beide beschäftigten sich ausführlich mit den Gewinnchancen bei Glücksspielen, hauptsächlich bei solchen mit Würfeln. Dies war zu ihrer Zeit eine sehr beliebte Freizeitbeschäftigung in Adelskreisen. Berühmt geworden ist der Briefwechsel zwischen Pascal und Fermat aus dem Jahre 1654, der häufig als die Geburtsstunde der klassischen Wahrscheinlichkeitstheorie bezeichnet wird.[2] Ein großer Anteil dieser Briefe beschäftigt sich mit einem speziellen Spiel, in der deutschen Sprache meist kurz als *Teilungsproblem* bezeichnet:

Beispiel 1

Zwei Spieler führen ein Glückspiel durch, indem sie beide den gleichen Betrag B setzen und dann Würfe mit einer fairen Münze durchführen. Dies geschieht so lange, bis einer von ihnen eine vorher festgelegte Anzahl von Malen gewonnen hat. Der Sieger erhält dann den gesamten gemeinschaftlichen Einsatz. Muss das begonnene Spiel nun nach einer gewissen Anzahl von Würfen vorzeitig abgebrochen werden (ohne Aussicht auf Wiederholung oder Fortsetzung), so stellt sich die Frage nach einer möglichst fairen Aufteilung des Einsatzes in Abhängigkeit vom aktuellen Spielstand.

In gewisser Weise sind Fragestellungen solcher Art eine sehr frühe Form von Finanzgeschäften. Es war nämlich im 17. Jahrhundert sehr verbreitet, Kaufleuten Geld zu leihen, und zwar mit der Hoffnung, dass diese ihr so vermehrtes Kapital (also den „gemeinschaftlichen Einsatz") weiter vermehren würden. Die Investoren hofften darauf, zu einem späteren Zeitpunkt ihren Einsatz, vermehrt um einen Gewinnanteil, zurückerhalten. Diese frühen Zinsprozesse hängen nun mit Teilungsproblemen der oben beschriebenen Art eng zusammen, denn da das Risiko bei solchen Aktion gemeinschaftlich getragen wurde, stellte sich die Frage: Falls der Kaufmann, in den investiert wurde, einen weniger hohen als den erwarteten Gewinn einfahren sollte, wie wäre dann aufzuteilen? Hier sieht man, wie eng glücksspiel- und wahrscheinlichkeitsbezogene Probleme mit Fragen der ökonomischen und finanztheoretischen Praxis zusammenhängen, und das natürlich heute wie damals. Es ist daher kaum erstaunlich, dass die Entwicklung moderner Finanzstrukturen zeitgleich mit der systematischen Untersuchung von solchen Glücksspielen einherging. Was nun früher da war, ist schwer zu sagen. Auch heute noch beschäftigen sich Mathematiker, Spieler, Finanzexperten allesamt mit unterschiedlichen Aspekten des gleichen Gegenstands.

Denken Sie nun einen Moment über das Teilungsproblem nach. Füllen Sie es mit Leben, mit konkreten Zahlen. Nehmen Sie etwa an, der Einsatz der beiden Spieler sei jeweils 15 € und es reichten, so die Vereinbarung, drei Siege zum Gesamtsieg. (Man könnte auch von drei „Gewinnsätzen" reden.) Nehmen Sie weiterhin an, das Spiel werde beim Stand von 2 : 1 für den Spieler A abgebrochen und der Einsatz sei gerecht aufzuteilen. Wie sähe eine solche gerechte Aufteilung der 30 € aus? Wenn Sie auf Basis aller vorliegenden Daten diese Entscheidung herbeiführen müssten, wie würden Sie vorgehen?

Vielleicht gelangen Sie zu der Entscheidung, dass der Einsatz von 30 € im Verhältnis 2 : 1 aufzuteilen ist, dass also 20 € an Spieler A und 10 € an Spieler B gehen sollten. Denn dies war der Spielstand zum Zeitpunkt des Abbruchs; A hatte zwei und B nur einen Teilsieg errungen. Man kann das natürlich so sehen und findet vielleicht auch gute Argumente dafür. Dennoch ist diese Entscheidung aus unserem heutigen Verständnis für Wahrscheinlichkeit und damit für Spiele dieser Art heraus nicht ganz unanfechtbar.[3] Die Aufteilung nach dem reinen Teilsiegverhältnis ist nicht unproblematisch, was bei größeren Zahlen vielleicht offensichtlicher ist. Würde nämlich etwa über zehn Gewinnsätze gespielt, dann wäre der Gesamtsieg für einen der beiden Spieler noch in weiter Ferne; ein Stand von 2 : 1 ist dort kaum aussagekräftig. Man kann anders, gerechter argumentieren.

Eine solche Argumentation, und zwar auf Basis der heute bekannten Wahrscheinlichkeitsrechnung, sieht folgendermaßen aus. Beim Stand von 2 : 1 für A hätte A den folgenden Münzwurf mit einer Wahrscheinlichkeit von 0,5 für sich entschieden und so auch insgesamt gewonnen. Im Fall, dass B auf 2 : 2 ausgleicht (was ebenfalls mit einer Wahrscheinlichkeit von 0,5 der Fall ist), würde das Gesamtspiel mit dem folgenden Wurf entschieden,

2.1 Historische Entwicklung

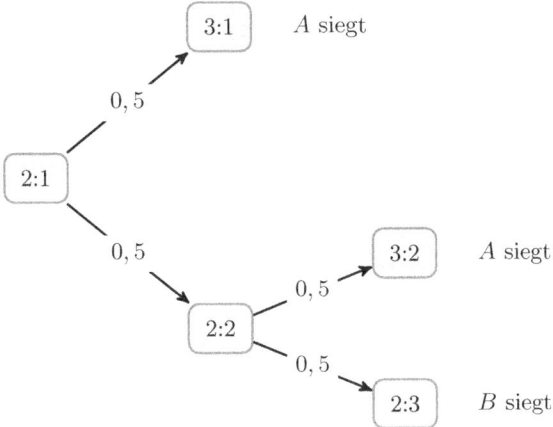

Abb. 2.1 Bei einem Stand von 2 : 1 für A berechnet sich die Wahrscheinlichkeit, dass A insgesamt siegt (wofür drei Siege notwendig sind) mit Hilfe der beiden Pfade zu den Ergebnissen 3 : 1 und 3 : 2. Es ergibt sich hierfür $0{,}5 + 0{,}5 \cdot 0{,}5 = 0{,}75$

und zwar wiederum für beide Spieler mit einer Wahrscheinlichkeit von 0,5. Es gewinnt also B insgesamt „in der Hälfte der Hälfte der Fälle", also mit einer Wahrscheinlichkeit von 0,25. Nach dieser Argumentation sollte der Einsatz nach dem Spielabbruch im Verhältnis 3 : 1 aufgeteilt werden, es sollten also 22,50 € an Spieler A und 7,50 € an Spieler B gehen.

In Abb. 2.1 wird die Lösung dieses kleinen Problems noch einmal verdeutlicht, und zwar anhand einer sehr hilfreichen Methode, die uns noch häufig begegnen wird: der Darstellung eines Spiels mit Hilfe eines sogenannten *Spielbaums*. Bäume sind spezielle *Graphen* und werden in der *Graphentheorie* untersucht.[4] Dieses Baumkonzept, ursprünglich für genau solche Spiele entwickelt, ist mittlerweile zu einer starken Methode der Wahrscheinlichkeitstheorie geworden und dient dort der Veranschaulichung mehrstufiger *Zufallsexperimente*. Bereits in der Schule werden die beiden sogenannten *Pfadregeln* für solche Bäume gelehrt:

- Die auf den „Ästen" des Baums notierten Wahrscheinlichkeiten für die einzelnen Schritte müssen multipliziert werden, um die Wahrscheinlichkeit des Ereignisses „am Ende des Astes" zu berechnen.
- Die Wahrscheinlichkeit eines bestimmten Ereignisses ergibt sich durch die Summe der Wahrscheinlichkeiten, die zu den Pfaden mit diesem Ereignis gehören.

Wie schnell solche Teilungsprobleme komplex werden und welche vielleicht unübersichtlichen Ausmaße die entsprechenden Darstellungen dann annehmen können, zeigt der Baum in Abb. 2.2. Das dort abgebildete Beispiel ist gegenüber dem eben besprochenen lediglich dahingehend verallgemeinert, dass es über vier „Gewinnsätze" gespielt wird. Das

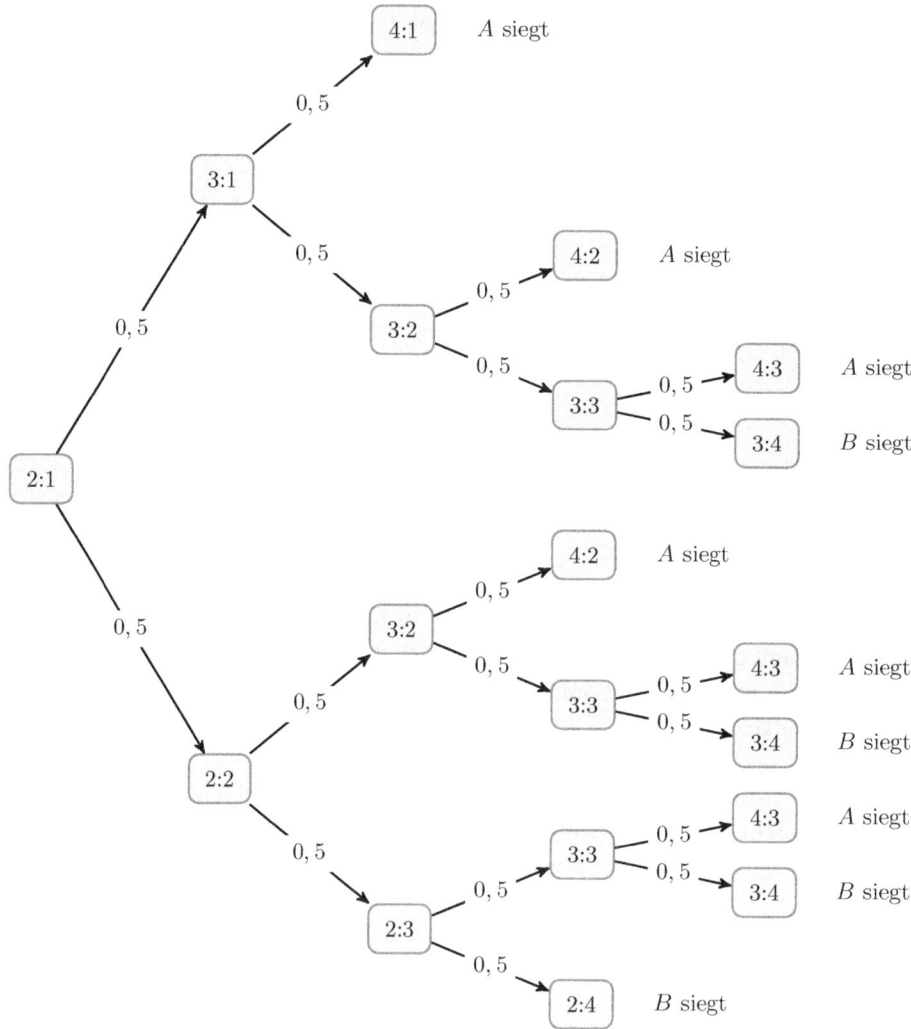

Abb. 2.2 Baum zu einem Teilungsproblem mit vier Gewinnsätzen, ausgehend vom Stand 2 : 1

Spiel wird also endgültig erst von demjenigen gewonnen, der vier Teilsiege erringen kann. Wird auch hier bei einem Stand von 2 : 1 für A abgebrochen, so sind es bereits zehn mögliche Verläufe, die das Spiel nehmen kann, bis es entschieden ist, gegenüber den drei möglichen Verläufen zuvor. In vier dieser zehn Verläufe siegt B, und die Wahrscheinlichkeit für den Sieg von B ermittelt man durch Addition der vier entsprechenden Pfadwahrscheinlichkeiten. Da drei dieser vier Pfade die Länge 4 haben und nur der untere mit der Länge 3

2.1 Historische Entwicklung

etwas kürzer ist, ergibt sich als Gesamtwahrscheinlichkeit für einen Sieg von B

$$\begin{aligned}
& 0{,}5^4 && \text{(1. Pfad)} \\
+ & 0{,}5^4 && \text{(2. Pfad)} \\
+ & 0{,}5^4 && \text{(3. Pfad)} \\
+ & 0{,}5^3 && \text{(4. Pfad)} \\
= & 0{,}2125\,.
\end{aligned} \qquad (2.1)$$

Damit ständen in diesem Fall A 78,75 % und B 21,25 % des Gewinns zu, falls das Spiel beim Stand von 2 : 1 abgebrochen würde. Wie ist Ihre Einschätzung für den Fall, dass die Zahl der Gewinnsätze noch gesteigert würde? Damit beschäftigt sich eine der Übungsaufgaben.

Aus der Untersuchung solcher Glücksspiele also entwickelte sich die Wahrscheinlichkeitstheorie. Berühmt geworden ist auch die folgende Fragestellung, mit der wir diesen Abschnitt beenden wollen. Zu Fermats und Pascals Zeiten lebte ein leidenschaftlicher Spieler, Antoine Gombaud, genannt Chevalier de Méré, der sich eines Tages mit einem Problem an die beiden wandte. Ihm war durch empirische Beobachtungen aufgefallen, dass es sich lohnt, beim viermaligen Werfen eines fairen Würfels auf das Erscheinen mindestens einer Sechs zu setzen. Bei einer Variante des Spiels hingegen, bei dem *zwei Würfel vierundzwanzigmal* geworfen werden, sollte auf das Erscheinen einer Doppel-Sechs besser nicht gesetzt werden. Seiner Intuition widersprach dies, aber Pascal und Fermat konnten ihn schließlich mit klaren Argumenten überzeugen, dass er mit seiner Erfahrung tatsächlich recht hatte. Hier greifen wir in gewisser Weise schon dem dritten Kapitel vor, in dem es unter Anderem um das Zusammenspiel von Intuition und Verstand geht – und letzterer sich von dieser häufig narren lässt. Der Schluss des Chevalier, dass die mehr als 50 %-ige Chance einer Sechs in vier Würfen sich ohne Weiteres auf eine mehr als 50 %-ige Chance einer zweifachen Sechs in sechs mal vier Würfen übertragen ließe, ist schlicht falsch.[5]

Die moderne Wahrscheinlichkeitstheorie entwickelte sich dann im weiteren Verlauf der Jahre keineswegs geradlinig aus den Ideen und Konzepten Pascals und Fermats. Den Begriff der Wahrscheinlichkeit zu definieren, war ein schwieriges Unterfangen. Unsere Alltagserfahrung legt uns nahe zu sagen, dass die Wahrscheinlichkeit, beim einfachen Münzwurf Zahl zu werfen, 0,5 oder 50 % beträgt, aber wie kann man dies auf etwas festeren Boden stellen? Der Weg der Wahrscheinlichkeitstheorie nahm seinen Ausgangspunkt bei Pascal und Fermat und verlief durchaus mäandernd, manchmal irregeleitet, weiter und endete schließlich vorläufig bei Andrei Kolmogorov, der in den 1930er Jahren eine Axiomatik der Wahrscheinlichkeitstheorie vorschlug. Kolmogorov manifestierte den Begriff des *Wahrscheinlichkeitsraums* mit Hilfe einiger weniger Axiome.[6] Sein Konzept wird an einigen Stellen im späteren Verlauf des Buchs benötigt.

2.1.3 Die Untersuchung strategischer Spiele

Strategische Spiele werden noch nicht so lange untersucht wie Glücksspiele, nämlich erst seit gut einhundert Jahren. In diesem Zeitraum entstand die heute so genannte *Spieltheorie*. Wie es bei der Wahrscheinlichkeitstheorie etwa der Austausch zwischen Fermat und Pascal war, so gibt es auch für die Spieltheorie einige Meilensteine der Entwicklung. Der deutsche Mathematiker Ernst Zermelo hat im Jahre 1913 eine wichtige Arbeit über Zusammenhänge zwischen Schach und der axiomatischen Mengenlehre veröffentlicht [78]. In der Arbeit wies er nach, dass Spiele, die bestimmte Abbruchbedingungen erfüllen, stets eindeutig lösbar sind. In einem engeren Sinn für das Schachspiel bedeutet dies, dass es, ausgehend von jeder beliebigen und erlaubten Spielposition in einem Schachspiel, für einen der beiden Spieler eine Gewinnstrategie gibt oder zumindest ein Remis erzwungen werden kann. Leider war dies zunächst ein in der Mathematik so genannter „Existenzbeweis", der, im Gegensatz zu den konstruktiven Beweisen, kein Verfahren angibt, wie man zu der Lösung kommt. Mathematiker geben sich häufig damit zufrieden; für Praktiker kann das unbefriedigend sein. Zermelo entwickelte in seiner Arbeit die formale Sprache auch noch nicht so weit, dass man Lösungen gut hätte „programmieren" können, aber die Ideen und Konzepte, die später folgen sollten, lassen sich hier mindestens erahnen. Dass ein Spiel in dem beschriebenen Sinn „determiniert" oder, schlicht gesagt, „lösbar" ist, hängt in einem allgemeineren Sinn mit der Entwicklung von Gewinnstrategien zusammen, womit wir uns im späteren Verlauf dieses Kapitels beschäftigen werden. Eine solche Lösbarkeit setzt stets eine komplette Übersicht über die Spielpositionen voraus, und zwar im Hinblick darauf, aus welchen Positionen heraus man *in jedem Fall gewinnen* kann. In diesem Sinne gelöst sind etwa alle NIM-Spiele, aber auch einfache andere Spiele wie *Tic-Tac-Toe* (Aufgabe 4). Auch das bereits deutlich komplexere *Mühle*-Spiel ist gelöst, während *Schach*, *Go* oder *Dame* nur *teilweise gelöst* sind, also nicht von der Startposition, sondern nur von gewissen Zwischenpositionen aus.

Ein weiterer der erwähnten Meilensteine ist die allgemeine formale Analyse von Gesellschaftsspielen durch den ungarischen Mathematiker Janos von Neumann (heute bekannter als John von Neumann) ab Mitte der 1920er Jahre.[7] Eine Arbeit des Mathematikers Émile Borel, in der es bereits um *Mini-Max-Prinzipien* ging, faszinierte von Neumann, und er konnte die Konzepte weiter systematisieren. Borels Arbeit hatte ihn auf ganz neue, ganz andere Ideen gebracht. Zunächst beschäftigte er sich mit sogenannten *Nullsummenspielen* und konnte in diesem Zusammenhang den Beweis für eine zentrale Eigenschaft solcher speziellen Spiele liefern: das *Mini-Max-Theorem*, das, kurz gesagt, die Existenz einer „optimalen Strategie" nachweist. Knapp 20 Jahre später drang er vollends in das Gebiet der Wirtschaftswissenschaft ein. Mit dem Ökonomen Oskar Morgenstern gelang ihm ein Jahrhundertwurf, nämlich das berühmte Buch *The Theory of Games and Economic Behavior*, in dem viele der bereits bekannten Konzepte weiter systematisiert und vor allem auch verallgemeinert wurden, indem auch Mehr-Personen-Spiele betrachtet wurden. Diesem Werk, quasi einem spieltheoretischen Manifest, ist es zu verdanken, dass man – trotz aller Vorarbeit etwa von Zermelo oder Borel – heute im Allgemeinen Morgenstern und von Neumann

2.1 Historische Entwicklung

als „Begründer der Spieltheorie" bezeichnet. Wenn man so will, traten sie damit in die Fußstapfen Fermats und Pascals, deren Namen auf immer mit der Wahrscheinlichkeitstheorie verbunden sind. In dem erwähnten Buch liegt der Schwerpunkt tatsächlich auch erstmals auf ganz praktischen und alltäglichen Entscheidungssituationen der Ökonomie. Hier wurde erstmals „spielerisch" ernsthafte Mathematik betrieben, Mathematik, die auch die so strenge Anwendungsmoral der Wirtschaftswissenschaftler befriedigte. Im Vorwort des Klassikers heißt es:

> Die Anwendungen, die wir auf die Spiele machen werden, dienen wenigstens ebenso sehr der Bestätigung der Theorie wie der Erforschung der Spiele selbst. [...] Überdies besteht unsere Absicht in erster Linie darin, zu zeigen, dass es eine strenge Behandlung dieser Gegenstände gibt, die, wie es tatsächlich der Fall ist, auch Fragen einschließt wie gleichgerichtete oder entgegengesetzte Interessen, vollständige oder unvollständige Information, freie rationale Entscheidung oder zufällige Einflüsse.[8]

Der Siegeszug der Spieltheorie war nicht mehr aufzuhalten. Bald wurden die in der Ökonomie gesammelten Erkenntnisse auf soziologische, biologische und viele andere Bereiche übertragen, Fortschritte also in mehreren Richtungen. Was mit John Kells Ingram begann, die Ausarbeitung der Verbindung zwischen Mathematik und Ökonomie, wurde somit von den beiden weiter vorangetrieben, und zwar in einem neuen Sinn, durch Spiele motiviert. Ihrer Arbeit verdankt man heute die systematische Beschreibung und Anwendung von Spielen in Bereichen, die auch für dieses Buch relevant sind. Ein vorläufiger Höhepunkt war sicher die Vergabe des Nobelpreises für Wirtschaftswissenschaften an John C. Harsanyi, John F. Nash und Reinhard Selten im Jahr 1994. Sie erhielten den Preis *for their pioneering analysis of equilibria in the theory of non-cooperative games*[9], und spätestens damit wurde die Bedeutung, die die Spieltheorie mittlerweile auch und vor allem für die Wirtschaftswissenschaften gewonnen hatte, sehr deutlich.

Aufgrund der Reichhaltigkeit dessen, was heute unter Spieltheorie zu verstehen ist, muss zu Beginn eine ganze Reihe von Konventionen vereinbart werden, bevor man mit einer sinnvollen Beschreibung des Gegenstandes beginnen kann. Eine davon ist, dass wir in diesem Kapitel (bis auf sehr wenige Ausnahmen, wie etwa bei den Teilspielen in Abschn. 4.1.1) von sogenannten *geschlossenen Modellen* ausgehen. Darunter verstehen wir Modelle, bei denen sämtliche relevanten Informationen zum Zeitpunkt der Entscheidungsfällung allen Beteiligten bekannt sind. Man spricht dann auch von *Spielen mit vollständiger Information*. Die Entscheidung selbst ist dann eine Entscheidung für eine bestimmte *Strategie*. Das kann eine reine Strategie, also die Auswahl einer Aktion, oder auch die Auswahl eines längerfristigen Vorgehens sein. Es sind mindestens zwei Personen oder Parteien (*Spieler* genannt; wir verwenden diese Bezeichnung geschlechtsneutral) daran beteiligt, Entscheidungen zu treffen, und zwar in der Regel nur endlich oft. Unendlich dauernde Spiele sind von eher theoretischem Interesse, und wir werden sie daher hier nicht ausführlich behandeln. Die Entscheidungen, die wir dann auch *Spielzüge* nennen, können gleichzeitig oder nacheinander erfolgen; wir unterscheiden hier Spiele in *Extensivform* (oder auch *extensiver Form*) und Spiele in *Normalform*.

2.1.4 Versuch einer Spieldefinition

Spieltheorie ist eine mathematische Disziplin, und diesem Umstand müssen wir an einigen Stellen besonders gerecht werden. Mathematik umreißt gern scharf, womit sie sich beschäftigt, was durchaus von Vorteil ist – so wissen alle Beteiligten genau, worüber sie eigentlich reden. In ein Kapitel über Spieltheorie gehört also an irgendeiner Stelle wenigstens der Versuch einer Spieldefinition, die für alle folgenden Abschnitte in allgemeiner Weise gilt. Da wir aber auch dem Anspruch gerecht werden wollen, dies in klarer Sprache zu tun, zitieren wir hier keine formale Definition, sondern benutzen Klartext.[10]

Zu einem *Spiel* gehören (für uns):

1. zwei oder mehrere Spieler (Einzelpersonen, Gruppen von Personen, Unternehmen und vieles mehr); man präzisiert dies dann durch die Formulierung *Zwei-Personen-Spiel* oder *Mehr-Personen-Spiel*,
2. eine Ausgangs-Spielposition,
3. zu jedem Zeitpunkt für jeden der Spieler eine Menge sogenannter *Strategien* (das bedeutet: Möglichkeiten, Aktionen auszuwählen), die sich im Verlauf des Spiels auch ändern können, und gewisse *Spielregeln*, die festlegen, welcher Spieler sich in welcher Situation für welche seiner Strategien entscheiden kann,
4. eine Festlegung dahingehend, ob die Spieler gleichzeitig oder abwechselnd oder in irgendeiner anderen Reihenfolge ihre Strategien wählen dürfen,
5. eine allen bekannte Übersicht über die Spielpositionen, die aus der Strategiewahl eines oder mehrerer Spieler resultieren,
6. eine Vorschrift, nach der aus einer Spielposition eindeutig erkennbar ist, ob das Spiel beendet ist,
7. für jeden Spieler am Ende des Spiels ein eindeutig messbarer Nutzen (der einem realen oder virtuellen Gewinn entsprechen oder auch nur in der Information bestehen kann, gewonnen oder verloren zu haben).

Alle Spiele, die wir betrachten werden, haben diese Eigenschaften. Es gibt verschiedene Möglichkeiten, Spiele in Kategorien einzuteilen, die durch die oben genannten Punkte motiviert sind, so etwa die Einteilung in *sequentielle Spiele* (auch *Spiele in Extensivform*) und *nicht-sequentielle Spiele* (auch *Spiele in Normalform*), je nach Art und Weise, wie die Spieler ihre Züge machen (Punkt 4). Auch Punkt 5 ist wichtig; er garantiert, und das ist für unsere Zwecke meist auch ausreichend, dass wir es mit einem Zustand *vollständiger Information* zu tun haben, was bedeutet, dass jeder zu jeder Zeit über alles Bescheid weiß. Gehen wir zunächst die genannten Punkte anhand eines gut bekannten Spiels durch, auf das wir auch im folgenden Abschnitt schnell zu sprechen kommen werden: das Spiel *Schere – Stein – Papier*.

Beispiel 2

Zwei Spieler zeigen auf ein Kommando hin gleichzeitig mit der Hand jeweils eines der drei Symbole *Schere*, *Stein* oder *Papier*. Diese drei Symbole besiegen sich gegenseitig in einer Art Ringschluss: Schere schneidet Papier, Papier umwickelt Stein, Stein zerstört

Schere. Zeigen beide Spieler das gleiche Symbol, so wird der Vorgang wiederholt, und zwar so lange, bis ein Sieger feststeht.

Hier sind die oben genannten Punkte in folgender Weise erfüllt:

1. Es gibt zwei einzelne Spieler,
2. die Ausgangs-Spielposition ist „leer", es geschieht erst nach der ersten Strategiewahl etwas,
3. zu jedem Zeitpunkt hat jeder der beiden Spieler die Möglichkeit, aus den drei Symbolen eines auszuwählen,
4. die beiden Spieler müssen ihre Strategie *gleichzeitig* wählen und anzeigen,
5. aus der Strategiewahl können neun mögliche Paarungen von Symbolen entstehen,
6. das Spiel ist beendet, wenn erstmals beide Spieler ein unterschiedliches Symbol zeigen,
7. am Ende des Spiels ist durch die Ringschlussregel klar erkennbar, wer gewonnen hat; zunächst besteht allein in dieser Tatsache der Gewinn.

Das Spiel *Schere – Stein – Papier* erfüllt auch den Tatbestand vollständiger Information – jeder der beiden Spieler weiß natürlich, welches Symbol der andere zeigt, es geschieht nichts im Geheimen.

2.2 Der Strategiebegriff

In der einschlägigen Literatur ist der Begriff der *Strategie* ein recht problematischer. Häufig wird er nämlich in mehreren Bedeutungen verwendet, so dass hier eine gewisse Abgrenzung notwendig ist, und durch die häufige Nutzung (man spricht von „strategischem Denken", „strategischer Planung" etc.), wird er oft missverstanden. Besonders zwei Begriffe werden meist vermengt, und wir bemühen uns hier um eine konsequente Unterscheidung: Die sogenannten *Spielzüge* sind die jeweils zur Verfügung stehenden Aktionen, die durchgeführt werden können; beim Spiel *Schere – Stein – Papier* sind dies etwa Schere, Stein und Papier. Eine Strategie umfasst die *Entscheidung* für einen oder mehrere Spielzüge; genauer gehen wir auf die verschiedenen Möglichkeiten unten ein.

Das klassische Spielverständnis beinhaltet stets den Gewinnwunsch, und zwar an erster Stelle und ohne Rücksicht auf Verluste. Slogans wie „Dabei sein ist alles" oder Spiele ohne Sieger, wie sie in den letzten beiden Jahrzehnten des 20. Jahrhunderts vermehrt auftraten, gehören in eine andere Kategorie. Eine solche Einstellung soll zunächst gar nicht bewertet oder kritisch hinterfragt werden – das geschieht früh genug im späteren Verlauf des Buchs. Stellt man sich auf einen solchen Standpunkt, dann ist in den meisten Situationen schnell klar, was zu tun ist. Es kann tatsächlich durch bloßes Ausrechnen, durch die Anwendung quantitativer Methoden also, mathematischer wie statistischer, herausgefunden werden, wie man das Gewinnziel erreicht. Der Sieg also ist alles, und mehr noch, der Sieg sollte auch mit einem maximalen Nutzen für den Sieger einhergehen. Auch um dies zu erreichen, setzt der Mensch seit jeher Strategien ein. Will man nun die klassische Spieltheorie des ausgehenden 19. und des 20. Jahrhunderts vernünftig beschreiben, gehört also an erster Stelle eine Klassifizierung der Strategien dazu.

Das ist aber nicht so einfach, und es gibt verschiedene Wege, die man betreten kann. Was dieses Buch angeht, so sollen die Strategien grob in drei Kategorien eingeteilt werden: reine Strategien, Langzeit-Strategien, gemischte Strategien. Während eine *reine Strategie* die *Entscheidung für eine bestimmte Handlungsweise in einer Runde* bedeutet (wie etwa beim Spiel *Schere – Stein – Papier* die Wahl von Schere beim einmaligen Spiel), beziehen sich Langzeit-Strategien auf mehrere Runden oder den gesamten Spielverlauf, wobei die *gemischten Strategien* dies mit Hilfe einer Wahrscheinlichkeitsverteilung tun und einen „globaleren" Überblick über das Spiel erlauben. Diese Einteilung entspricht nicht unbedingt dem üblichen Weg. Anhand zweier Beispiele, nämlich des bereits erwähnten Spiels *Schere – Stein – Papier* aus der Zeit unserer ersten Spielerfahrungen und eines NIM-Spiels aus der kombinatorischen Spieltheorie, sollen im Folgenden die Unterschiede der Strategie-Kategorien begreiflich gemacht werden.

Beispiel 3

Von einem Stapel mit elf Münzen sind von zwei Spielern abwechselnd in jedem Zug *mindestens eine, höchstens aber drei* Münzen zu entfernen. Es gewinnt, wer die letzte Münze entfernt und damit seinen Gegner zugunfähig setzt.

Dieses Spiel gehört zu der eingangs erwähnten, sehr alten Klasse der *NIM-Spiele*. Ab 1970 entwickelte der englische Mathematiker John Horton Conway ausgehend von NIM-Spielen die Grundzüge der *kombinatorischen Spieltheorie*. Dieses Spiel ist ebenfalls, wenn auch vom Charakter her sehr von *Schere – Stein – Papier* verschieden, ein Spiel im Sinne unserer oben genannten Punkte:

1. Es gibt zwei einzelne Spieler,
2. die Ausgangs-Spielposition besteht aus den elf Münzen,
3. zu jedem Zeitpunkt des Spiels hat jeder der beiden Spieler die Möglichkeit, eine, zwei oder drei Münzen zu entfernen (sofern dies noch möglich ist),
4. die beiden Spieler wählen ihre Strategien *abwechselnd*,
5. je nach Strategiewahl sind nach einem Zug bis zu drei neue Spielpositionen möglich,
6. das Spiel ist beendet, wenn einer der beiden Spieler nicht mehr ziehen kann, weil keine Münze mehr auf dem Tisch liegt,
7. am Ende des Spiels hat der Spieler, der den letzten Zug gemacht hat, gewonnen; zunächst besteht allein in dieser Tatsache der Gewinn.

Beide Spiele werden im späteren Verlauf des Kapitels noch genauer analysiert werden (denken Sie jedoch ruhig schon jetzt einmal darüber nach, wie Sie jeweils handeln würden); für den Moment wollen wir sie nur nutzen, um daran beispielhaft die Strategiebegriffe zu verdeutlichen.

2.2.1 Reine Strategien

Es gibt in beiden oben erwähnten Beispielen (2 und 3) jeweils drei *reine Strategien*, nämlich:

- Spiele Stein bzw. Schere bzw. Papier! (Beispiel 2)
- Entferne eine bzw. zwei bzw. drei Münzen! (Beispiel 3)

Diese reinen Strategien stehen den Spielern in jeder *Spielrunde*, immer, wenn sie am Zug sind, zur Verfügung. Nur beim NIM-Spiel sind gegen Ende nicht mehr alle drei Strategien möglich. Die beiden Spiele unterscheiden sich auch in der Art und Weise, wie die Spieler ihre reinen Strategien spielen. Während dies bei *Schere – Stein – Papier* natürlich *gleichzeitig* geschieht und das Spiel ja gerade davon lebt, entscheiden sich die Spieler beim NIM-Spiel *nacheinander, abwechselnd* für eine Strategie und beziehen also bei ihrer Entscheidung unmittelbar die zuvor getroffene Entscheidung des Gegners mit ein.

Allgemein gesprochen lässt sich eine reine Strategie also als *Entscheidung für eine Aktion in einem einzelnen Zug einer einzelnen Runde* verstehen. Während *Schere – Stein – Papier* übrigens nach einer Runde, also nach einem Zug für beide Spieler, beendet sein kann und damit ein Sieger feststeht, wird beim NIM-Spiel auf Grund der Zahlen sicher mehr als eine Runde benötigt. Andererseits kann *Schere – Stein – Papier* – zumindest theoretisch – unendlich lange dauern, wenn nämlich beide Spieler stets die gleiche Strategie wählen.[11]

2.2.2 Langzeit-Strategien

Während sich reine Strategien stets *nur auf einen Zug und damit auf eine Runde* beziehen, spricht man bei einer Handlungsanweisung für einen größeren Teil des Spielverlaufs oder auch für das ganze Spiel von einer *Langzeit-Strategie*. Bei manchen Spielen kann es sinnvoll sein, sich zu Beginn des Spiels bereits für eine solche Langzeit-Strategie zu entscheiden und nicht nur jeden Zug, quasi „aus dem Bauch heraus" und losgelöst von den anderen, zu machen. Bei solchen Spielen wie dem in Beispiel 3, bei NIM-Spielen also, ist die Entwicklung einer solchen Langzeit-Strategie, einer Strategie also, die vorausschaut, besonders wichtig und geht über Anwendung reiner Strategien hinaus. Man könnte sagen, eine Langzeit-Strategie gibt vor, wie die reinen Strategien sinnvoll angewendet werden sollten. Mögliche Langzeit-Strategien in Beispiel 3 sind etwa:

- Entferne immer zwei Münzen!
- Imitiere stets den Zug Deines Gegners!

Nun stellt sich ganz klar die Frage nach einer optimalen Langzeit-Strategie, und eine solche zu finden, gelingt zumindest bei den NIM-Spielen immer.

Bei Spielen wie *Schere – Stein – Papier* stellt sich die Frage nach Langzeit-Strategien auch, wenn über mehrere Runden gespielt werden soll. Auch hier gibt es mehr oder weniger sinnvolle Vorgehensweisen, beispielsweise

- Spiele immer *Stein*!
- Spiele abwechselnd *Schere*, *Stein* und *Papier*!
- Imitiere stets den Zug Deines Gegners!

Die verschiedenen Strategien sind zunächst völlig unterschiedlicher Natur, haben aber eine Gemeinsamkeit – sie sind durchschaubar. Bei der ersten, bei der man immer die gleiche Strategie spielt, ist dies besonders offenkundig. Aber auch die zweite Strategie gibt durch die Regelmäßigkeit zu viel Information preis, und bei der dritten wird man ebenfalls nach gewisser Zeit vom Gegner durchschaut werden. Es muss dann schon komplizierter werden, und man kommt sehr schnell selbst darauf, dass ein gewisses Zufallselement hier von Vorteil sein könnte.

2.2.3 Gemischte Strategien

Um ganz spezielle Langzeit-Strategien handelt es sich bei den *gemischten Strategien*. Eine solche gemischte Strategie besteht in der Angabe einer *Wahrscheinlichkeitsverteilung* für die einzelnen reinen Strategien. Damit hat man das Zufallselement, das die Undurchschaubarkeit, die Unberechenbarkeit zur Folge hat. Bezogen auf das Beispiel 3 könnte eine gemischte Strategie etwa so aussehen:

- Wirf einen Laplace-Würfel[12] und entferne eine Münze bei den Augenzahlen 1, 2 und 3, zwei Münzen bei den Augenzahlen 4 und 5 und drei Münzen bei der Augenzahl 6.

Die Anzahl der Münzen, die entfernt werden, wird hier also zufällig ermittelt. Auch beim Spiel *Schere – Stein – Papier* ist so etwas denkbar, beispielsweise:

- Würfle mit einem Laplace-Würfel und spiele *Schere* bei den Augenzahlen 1 und 2, *Stein* bei den Augenzahlen 3 und 4 sowie *Papier* bei den Augenzahlen 5 und 6.

Spielt man *Schere – Stein – Papier* mit Hilfe dieser gemischten Strategie, so bietet man dem Gegner deutlich weniger Information als bei den oben erwähnten Langzeit-Strategien. In der Tat kann er sich keine für ihn günstigere Strategie herleiten. Spielt *A* nämlich beispielsweise zu einem relativ hohen Anteil *Stein*, vielleicht durchschnittlich bei jedem zweiten Wurf, so wird *B* darauf reagieren, und zwar durch Hochschrauben seines Anteils an *Papier*-Zügen. Nur wenn alle drei Strategien gleichverteilt, mit der gleichen Wahrscheinlichkeit, gespielt werden, ist man unberechenbar. Eine Situation, in der beide Spieler nach dieser Strategie vorgehen, besitzt eine gewisse Stabilität. Wir gehen auf diese Problematik bei den gemischten Strategien ausführlich ein.

2.3 Reine Strategien

In diesem Abschnitt werden anhand theoretischer und praktischer Beispiele die wichtigsten Begriffe rund um den Einsatz reiner Strategien eingeführt.

2.3.1 Zwei-Personen-Spiele in Normalform

Spiele, bei denen die reinen Strategien *gleichzeitig* gespielt werden, bei denen sich also die Spieler zum selben Zeitpunkt für eine der zur Verfügung stehenden Aktionen entscheiden, werden *Spiele in Normalform* genannt. Diese Entscheidung, die also zur gleichen Zeit beiden Spielern bekannt ist, schafft eine Spielposition, die unmittelbar ausgewertet werden kann. Auch dieses Auswerten ist ein wesentliches Merkmal. Meist geht es nicht nur um das „bloße Gewinnen", sondern durch die unterschiedlichen Auszahlungen hat jede spezifische Spielposition ihren eigenen, spielerindividuellen Wert, den jeder Spieler zu maximieren versucht.

Demnach bestehen Spiele in Normalform sehr häufig nur aus einer einzigen Runde, nach der abgerechnet wird. Diese Abrechnung kann bei wenigen zur Verfügung stehenden Strategien durch eine sogenannte *Auszahlungsmatrix* erfolgen. Da nämlich nur zwei Spieler beteiligt sind, können die Auszahlungen für alle möglichen Strategiekombinationen – sofern die Zahl hier nicht zu groß ist – übersichtlich in einem zweidimensionalen Feld, einer Matrix, angegeben werden. Eventuelle weitere Runden können dann „neu abgerechnet" werden. Spiele in Normalform sind damit in gewisser Weise durchschaubarer und nehmen, anders als die Spiele in Extensivform, keinen strategisch zu durchleuchtenden tatsächlichen Spielverlauf, der vorhergesehen werden müsste. Sie enden sofort und haben ihren Reiz in der Unvorhersehbarkeit dessen, was der Gegner tut.

Ein einfaches Zwei-Personen-Spiel in Normalform ist durch die Auszahlungsmatrix in Abb. 2.3 gegeben. Hierbei haben die beiden Spieler A und B gleichzeitig die Wahl, sich zwischen den beiden Strategien s_1 und s_2 zu entscheiden, was auch immer sich dahinter verbergen mag. An den entsprechenden Stellen der Matrix ist dann ein Zahlenpaar angegeben, von denen die erste, so unsere Konvention, den Gewinn für Spieler A und die zweite den Gewinn für Spieler B angibt. Entscheiden sich beispielsweise beide für die Strategie s_1, so erhalten beide eine Auszahlung von drei Einheiten.

Eine Analyse dieses Spiels geht schnell, denn ein Blick auf die Auszahlungsmatrix legt nahe, dass sich aller Voraussicht nach beide Spieler für die Strategie s_1 entscheiden werden. Diese Strategie garantiert beiden den maximalen Auszahlungsbetrag von drei Einheiten. Man sagt in diesem Fall, dass die Strategie s_1 *dominant* gegenüber der Strategie s_2 ist bzw. dass s_2 von s_1 *dominiert* wird. Dominiert eine Strategie alle anderen, so nennt man sie auch schlicht *dominant*, und solche dominanten Strategien sollten möglichst gespielt werden. Die Existenz einer solchen dominanten Strategie für beide Spieler bedeutet, dass das Spiel im Prinzip „gelöst" ist. Es gibt eine Maximierungsstrategie für beide Spieler; das Spiel ist komplett durchleuchtet. Hierbei ist natürlich wichtig, dass die Auszahlungsmatrix beiden

		B	
		s_1	s_2
A	s_1	(3/3)	(2/1)
	s_2	(1/2)	(0/0)

Abb. 2.3 Auszahlungsmatrix eines Zwei-Personen-Spiels mit vorhersehbarem Ausgang – beide Spieler werden die Strategie s_1 wählen, da sie hier maximale Auszahlung erreichen

		B		
		Schere	Stein	Papier
	Schere	(0/0)	(−1/1)	(1/−1)
A	Stein	(1/−1)	(0/0)	(−1/1)
	Papier	(−1/1)	(1/−1)	(0/0)

Abb. 2.4 Auszahlungsmatrix von *Schere – Stein – Papier*

Spielern komplett bekannt ist, aber davon gehen wir ja, sofern nichts Anderes gesagt wird, aus (*vollständige Information*). Allgemein erhalten wir die Strategieregel:

$$\text{Verwende, falls vorhanden, eine dominante Strategie!} \tag{2.2}$$

Nicht immer jedoch lässt sich eine dermaßen einfache Handlungsanweisung angeben. Um dies zu verdeutlichen, betrachten wir erneut das Spiel *Schere – Stein – Papier* aus Beispiel 2. Ordnet man einem Sieg bei diesem Spiel den Wert 1 und einer Niederlage den Wert −1 zu, was etwa dadurch gedeutet werden kann, dass der Verlierer an den Gewinner eine Geldeinheit bezahlen muss, so können diese Werte in einer Auszahlungsmatrix zusammengefasst werden. Diese Matrix ist in Abb. 2.4 dargestellt.

Hier liegt die Sache nun völlig anders: Die Spieler haben zwar wieder die Auswahl zwischen reinen Strategien (diesmal zwischen den drei Strategien *Stein*, *Schere* und *Papier*), aber schnell wird klar, dass offensichtlich keine dieser drei Strategien *auf jeden Fall zum Sieg* führt – genau darin liegt ja der Reiz des Spiels. Wie auch immer sich jeder Spieler entscheiden mag – d. h. welche Zeile oder Spalte er auch immer in der Auszahlungsmatrix wählen mag – der andere Spieler könnte stets die Strategie wählen, bei der er gewinnt. Es gibt hier keine dominante Strategie. In gewisser Weise weist das Spiel in dieser Form hinreichend viel Symmetrie auf, dass es keinem der beiden Spieler einen Vorteil bietet. Ein Fazit ist, dass es offenbar Spiele in Normalform gibt, die nicht in dem oben angedeuteten Sinn „gelöst" werden können. Niemand ist bei *Schere – Stein – Papier* in der Lage, eine Handlungsanweisung zu geben, die zum Sieg führt. Wir werden aber im Abschnitt über gemischte Strategien sehen, dass es in einem anderen Sinn doch ein strategisches Vorge-

2.3 Reine Strategien

		B		
		Schere	Stein	Papier
A	Schere	(0/0)	(−1/1)	(−2/2)
	Stein	(1/ − 1)	(0/0)	(−1/1)
	Papier	(2/ − 2)	(1/ − 1)	(0/0)

Abb. 2.5 Modifizierte Auszahlungsmatrix von *Schere – Stein – Papier*

hen bei *Schere – Stein – Papier* und vergleichbaren Spielen gibt, dass dieses strategische Vorgehen aber ein gewisses Umdenken in den Zielen erfordert.

Wir stellen uns nun die Frage: Könnte das Spiel *Schere – Stein – Papier* so modifiziert werden, dass es eine Maximierungsstrategie gibt? (Dies nähme dem Spiel dann natürlich seinen ursprünglichen Reiz.)

Legt man die modifizierte Auszahlungsmatrix in Abb. 2.5 zu Grunde, gibt es dann eine Strategie für die beiden Spieler, die in dem bisher verstandenen Sinne optimal ist? Die Auszahlungsmatrix scheint ein wenig verwunderlich zu sein; es gibt merkwürdige Effekte. So verliert etwa Schere nun gegen Stein *und* gegen Papier, während Papier gegen die beiden anderen Strategien siegreich ist. Die Symmetrie, die Unabhängigkeit der Aktionen scheint verloren gegangen zu sein. Die einzig vernünftige Aktion scheint – für beide Spieler – Papier zu sein: Das garantiert in jedem Fall eine nicht-negative Auszahlung, und wenn beide Spieler sich dafür entscheiden, dann gehen sie zumindest verlustfrei aus dem Spiel. Die Strategiekombination *Papier/Papier* scheint hier eine Sonderrolle einzunehmen, wie es sie vorher nicht gab. Durch die Manipulation der Werte hat sich eine Möglichkeit ergeben, die den Charakter eines *Gleichgewichts* hat. Wählen beide *Papier*, so kann sich keiner der beiden verbessern. Da der andere sich gleich entscheidet, macht man zwar keinen Gewinn, aber das Wechseln auf eine andere Strategie, etwa *Stein*, ist zu unsicher. Es wäre zwar damit ein Gewinn von 1 möglich, aber nur, wenn der Gegner *Schere* spielt – und warum sollte er das tun?

Wir haben damit gesehen, was passieren kann, wenn man bei einem Spiel wie *Schere – Stein – Papier* die Symmetrie aufhebt, und zwar durch Manipulation der Auszahlungswerte. Ein anderes Vorgehen könnte darin bestehen, eine weitere Aktion hinzuzufügen. Vielleicht ist Ihnen als Variante die Erweiterung um die Aktion *Brunnen* bekannt. Die hinzukommenden Regeln sind: Brunnen verliert gegen Papier („wird zugedeckt") und gewinnt gegen Stein und Schere (beides „fällt hinein"). Die entsprechende Auszahlungsmatrix findet sich in Abb. 2.6. Betrachten wir diese Matrix ein wenig genauer. Vergleicht Spieler *A* beispielsweise seine Auszahlungen für *Stein* und *Brunnen*, so stellt er fest, dass diese bei *Brunnen niemals geringer* ist als bei *Stein*. Anders gesagt: Es gibt keinen Fall, in dem Stein gewinnen würde, wo Brunnen dies nicht auch täte. Die Strategie *Brunnen* ist damit dominant gegenüber *Stein*.

		B			
		Schere	Stein	Papier	Brunnen
A	Schere	$(0/0)$	$(-1/1)$	$(1/-1)$	$(-1/1)$
	Stein	$(1/-1)$	$(0/0)$	$(-1/1)$	$(-1/1)$
	Papier	$(-1/1)$	$(1/-1)$	$(0/0)$	$(1/-1)$
	Brunnen	$(1/-1)$	$(1/-1)$	$(-1/1)$	$(0/0)$

Abb. 2.6 Auszahlungsmatrix von *Schere – Stein – Papier – Brunnen*

		B		
		Schere	Brunnen	Papier
A	Schere	$(0/0)$	$(-1/1)$	$(1/-1)$
	Brunnen	$(1/-1)$	$(0/0)$	$(-1/1)$
	Papier	$(-1/1)$	$(1/-1)$	$(0/0)$

Abb. 2.7 Auszahlungsmatrix von *Schere – Stein – Papier – Brunnen* nach dem „Aussterben" von Stein

Macht man sich bei *Schere – Stein – Papier – Brunnen* bewusst, dass Stein von Brunnen dominiert wird, so wird man Stein sicher nicht mehr spielen. Da beide Spieler so denken, wird die Strategie, Stein zu spielen, mit der Zeit „aussterben". Was resultiert, ist das Spiel *Schere – Brunnen – Papier* (Abb. 2.7), das die gleiche Auszahlungsmatrix hat wie *Schere – Stein – Papier*. Die Strategie *Brunnen* ist einfach an die Stelle der Strategie *Stein* getreten. Allgemein gilt die Strategieregel:

$$\text{Streiche dominierte Strategien!} \tag{2.3}$$

Falls man also von vollständiger Information ausgeht, sollte die Anwendung der beiden Strategieregeln (2.2) und (2.3) am Anfang aller strategischen Überlegungen stehen. Letztere, das Streichen dominierter Strategien, führt zu einer Form der Auszahlungsmatrix, die man manchmal *reduziert* nennt. Bevor man sich bei einem Spiel mit vorliegender Matrix auf eine intensive Analyse einlässt, sollte man sich also vergewissern, dass die Matrix in diesem Sinne reduziert ist. Beim Zwei-Personen-Spiel in Abb. 2.8 etwa sei die Matrix in der vorliegenden Form beiden Spielern bekannt. Diese Matrix kann in der folgenden Weise reduziert werden: Spieler A bemerkt, dass seine Strategie a_1 immer besser ist als seine Strategie a_3 – und zwar unabhängig davon, welche Strategie Spieler B spielt. Spieler A wird aus diesem Grunde die dominierte Strategie a_3 streichen. Dass er dies tatsächlich tut, dessen kann sich B sicher sein und wird seinerseits seine Strategie b_2 streichen, da sie nun von b_3 dominiert wird. Übrig bleibt die rechte Matrix in Abb. 2.8.

		B		
		b_1	b_2	b_3
	a_1	(2/0)	(1/1)	(4/2)
A	a_2	(3/4)	(1/2)	(2/3)
	a_3	(1/3)	(0/2)	(3/0)

		B	
		b_1	b_3
A	a_1	(2,0)	(4,2)
	a_2	(3,4)	(2,3)

Abb. 2.8 Auszahlungsmatrix eines Zwei-Personen-Spiels in Normalform: die Ausgangssituation (*links*) und die reduzierte Form (*rechts*) nach Streichen der dominierten Strategien

2.3.2 Das Nash-Gleichgewicht

Einer der zentralen spieltheoretischen Begriffe ist der des *Gleichgewichts*. Von einer Gleichgewichtssituation sprechen wir allgemein, wenn eine Spielsituation „unter den gegebenen Umständen stabil" ist. Die bewusst gewählte Schwammigkeit dieses Ausdrucks verbirgt wenig bis gar nicht die Schwierigkeiten, die bei der klaren Abgrenzung der Gleichgewichtsbegriffe voneinander entstehen. Je nach Interpretation und Situation wird unterschieden zwischen den verschiedensten Gleichgewichtsbegriffen.

Dennoch ist meist ein ganz bestimmter dieser Begriffe gemeint, wenn im spieltheoretischen Bezug von einem Gleichgewicht die Rede ist, und dies ist das *Nash-Gleichgewicht*. Benannt nach John F. Nash handelt es sich hier sicher um einen der bedeutsamsten Gleichgewichtsbegriffe. In der Natur des Menschen scheint das Bedürfnis nach Symmetrie fest verankert zu sein; auch beim Nash-Gleichgewicht spielt es eine Rolle. Beginnen wir mit einer speziellen Form von Spielen, den *Nullsummenspielen*: Hier ist der Gewinn des einen Spielers stets gleich dem Verlust des anderen. Ein prominentes Beispiel hierfür ist *Schere – Stein – Papier* mit den Standard-Auszahlungen wie in Abb. 2.4.

In der Tat sind solche Spiele historisch im Prinzip als erste untersucht worden, so etwa bereits in den 1920er Jahren von John von Neumann. Bei Nullsummenspielen stehen sich die Interessen der Spieler diametral gegenüber; der eine gewinnt, was der andere verliert, so etwa beim Aushandeln von Löhnen oder beim Optionshandel an der Börse, bei dem ein Spieler auf steigende und der andere auf fallende Kurse wettet. Bei einem Zwei-Personen-Nullsummenspiel handelt es sich also um ein Paradebeispiel der klassischen Spieltheorie: Rational und ohne Bedenken gewinnt einer, was der andere verliert.[13] Die Auszahlungsmatrizen bei Nullsummenspielen können auf eine kompakte Art und Weise notiert werden: Da alle Einträge von der Form $(a/-a)$ sind, reicht es, wenn man einen solchen Eintrag auf die Auszahlung für den ersten Spieler (also a) reduziert; es ist dann klar, dass der 2. Spieler die Auszahlung $-a$ erhält. Ein Beispiel für eine solche kompaktere Darstellung der Auszahlungsmatrix eines Nullsummenspiels findet sich in Abb. 2.9, und zwar notiert aus Sicht des Spielers A. Wir lesen die Auszahlungen dann also so: Wählt A die Strategie a_2 und B die Strategie b_3, so erzielt A eine Auszahlung von 1 und entsprechend B eine (negative) Auszahlung von -1 (interpretierbar auch als: B zahlt an A eine Geldeinheit).

	B		
	b_1	b_2	b_3
a_1	-2	-1	0
A $\quad a_2$	-1	0	1
a_3	0	1	2

Abb. 2.9 Auszahlungsmatrix eines Nullsummenspiels aus Sicht des Spielers A. Die Strategiekombination (a_3, b_1) ist ein Sattelpunkt mit der Auszahlung 0 für beide Spieler

Wir wollen nun untersuchen, was bei diesem Spiel passieren kann: In einem Gedankenexperiment überlegen wir uns, was in den Köpfen der Beteiligten vor sich geht. Wichtig ist dabei, dass beiden Spielern die Auszahlungsmatrix bekannt ist. Was tun sie dann, welche Überlegungen stellen sie an? In der gerade beispielhaft erwähnten Situation (A spielt a_2 und B spielt b_3) mag sich B vielleicht überlegen, dass er sich doch verbessern kann, und zwar indem er b_1 spielt – vorausgesetzt, A bliebe bei seiner Strategie a_2. A denkt sich nun, dass B sich dies denkt – und spielt stattdessen a_3. Wieder einmal hat man hier einen Gedankengang der Art „ich denke, dass mein Gegner denkt, dass ich denke …" – ein wesentlicher Aspekt der Spieltheorie. Er verdeutlicht, dass sich psychologische und Einschätzungsaspekte auch in rationalsten Situationen nie ganz vermeiden lassen. Die beiden Spieler sind nun bei der Kombination (a_3, b_1) angekommen mit ihren Überlegungen und stellen plötzlich etwas Wichtiges fest: A merkt, dass er sich nur verschlechtern kann, falls B bei seiner Wahl bleibt, und umgekehrt gilt dies auch.

Die Strategiekombination (a_3, b_1) hat eine gewisse *Stabilität*, die den anderen Kombinationen fehlt. Man nennt diese Kombination auch einen *Sattelpunkt* des Spiels.[14] Sucht man bei einem Nullsummenspiel nach einer solchen stabilen Situation und ist die Auszahlungsmatrix aus Sicht von A gegeben, so geht man folgendermaßen vor:

- Markiere spaltenweise die maximalen Werte (und damit die maximalen Auszahlungen für Spieler A).
- Markiere zeilenweise die minimalen Werte (und damit die minimalen Auszahlungen für Spieler A, also die maximalen Auszahlungen für Spieler B).
- Ist ein Wert gleichzeitig Maximum für Spieler A und für Spieler B, so ist die zugehörige Strategiekombination ein Sattelpunkt.

Ein Sattelpunkt entspricht also einer einer Strategiekombination, aus der heraus sich keiner der Spieler durch einseitiges Abweichen verbessern kann. In der Matrix in Abb. 2.9 sind die Spaltenmaxima (von links nach rechts) 0, 1, 2, das Minimum also 0. Die Zeilenminima sind (von oben nach unten) $-2, -1, 0$, das Maximum also 0. Wir erhalten also, dass das durch die Matrix A in Abb. 2.9 beschriebene Zwei-Personen-Nullsummenspiel den Sattelpunkt (a_3, b_1) mit Auszahlung 0 an beide Spieler hat. Einen Sattelpunkt muss es natürlich nicht immer geben; so hat etwa die in in Abb. 2.10 gezeigte Matrix keinen Sattelpunkt.

2.3 Reine Strategien

		b_1	B b_2	b_3
	a_1	0	-1	1
A	a_2	1	0	-1
	a_3	-1	1	0

Abb. 2.10 Auszahlungsmatrix eines Nullsummenspiels ohne Sattelpunkt aus Sicht des Spielers A

Die wichtige Eigenschaft, sich bei einseitiger Abweichung nicht verbessern können, definiert den Zustand eines Nash-Gleichgewichts: Unter der *besten Antwort des Spielers A auf eine Strategie s_B des Spielers B* versteht man eine Strategie s_A von A, die in der Kombination (s_A/s_B) für A maximale Auszahlung bringt. Ein *Nash-Gleichgewicht in reinen Strategien* ist dann eine Strategiekombination aus wechselseitig besten Antworten. Der Zusatz *in reinen Strategien* bedeutet, dass das Gleichgewicht wirklich bei einer der tatsächlichen Strategiekombinationen erreicht wird, im Gegensatz zu den Gleichgewichten in gemischten Strategien. Wir sprechen darüber hinaus manchmal von einem *strikten Gleichgewicht*, falls sich einer der Spieler durch die Wahl einer anderen Strategie sogar verschlechtern würde. Beispiele für beste Antworten und Nash-Gleichgewichte haben wir bereits einige gesehen:

- Bei *Schere – Stein – Papier* ist beispielsweise *Stein* die beste Antwort auf *Schere*, *Schere* die beste Antwort auf *Papier* und *Papier* die beste Antwort auf *Stein*. Es gibt hier keine wechselseitig besten Antworten, also kein Nash-Gleichgewicht.
- Beim modifizierten Spiel *Schere – Stein – Papier* (siehe Abb. 2.5) ist *Papier* die beste Antwort auf alle anderen Aktionen; damit ist die Strategiekombination *Papier/Papier* ein Nash-Gleichgewicht.

So erstrebenswert übrigens ein Nash-Gleichgewicht aus mancherlei Hinsicht ist, so wenig verlockend wird es häufig aus anderer Sicht sein. In vielen Situationen sind stabile Situationen nicht unbedingt mit optimalen Auszahlungen verbunden (das Standardbeispiel hierfür ist das Gefangenendilemma). Gleichgewichte müssen auch gar nicht existieren; in diesem Fall müssen neue Methoden gesucht werden, die zu „erstrebenswerten Zuständen" führen (wie auch immer diese dann aussehen). Ein möglicher Weg dorthin sind die gemischten Strategien (Abschn. 2.5).

Bei bekannter Auszahlungsmatrix können Nash-Gleichgewichte problemlos gefunden werden, sofern sie existieren, nämlich durch die Bestimmung aller besten Antworten und der anschließenden Suche nach einer aus wechselseitig besten Antworten bestehenden Strategiekombination. Je nach Anzahl der Strategien und, bei Mehr-Personen-Spielen, auch nach Anzahl der Spieler, kann und wird dies sehr aufwändig sein. Dennoch gibt es einen Algorithmus, und er ist zumindest für den Fall zweier Spieler einfach zu formulie-

		B		
		b_1	b_2	b_3
	a_1	(4/2)	(1/1)	(2/0)
Spieler A	a_2	(2/3)	(5/1)	(1/4)
	a_3	(3/0)	(0/2)	(1/3)

		B		
		b_1	b_2	b_3
	a_1	(**4**/2)	(1/1)	(**2**/0)
Spieler A	a_2	(2/3)	(**5**/1)	(1/4)
	a_3	(3/0)	(0/2)	(1/3)

		B		
		b_1	b_2	b_3
	a_1	(**4**/**2**)	(1/1)	(**2**/0)
Spieler A	a_2	(2/3)	(**5**/1)	(1/**4**)
	a_3	(3/0)	(0/2)	(1/**3**)

Abb. 2.11 Bestimmung eines Nash-Gleichgewichts

ren. Falls also ein Zwei-Personen-Spiel in Normalform durch seine Auszahlungsmatrix gegeben ist, so führe man folgende Schritte durch:

- Markiere zu jeder Strategie von Spieler B (also in jeder Spalte der Matrix) die beste Antwort von Spieler A (also das Maximum der Spalteneinträge für A).
- Markiere zu jeder Strategie von Spieler A (also in jeder Zeile der Matrix) die beste Antwort von Spieler B (also das Maximum der Zeileneinträge für B).
- Alle Strategiekombinationen, bei denen beide Einträge markiert sind, sind Nash-Gleichgewichte in reinen Strategien.

Das entspricht genau dem Auffinden eines Sattelpunktes, wie wir es bei Nullsummenspielen systematisiert haben. Außerdem funktioniert der Algorithmus analog auch für mehr als zwei Spieler, wobei die Normalform allerdings nicht durch eine Matrix dargestellt werden kann. In Abb. 2.11 sind die Schritte des Algorithmus beispielhaft dargestellt; wir erhalten als Nash-Gleichgewicht in reinen Strategien die Strategiekombination (a_1, b_1) mit dem Gewinn $(4, 2)$. Natürlich kann man hier auch zuerst die Strategieregel (2.3) berücksichtigen und die dominierten Strategien streichen. Für den Spieler A wird nämlich

2.3 Reine Strategien

		B	
		b_1	b_3
Spieler A	a_1	(⟦4⟧/⟦2⟧)	(2/0)
	a_2	(2/3)	(1/4)

Abb. 2.12 Nash-Gleichgewicht bei der reduzierten Auszahlungsmatrix aus Abb. 2.11

		Bob	
		Theater	Fußball
Alice	Theater	(3/2)	(1/1)
	Fußball	(0/0)	(2/3)

Abb. 2.13 Auszahlungsmatrix des *Battle of Sexes*

a_3 von a_1 dominiert, bei Spieler B dominiert, wenn man a_2 außer Acht lässt, b_1 die Strategie b_2, so dass also a_3 und b_2 gestrichen werden können. So ergibt sich die reduzierte Auszahlungsmatrix in Abb. 2.12 – mit dem gleichen Nash-Gleichgewicht.

In den bisherigen Beispielen gab es entweder kein oder aber genau ein Nash-Gleichgewicht in reinen Strategien; es gibt aber selbstverständlich auch Fälle, in denen es mehrere Nash-Gleichgewichte gibt. Wir erwähnen hier einige sogenannte „klassische Spiele", die häufig auftreten und durch amüsante Alltagssituationen beschrieben werden können. Beim *Battle of Sexes* etwa geht es um Alice und Bob, ein glückliches Paar, das aber verschiedene Freizeitvorlieben hat. So liebt Alice es, ins Theater zu gehen, während Bobs große Leidenschaft der Fußball ist. Am liebsten verbringen sie zwar ihre Zeit gemeinsam, wobei aber Alice dies natürlich am liebsten im Theater und Bob im Fußballstadion tut. Nun wollen die beiden am Abend etwas unternehmen, haben aber keine Möglichkeit mehr, sich abzusprechen. So entscheiden sie auf gut Glück, wohin sie gehen. Wie könnte eine Auszahlungsmatrix dieses Zwei-Personen-Spiels aussehen? Am fatalsten für Alice wäre sicher, wenn sie allein beim Fußball landen würde, während sie vor allen anderen Konstellationen einen gemeinsamen Theaterabend mit Bob bevorzugen wird. Vergeben beide ein Ranking und bewerten die möglichen Situationen mit den Werten 3, 2, 1 und 0, so könnte sich in etwa der in Abb. 2.13 dargestellte Fall ergeben. Beim *Battle of Sexes* ergeben sich als Nash-Gleichgewichte die beiden Situationen, in denen Alice und Bob sich gleich entscheiden. Dies ist auch ganz klar: In beiden Fällen würde eine einseitige Abweichung eine Verschlechterung bedeuten, denn dann wären die beiden getrennt.[15]

Ein weiterer Klassiker ist das *Chicken Game*. Die Urversion dieses Spiels stammt aus dem Film „… denn sie wissen nicht, was sie tun" mit James Dean und Natalie Wood (USA, 1955). Hier wird zwischen dem Protagonisten Jim und Buzz, dem Anführer einer Highschoolbande, das in der deutschen Übersetzung „Hasenfußrennen" genannte Spiel ausgetragen. Dabei fahren die beiden mit dem Auto auf einen Abgrund zu, um dann mög-

		\multicolumn{2}{c}{B}
		ausweichen	weiterfahren
A	ausweichen	(2/2)	(1/3)
	weiterfahren	(3/1)	(0/0)

Abb. 2.14 Auszahlungsmatrix des *Chicken Games*

lichst spät durch Herumreißen des Lenkrads den Absturz zu verhindern. Der „Hasenfuß" ist natürlich derjenige, der das als erster tut. In der Literatur gibt es häufig auch die Variante, bei der die Gegner aufeinander zu fahren. Abbildung 2.14 zeigt eine mögliche Auszahlungsmatrix für dieses Szenario. Die Matrix sollte man zunächst eher qualitativ als quantitativ betrachten; wir werden im Abschn. 2.5 darauf zu sprechen kommen, welche Bedeutung die exakten Zahlenwerte in der Matrix haben.

Auch beim *Chicken Game* gibt es zwei Nash-Gleichgewichte in reinen Strategien: die beiden Situationen, in denen einer der Spieler weiterfährt und der andere ausweicht. Hier kann man sich ebenfalls schnell klar machen, was bei einseitigen Abweichungen passieren würde.

2.3.3 Ein erster Blick auf das Gefangenendilemma

Eines der prominentesten Beispiele in der Spieltheorie stellt zweifelsohne das Gefangenendilemma dar. Es taucht in so vielen – oft überraschenden – Zusammenhängen auf, dass sich ein separater Blick auf dieses Spiel stets lohnt. Varianten des Gefangenendilemmas spielen in unzähligen Bereichen eine wichtige Rolle, so etwa in Wirtschaft und Politik, in Soziologie und Kriminalistik, in Biologie und Verhaltensforschung. Beginnen wir gleich mit einem Praxisbeispiel:

Beispiel 4
Auf einem von zwei Unternehmen beherrschten Markt betrachten wir nur zwei Marketingstrategien: Entweder es wird in Werbung investiert oder nicht. Die Gewinne (etwa in Tausender-Geldeinheiten gemessen) sind gleich, sofern beide werben oder beide nicht werben. Im ersten Fall entstehen Werbekosten, und die Gewinne sind niedriger. Wirbt hingegen nur ein Unternehmen, so hat dieses einen enormen Vorsprung vor dem anderen. Die Auszahlungsmatrix in Abb. 2.15 gibt ein Zahlenbeispiel für dieses Szenario.

Es liegt auf der Hand, dass die Werbestrategie in jedem Fall die bessere ist; mit den bekannten Begriffen formuliert lässt sich sagen, dass für beide Unternehmen die Strategie *keine Werbung* von der Strategie *Werbung* dominiert wird. Die Anwendung der Strategieregel für Spiele in Normalform, also das Streichen der dominierten Strategien, führt in diesem

2.3 Reine Strategien

		B	
		Werbung	keine Werbung
A	Werbung	(4/4)	(8/1)
	keine Werbung	(1/8)	(6/6)

Abb. 2.15 Auszahlungsmatrix zum Beispiel 4

Fall dazu, dass nur eine einzige Strategiekombination übrig bleibt, nämlich: Beide werben. Würde einer der beiden die Werbung einstellen, so würde der andere davon deutlich profitieren. Keines der beiden Unternehmen hat somit einen Anreiz, seine Strategie einseitig zu ändern. Das Nash-Gleichgewicht für diese Situation ist also ermittelt. Ganz wesentlich ist hierbei der Punkt, dass eine solche Strategiekombination wechselseitig bester Antworten eben *nicht* bedeuten muss, dass diese Strategiekombination optimal im Sinn maximaler Auszahlungen ist. Ändern nämlich *beide Spieler* ihre Strategie, so ist es möglich, dass sich beide sehr wohl verbessern können. Das Beispiel 4 macht dies deutlich: Für eine Verbesserung von (4/4) nach (6/6) wäre eine *beiderseitige Strategieänderung* notwendig: etwas, worauf sich aber wohl keines der Unternehmen verlassen kann. Das Nash-Gleichgewicht in reinen Strategien ist hier sogar strikt: Wer einseitig zur Strategie „nicht werben" wechselt, ist selber Schuld, denn er verschlechtert sich ganz offensichtlich. Wir können also festhalten, dass der Vorteil eines Nash-Gleichgewichts nicht in einer hohen Auszahlung, sondern vielmehr in seiner Stabilität begründet ist.

In einer solchen Situation sagt man, dass die beteiligten Spieler in der Situaion des *Gefangenendilemmas* stecken. Der Name kommt ursprünglich von einer etwas künstlich anmutenden Geschichte, der scheinbar ausweglosen Situation zweier Gefangener:

Beispiel 5

Es ist gelungen, zwei Verbrecher zu fassen, die eines schweren Vergehens verdächtig sind, das ihnen aber nicht in vollem Umfang nachgewiesen werden kann: Man ist hier auf ein Geständnis angewiesen. Es ist aber möglich, die beiden für eine geringere Straftat zu verurteilen, was zwei Jahre Gefängnis bedeuten würde. Nun bietet die Staatsanwaltschaft den beiden folgende Regelung an: Sagt einer von ihnen als Kronzeuge aus, so kommt er frei, während der andere die volle Strafe von sechs Jahren erhält. Belasten sich beide Gefangenen gegenseitig, so bekommen beide jeweils vier Jahre.

Da die Gefangenen ihre Entscheidung jeweils unabhängig voneinander und ohne Kenntnis der Entscheidung des Anderen treffen müssen, handelt es sich um ein Zwei-Personen-Spiel in Normalform, das mit einer Auszahlungsmatrix modelliert werden kann (siehe Abb. 2.16). Die Situation, in der sich die beiden Gefangenen befinden ist die gleiche Situation wie die der beiden Unternehmen in Beispiel 4, wenn auch etwas dramatischer. Beide Szenarien sind Zwei-Personen-Spiele mit jeweils zwei möglichen Strategien pro

		B	
		Schweigen	Aussagen
A	Schweigen	$(-2/-2)$	$(-6/0)$
	Aussagen	$(0/-6)$	$(-4/-4)$

Abb. 2.16 Auszahlungsmatrix beim klassischen Gefangenendilemma mit den Zahlen aus Beispiel 5

Spieler, die man allgemeiner als *Kooperation* (die Entscheidung, nicht zu werben bzw. das Schweigen der Gefangenen) und als *Nicht-Kooperation* oder *Defektion* (die Entscheidung, zu werben bzw. das Aussagen der Gefangenen) bezeichnen kann.

Mit unserem bekannten Verfahren ermitteln wir als Nash-Gleichgewicht in reinen Strategien die Strategiekombination *Aussagen/Aussagen* mit dem Wert $(-4, -4)$. Das Dilemma der beiden Gefangenen besteht nun natürlich in der Tatsache, dass dieses Gleichgewicht zwar eine stabile Situation, aber natürlich keinesfalls das optimale Ergebnis ist: Die beste Lösung *für beide zusammen* wäre nämlich, wenn beide schweigen, also miteinander kooperieren. In diesem Fall würde jeder nur eine Strafe von zwei Jahren erhalten. Aber diese Lösung ist nicht stabil. Selbst wenn die beiden (und in manchen Versionen der Geschichte ist dies der Fall) sich vorher absprechen und auf eine Strategie einigen können – das Risiko ist offensichtlich: Weicht nämlich einer der beiden von einer womöglich vereinbarten „Schweigeregel" ab und sagt doch als Kronzeuge aus, so ist er frei, und der andere wird zu sechs Jahren verurteilt. Handelt hingegen jeder egoistisch und hält sich nicht an eine eventuelle Absprache, so ist dies – in einem gewissen Rahmen – „vernünftig". Anders ausgedrückt: Bei einer Einigung von vorneherein auf die höhere Strafe von vier Jahren (also auf die Strategiekombination Aussagen/Aussagen) kann davon ausgegangen werden, dass sich beide an die Absprache halten, denn andernfalls droht die höhere Strafe.

Klassische Dilemmasituationen, die mit der Geschichte der beiden Gefangenen in ihren wesentlichen Zügen übereinstimmen, finden sich viele weitere, hier noch ein Beispiel aus der Wirtschaft:

Beispiel 6

Zwei Unternehmen haben sich auf eine Produktionsquote von jeweils 100 Mengeneinheiten (ME) eines Produktes am Tag geeinigt. Bei den 200 auf diese Weise auf den Markt gebrachten ME liegt der Marktpreis bei 55 Geldeinheiten (GE) pro ME. Wären am Markt 300 ME (bzw. sogar 400 ME) verfügbar, so sänke der Stückpreis auf 40 GE (bzw. auf 25 GE). Was passiert, wenn sich eines der beiden Unternehmen (oder beide) entschließt, statt der vereinbarten Menge die doppelte Menge zu produzieren?

Auch die Situation in Beispiel 6 kann als Zwei-Personen-Spiel in Normalform modelliert werden: Beide Unternehmen können zwischen den Strategien *Produktion von 100 ME*

2.3 Reine Strategien

		B	
		Produktion: 100 ME	Produktion: 200 ME
A	Produktion: 100 ME	(5.500/5.500)	(4.000/8.000)
	Produktion: 200 ME	(8.000/4.000)	(5.000/5.000)

Abb. 2.17 Auszahlungsmatrix zu Beispiel 6

und *Produktion von 200 ME* wählen. Mit den angegebenen Werten kann so eine Auszahlungsmatrix der Umsätze erstellt werden (siehe Abb. 2.17).

Als Nash-Gleichgewicht ergibt sich die Situation, in der beide Unternehmen von der Vereinbarung abweichen und die höhere Menge produzieren. Obwohl dies für beide wegen des geringeren Marktpreises nicht so viel einbringt wie die Produktion der kleineren Menge, ist diese Situation dennoch stabil; die Zahlenwerte zeigen das und es ist auch inhaltlich nachvollziehbar. Wir stellen fest, dass es sich hier erneut (nur mit quantitativen Unterschieden) um die Situation der beiden Gefangenen handelt: Kooperation, also das Einhalten der Vereinbarung, bringt gemeinschaftlichen maximalen Umsatz. Der Alleingang eines Unternehmens jedoch, in Form der Produktionssteigerung auf 200 ME pro Tag, kann den Umsatz dieses Unternehmens wenigstens kurzzeitig steigern. Um dies zu vermeiden, werden wohl beide lieber gleich die größere Menge produzieren und den kleineren Umsatz in Kauf nehmen.

Auch in ganz anderen Zusammenhängen taucht das Gefangenendilemma auf.[16] Das folgende kleine Beispiel ist weniger quantitativer Art und bezieht mehrere Spieler mit ein. Durch Zufall sind die Studierenden einer Vorlesung an die Fragen einer bevorstehenden Prüfung gekommen. Ihnen wird schnell bewusst, dass ein sehr gutes Abschneiden aller Beteiligten bei der Prüfung zweifellos Argwohn erregen würde. Daher einigen sie sich im Vorfeld darauf, dass einige Fehler in ihre Lösung einbauen und so für eine gleichmäßige Verteilung des Notenspektrums sorgen. Wer laut dieser Vereinbarung eine schlechtere Note schreiben soll, ist sicher versucht, im Ernstfall der Prüfung die Absprache zu vergessen, denn eine kleine Abweichung wird schon nicht auffallen. Falls natürlich alle so denken, wird der Schwindel doch auffliegen.

Die Längen der Gefängnisstrafen, mithin die Werte in der Auszahlungsmatrix, sind nun beim Gefangenendilemma offenbar einer gewissen Willkür unterworfen; es kursieren die verschiedensten Versionen. Auch bei den anderen Beispielen spielen die exakten Werte letztendlich für die Situation an sich keine Rolle. Für manche systematischen Untersuchungen bietet es sich an, diese Werte allgemeiner zu wählen und in gewisser Hinsicht zu normieren. Dabei muss man davon ausgehen, dass die beiden symmetrischen Stra-

		B	
		Kooperation	Defektion
A	Kooperation	$(1/1)$	(k/d)
	Defektion	(d/k)	$(0/0)$

Abb. 2.18 Normierte Auszahlungsmatrix für das Gefangenendilemma mit $k < 0$ und $d > 1$

Tab. 2.1 Einige Werte für k und d

Beispiel	Wert für k	Wert für d
Werbestrategien (Abb. 2.15)	$-1,5$	2
Originalgeschichte (Abb. 2.16)	-1	2
Produktionsquoten (Abb. 2.17)	-2	6

tegiekombinationen *Kooperieren/Kooperieren* und *Defektieren/Defektieren* mit dem gleichen Wert für beide Spieler bewertet wird, wobei dieser Wert beim Kooperieren größer als beim Defektieren sein muss. Durch eine reine Verschiebung kann der Wert für *Kooperieren/Kooperieren* immer auf $(0,0)$ und durch eine anschließende Division der Wert für *Defektieren/Defektieren* immer auf $(1,1)$ gebracht werden. Für die beiden anderen Werte k und d in der Matrix muss dann gelten: $k < 0$ und $d > 1$. Die komplette Auszahlungsmatrix ist in Abb. 2.18 zu sehen. In der so normierten Version lässt sich in gewisser Weise die „Güte" eines Gefangenendilemmas messen.

Mit Hilfe dieser Normierung haben dann die Werte k und d eine gewisse Aussagekraft über die Art und Weise des Gefangenendilemmas. Normiert man etwa die bisher behandelten Beispiele, so ergeben sich die in Tab. 2.1 aufgeführten Werte.

Gefangenendilemma-Situationen im Alltag sind nun häufig von der Form, dass sie mehr als einmal passieren, und es stellt sich daher die Frage, wie man bei einem solchen *iterierten Gefangenendilemma* vorzugehen hat (was die Urversion natürlich nicht zulässt). Was ist zu tun, wenn mehrmals hintereinander die Entscheidung zwischen Kooperation und Defektion zu treffen ist? Welche Langzeit-Strategien stehen zur Verfügung? Beim Dilemma geht es immer um eine Entscheidung zwischen gemeinnützigem und egoistischem Verhalten, und in der Regel ist der Anreiz des Defektierens (oder „Schummelns") hierbei enorm: Warum sollte man sich an eventuelle Absprachen halten? Der persönliche Vorteil scheint eine zu große Verlockung.

Betrachten wir die Situation eines iterierten Gefangenendilemmas rechnerisch und wählen hierfür – da das konzeptionelle Vorgehen von den exakten Auszahlungen unabhängig sein sollte – die normierte Version der Auszahlungsmatrix. Spielen wir das Gefangenendilemma zweimal durch, so ergibt sich die Auszahlungsmatrix in Abb. 2.19.

Auch hier ergibt sich als Nash-Gleichgewicht die Strategiekombination DD/DD, also zweifaches Defektieren beider Spieler mit der Auszahlung $(0/0)$. Erhöht man die Durch-

2.3 Reine Strategien

		B			
		KK	KD	DK	DD
A	KK	(2/2)	(1+k/1+d)	(1+k/1+d)	(2k/2d)
	KD	(1+d/1+k)	(1/1)	(k+d/k+d)	(k/d)
	DK	(1+d/1+k)	(k+d/k+d)	(1/1)	(k/d)
	DD	(2d/2k)	(d/k)	(d/k)	(0/0)

Abb. 2.19 Normierte Auszahlungsmatrix für das zweifache Gefangenendilemma. „KK" bedeutet Kooperieren in beiden Durchgängen, „KD" bedeutet erst Kooperieren, dann Defektieren etc.

gänge, so wird die Matrix zwar von Schritt zu Schritt unübersichtlicher, aber als Ergebnis des mehrfach iterierten Gefangenendilemma wird wiederum nur ständiges Defektieren eine Stabilität herbeiführen. Dass dies mit unseren Erfahrungen in der Realität nun aber nicht übereinstimmt, ist eine unbestrittene Tatsache. Auf die Frage, warum es überhaupt Kooperation geben kann, wenn dieser Zustand doch so labil ist, gibt es verschiedene Antworten, und einige davon werden wir im zweiten Kapitel andeuten. Erklärt man als gemeinschaftliches Ziel eine Maximierung des Gemeinwohls, so ist offensichtlich, dass Defektieren am besten völlig verhindert werden müsste. Aber diese Verhinderung, und auch schon die Entdeckung des Defektierens, ist schwierig. Sind mehrere Personen beteiligt, dann kann Schummeln weniger Teilnehmer womöglich völlig unentdeckt bleiben, wie das Beispiel mit den Prüfungsfragen zeigte. Wenn man also das Gemeinwohl maximieren und gleichzeitig eine gewisse Absicherung haben möchte: Wie geht man vor? Mit dieser Frage beschäftigen wir uns im Abschn. 4.1.

2.3.4 Der Übergang zu stetigen Strategieräumen

Bei den bisher betrachteten Spielen war die Menge der den Spielern zur Verfügung stehenden Strategien stets endlich und sogar meist sehr klein. Das mag auf eine große Zahl von Spielen auch in der Praxis zutreffen. Um die Prinzipien zu verdeutlichen, wurden aber häufig nur Fälle mit zwei oder drei Strategien betrachtet, was zur Folge hatte, dass die Auszahlungsmatrizen bei solchen Spielen sehr übersichtlich aussehen. Betrachtet man ausgedehntere Strategieräume, so wird dies schnell nicht mehr der Fall sein, und man muss sich etwas Anderes überlegen. Höchste Zeit also, mehr in die Praxis einzusteigen und zu untersuchen, wie die Konzepte hier übertragen werden. Nimmt die Zahl möglicher Strategien zu, bleibt aber endlich, so wird es überraschenderweise einfacher, wenn man gleich einen noch größeren, unendlichen Strategieraum zulässt.

Zur sprachlichen Regelung: Häufig spricht man im Fall endlicher Strategieanzahl von einem *diskretem Strategieraum* und im Fall unendlicher Strategieanzahl von einem *stetigem Strategieraum*. Diese Bezeichnungen sind, von rein mathematischer Seite, zwar nicht ganz korrekt, haben sich aber so eingebürgert, dass wir sie hier auch so verwenden.[17] Neben den Spielen mit diskretem Strategieraum sind also auch Spiele wichtig, bei denen den Spielern unendlich viele Strategien zur Verfügung stehen. Solche Spiele lassen sich häufig mit Hilfe stetiger Funktionen beschreiben; oft sind die Funktionen auch differenzierbar, was dann die Differentialrechnung für die Spieltheorie nutzbar macht.

Das folgende Beispiel kommt aus dem Bereich der klassischen ökonomischen Funktionen, die üblicherweise in einer Erstsemestervorlesung in Wirtschaftsmathematik gelehrt werden. Auf Märkten gibt es einen grundsätzlichen Zusammenhang zwischen dem Preis, der für ein Produkt verlangt wird, und dem Absatz des Produkts. Die einfache Regel „je mehr etwas kostet, um so weniger wird davon gekauft" manifestiert sich in der Regel in der Beschreibung durch eine Funktion $x(p)$, die *Absatz-Preis-Funktion*, die den Absatz x eines Produkts in Abhängigkeit vom Stückpreis p angibt. Diese Funktion ist (wie die oben angeführte Regel besagt) monoton fallend und wird meist linear modelliert. So ist also

$$x(p) = c - d \cdot p \tag{2.4}$$

eine typische Form der Absatz-Preis-Funktion. Hierbei sind c und d gewisse positive Parameter, die u. A. natürliche Grenzen für den Marktpreis p festsetzen (er bewegt sich zwischen 0 und c/d, in der Praxis sogar noch etwas eingeschränkter).

Im Folgenden beschäftigen wir uns nun mit einem Modell, das in der Regel unter dem Namen *Bertrand-Modell* oder *Bertrand-Oligopol* kursiert. Es geht auf den französischen Mathematiker Joseph Louis Bertrand zurück, der im 19. Jahrhundert maßgeblich daran beteiligt war, die Theorie der Differentialgleichungen auf Praxisgebiete anzuwenden. Viel weniger wichtig für ihn selbst, aber nachhaltig für die Ökonomie, war seine Beschäftigung mit der Oligopol-Theorie und der Weiterentwicklung des entsprechenden Modells von Augustin Cournot.[18]

Beispiel 7

Auf einem Markt wird von zwei Produzenten A und B eine Ware angeboten. Vereinfachend soll angenommen werden, dass niemand sonst die Ware anbietet, und ebenfalls der Einfachheit halber soll zwischen produzierter, nachgefragter und abgesetzter Menge nicht unterschieden werden. Es bezeichnen p_A und p_B die Marktpreise der beiden Anbieter. Wie sollten die beiden dann ihre Marktpreise festsetzen?

Eine solche Situation kann als ein Zwei-Personen-Spiel zwischen den beiden Anbietern aufgefasst werden. Was sind die Strategien, was sind die Auszahlungen? Beide Anbieter haben sich für einen Marktpreis zu entscheiden, und für diese Auswahl stehen zunächst einmal alle möglichen Marktpreise zur Verfügung. Letzten Endes sind dies zwar nur endlich viele (denn Geld ist nicht beliebig klein teilbar), aber indem wir als theoretische Strategiemenge ein Intervall zugrunde legen, lässt sich (so wie man schon in der Wirtschaftsmathematik Funktionen wie (2.4) als reellwertige Funktionen mit eingeschränktem Definitionsbereich aufgefasst hat) mit den Variablen p_A und p_B eine Absatz-Preis-Funktion

2.3 Reine Strategien

modellieren und wir können auf das mächtige Werkzeug der Differentialrechnung zurückgreifen. In dieser Situation muss das „je mehr etwas kostet, um so weniger wird davon gekauft" übrigens etwas modifiziert werden, denn es gibt nun zwei Einflussvariablen. Nicht mehr p_A allein ist ausschlaggebend für den Absatz x_A des Anbieters A, sondern auch p_B. So steigert ein Senken des eigenen Preises nach der altbekannten Regel den Absatz von A, doch auch eine Preissteigerung des Konkurrenten B könnte nun einen positiven Einfluss auf x_A haben. Für den Anbieter A sieht die Funktion dann etwa so aus:

$$x_A(p_A, p_B) = c_A - d_A p_A + d_{AB} p_B \quad (d_A, d_{AB} > 0). \tag{2.5}$$

Die entgegengesetzten Einflüsse lassen sich hier an den verschiedenen Vorzeichen ablesen. Noch sind wir *Homines Oeconomici*; daher sind wir an der Gewinnfunktion interessiert, und aus der Wirtschaftsmathematik ist bekannt, dass sich der Gewinn für Anbieter A aus Gleichung (2.5), abzüglich der entstehenden Kosten des Produktionsprozesses, ergibt. Setzt man, wie häufig üblich und um die Sache nicht zu komplizieren, eine lineare Kostenfunktion an, also etwa

$$K_A(x_A) = e_A x_A + f_A \quad (e_A, f_A > 0), \tag{2.6}$$

wobei e_A als variable Stückkosten und f_A als Fixkosten zu interpretieren sind, dann resultiert für Anbieter A dann die Gewinnfunktion

$$\begin{aligned} G_A(p_A, p_B) &= p_A \cdot x_A(p_A, p_B) - K_A(x_A) \\ &= c_A p_A - d_A p_A^2 + d_{AB} p_B p_A - e_A \cdot (c_A - d_A p_A + d_{AB} p_B) - f_A \\ &= -d_A p_A^2 + (c_A + d_{AB} p_B + e_A d_A) p_A - e_A c_A - e_A d_{AB} p_B - f_A. \end{aligned} \tag{2.7}$$

Die Gewinnfunktion des Anbieters A hängt somit, abgesehen von den Parametern, nach wie vor von zwei Variablen ab, von p_A und p_B. Somit entsteht für jede Belegung dieser beiden Variablen eine Spielsituation, die mit einem Gewinn für A bewertet wird. Für B gilt dies selbstverständlich auch, denn die soeben für den Anbieter A angestellten Überlegungen lassen sich ohne Weiteres, unter Verwendung entsprechender Indizes, auf B übertragen. Insgesamt können damit die für Spiele mit diskreten Strategiemengen eingeführten Konzepte und Begriffe auf Spiele mit stetigen Strategieräumen ausgedehnt werden. An die Stelle der Auszahlungsmatrizen aus dem diskreten Fall treten nun also stetige Funktionen, die für die entsprechende Strategiekombination ausgewertet werden.

Noch einmal kann so auch der Begriff „stetig" gerechtfertigt werden. Als Gewinnfunktionen hier und auch sonst treten nämlich ausschließlich Standardtypen auf – so etwa wie hier Polynomfunktionen oder auch Exponentialfunktionen – von denen bekannt ist, dass sie allesamt stetig sind. Erneut reicht damit die intuitive Vorstellung des Begriffs „stetig" aus: etwas, was „keine großen und unerwarteten Sprünge macht", etwas, bei dem „kleine Änderungen des Inputs auch nur kleine Änderungen des Outputs zur Folge haben" etc.

Tab. 2.2 Absatz-Preis-Funktionen und Kostenfunktionen zweier Anbieter

Anbieter	Absatz-Preis-Funktion	Kostenfunktion
A	$x_A(p_A, p_B) = 200 - 5p_A + 2p_B$	$K_A(x_A) = 8x_A + 100$
B	$x_B(p_A, p_B) = 320 - 4p_B + 3p_A$	$K_B(x_B) = 10x_B + 150$

Nun stellen wir die Frage nach dem Nash-Gleichgewicht in einer solchen Situation. Das macht Sinn, denn es könnte ja eine Preiskombination der beiden Anbieter geben, die einen stabilen Gleichgewichtscharakter hat. Wie müssten die Preise p_A und p_B gewählt werden, damit sich keiner der beiden Anbieter bei einer einseitigen Abweichung von seinem Preis verbessern kann? Wiederum hängt dies eng mit dem Konzept der besten Antwort zusammen. Für jede Wahl von p_B lässt sich eine beste Antwort von A finden, also ein Preis p_A, der zusammen mit der Wahl von p_B einen maximalen Gewinn für A verspricht. Während bei diskreten Strategieräumen die Zeilen bzw. die Spalten der Auszahlungsmatrix auf ihren maximalen Eintrag hin untersucht wurden, kann man hier nun deutlich eleganter vorgehen und die Differentialrechnung nutzen.

Anbieter A sucht also nun in Abhängigkeit des Marktpreises p_B seines Konkurrenten das Maximum seiner Gewinnfunktion (2.7) und findet dieses durch Ableiten nach der Variablen p_A:

$$\frac{\partial G_A}{\partial p_A} = -2d_A p_A + c_A + d_{AB} p_B + e_A d_A . \tag{2.8}$$

Bekanntermaßen liefern die Nullstellen dieser ersten Ableitung die potentiellen Gewinnmaxima (dass es sich um Maxima handelt, ist klar, denn die zweite Ableitung hat negative Werte), und dies für jede Wahl von p_B, und damit also die Antwort auf die Frage: „Wenn mein Konkurrent p_B wählt, was sollte ich machen?" Setzt man also in (2.8) die erste Ableitung gleich null und löst die resultierende Gleichung nach p_A auf, so ergibt sich eine Funktion für Anbieter A in der Variablen p_B, die sinnvollerweise als die *Beste-Antwort-Funktion* von A bezeichnet werden kann:

$$B_A(p_B) = \frac{d_{AB}}{2d_A} \cdot p_B + \frac{c_A}{2d_A} + \frac{e_A}{2} . \tag{2.9}$$

Füllen wir nun die bisherigen Berechnungen mit ein wenig Leben in Form von konkreten Zahlen, indem wir die Situation in Beispiel 7 mit den Funktionen in Tab. 2.2 unterfüttern.

Nach den zuvor angestellten allgemeinen Berechnungen ergibt sich mit den konkreten Zahlenwerten nun nach (2.7) für A die Gewinnfunktion

$$G_A(p_A, p_B) = -5p_A^2 + 240 p_A - 16 p_B + 2 p_A p_B - 1700 \tag{2.10}$$

und analog für B

$$G_B(p_A, p_B) = -4p_B^2 + 360 p_B - 30 p_A + 3 p_A p_B - 3350 . \tag{2.11}$$

2.3 Reine Strategien

Nach (2.9) erhalten wir auch die beiden Beste-Antwort-Funktionen der Anbieter:

$$B_A(p_B) = \frac{2}{2 \cdot 5} \cdot p_B + \frac{200}{2 \cdot 5} + \frac{8}{2} = 0{,}2 p_B + 24 \qquad (2.12)$$

und

$$B_B(p_A) = \frac{3}{2 \cdot 4} \cdot p_A + \frac{320}{2 \cdot 4} + \frac{10}{2} = 0{,}375 p_A + 45 \ . \qquad (2.13)$$

Diese Funktionen liefern nun also für jeden Marktpreis des Konkurrenten den eigenen Preis, der zu maximalem Gewinn führt. So wird beispielsweise Anbieter A, sollte sein Konkurrent einen Marktpreis von $p_B = 20$ GE/ME verlangen, mit einem eigenen Marktpreis von $p_A = 28$ GE/ME reagieren usw.

Das oben geschilderte Vorgehen, also das Maximieren des Gewinns für Spieler A in Abhängigkeit der Wahl für p_B von Spieler B und umgekehrt, entspricht exakt dem Markierungsalgorithmus der Komponenten einer Auszahlungsmatrix auf der Suche nach einem Nash-Gleichgewicht. Nachdem nun beide Beste-Antwort-Funktionen bekannt sind, ist es kein großer Aufwand mehr, eine Strategie- also Preiskombination zu finden, die wechselseitig aus besten Antworten besteht. Dies genau bedeutet ja ein Nash-Gleichgewicht: eine Strategiekombination, bei der sich keiner der beiden Spieler bei gleichbleibender Strategiewahl des Gegners verbessern kann. Um diese Preiskombination (p_A, p_B) zu finden, ist ein lineares Gleichungssystem zu lösen, nämlich:

$$\begin{aligned} p_A &= 0{,}2 p_B + 24 \\ p_B &= 0{,}375 p_A + 45 \ . \end{aligned} \qquad (2.14)$$

Dies ist ein einfacher Fall eines Gleichungssystems, zwei Gleichungen in zwei Variablen, und als Lösung ergibt sich (auf zwei Dezimalstellen gerundet)

$$p_A = 35{,}68 \quad \text{und} \quad p_B = 58{,}38 \ .$$

In Abb. 2.20 sind die beiden Beste-Antwort-Funktionen graphisch dargestellt (als Geraden, da es sich um lineare Funktionen handelt), und auch das Nash-Gleichgewicht kann dort als Schnittpunkt der beiden Geraden abgelesen werden.

In der Situation des Nash-Gleichgewichts erzielt Anbieter A einen Gewinn von

$$G_A(35{,}68/58{,}38) = 2473{,}09 \, € \qquad (2.15)$$

und Anbieter B einen Gewinn von

$$G_B(35{,}68/58{,}38) = 7150{,}22 \, € \ . \qquad (2.16)$$

Bei den so erzielten Gewinnen handelt es sich um die Ausbeute des Nash-Gleichgewichts, einer zwar stabilen, aber keinesfalls in jeder Hinsicht optimalen Situation. Auch beim

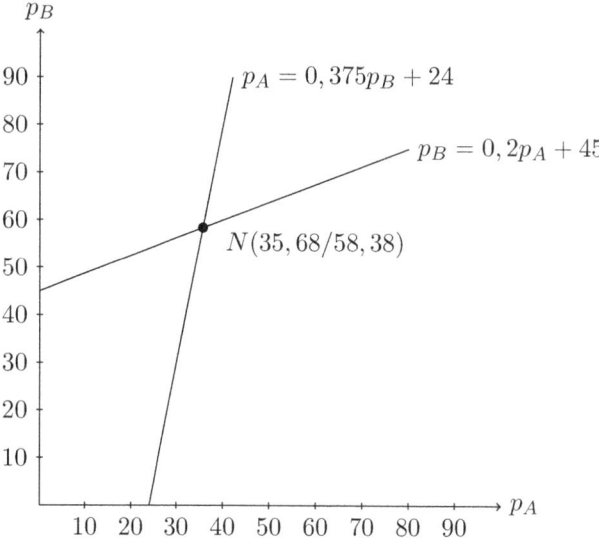

Abb. 2.20 Die beiden linearen Beste-Antwort-Funktionen zu Beispiel 7 in einem (p_A/p_B)-Koordinatensystem. Der Schnittpunkt der Geraden entspricht dem Nash-Gleichgewicht

Gefangenendilemma ist das Phänomen bereits aufgetaucht (im Prinzip ist dies die Ur-Situation, in der dieser Effekt auftritt), und man kann sich nach eventuellen Verbesserungen fragen. In der Tat ergeben sich hier für beide Anbieter nur lokale Maxima, global sieht die Sache ganz anders aus. Betrachtet man etwa die Gesamtgewinnfunktion

$$G(p_A, p_B) = G_A(p_A, p_B) + G_B(p_A, p_B)$$
$$= -5p_A^2 - 4p_B^2 + 210p_A + 344p_B + 5p_A p_B - 5050$$

und untersucht diese auf ihr Maximum, so ergibt sich durch das Nullsetzen der beiden partiellen Ableitungen das Gleichungssystem

$$\frac{\partial G}{\partial p_A} = -10p_A + 210 + 5p_B = 0$$
$$\frac{\partial G}{\partial p_B} = -8p_B + 344 + 5p_A = 0 \qquad (2.17)$$

mit den Lösungen

$$p_A = 61{,}82 \quad \text{und} \quad p_B = 81{,}64.$$

Zu diesen Preisen gehören interessanterweise die Gewinne

$$G_A(61{,}82/81{,}64) = 2815{,}97 \, € \qquad (2.18)$$

2.3 Reine Strategien

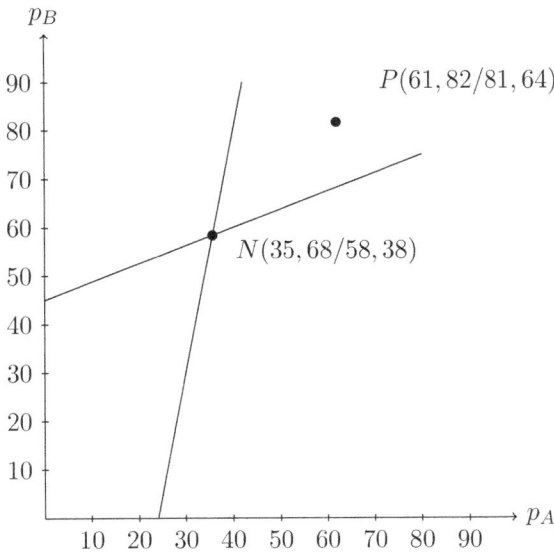

Abb. 2.21 Das pareto-optimale Gleichgewicht ist instabil; es liegt nicht auf den beiden Beste-Antwort-Geraden

und
$$G_B(61{,}82/81{,}64) = 12.666{,}40 \, \text{€}\,. \tag{2.19}$$

Beide Anbieter, so wird es hier deutlich, könnten ihren Gewinn gegenüber dem Nash-Gleichgewicht erhöhen, und zwar ihren gemeinschaftlichen wie auch ihren individuellen, falls sie sich für andere Marktpreise entschieden. Auch hier, in einem ganz anderen Kontext, zeigt sich das Gesicht des Gefangenendilemmas. Inwiefern genau? Die beiden Anbieter, so nehmen wir einmal an, auch wenn dies nicht erlaubt ist, sprechen sich ab und setzen ihre Preise gemäß (2.18) und (2.19) fest. Das so erreichte Maximum hat keine Stabilität; es könnte nämlich A auf die Idee kommen, statt der vereinbarten 61,82 € vielleicht 62 oder 65 € zu verlangen, was eine weitere Steigerung des Gewinns für A zur Folge hätte – verbunden mit einem Rückgang des Gewinns für B. In Abb. 2.21 und 2.22 wird dies deutlich. Den Effekt des Gefangenendilemmas in dieser Situation nennt man in der Literatur häufig das *Bertrand-Paradoxon*.

Es handelt sich hierbei um das sogenannte *pareto-optimale Gleichgewicht* oder kurz *Pareto-Gleichgewicht*, benannt nach dem italienischen Ökonomen Vilfredo Pareto. Neben seinen Ergebnissen in der Ökonomie ist Pareto überwiegend für seine soziologische Forschung bekannt; häufig wird er in einem Atemzug mit Max Weber genannt. Wie beim Nash-Gleichgewicht handelt es sich beim Pareto-Gleichgewicht um eine stabile Situation, allerdings in einem leicht modifizierten Sinn. Unter einem Pareto-Gleichgewicht versteht man einen Zustand, in dem *niemand der Spieler von seiner Strategie abweichen kann, ohne dass einem der Beteiligten geschadet würde*. Bei Abweichung eines der beiden Spieler von

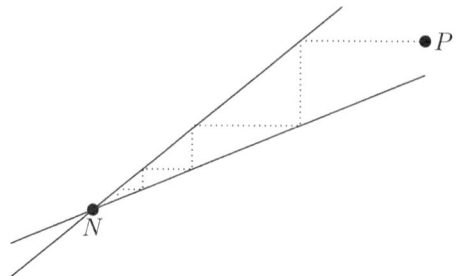

Abb. 2.22 Zur Verdeutlichung noch einmal das allgemeine Phänomen: Vom pareto-optimalen Gleichgewicht aus wählen die Anbieter abwechselnd ihre besten Antworten und rutschen so nach und nach wieder in das Nash-Gleichgewicht hinein

der eben berechneten Strategiekombination (61,82/81,64) wird nämlich der *Gesamtgewinn* kleiner, und dies bedeutet, es wird auf jeden Fall mindestens einem der beiden Anbieter geschadet.

2.3.5 Mehr-Personen-Spiele

Sind mehr als zwei Personen an einem Spiel beteiligt, so ist es nicht selten möglich, durch Koalitionsbildung das eigene Ergebnis zu verbessern oder auch das Ergebnis eines Gegenspielers zu verschlechtern. Diesen Aspekt klammern wir hier zunächst aber aus und verweisen auf das vierte Kapitel. Nach wie vor sollen alle beteiligten Spieler rational und nur für sich handeln. Die übersichtliche Darstellung, die ein Zwei-Personen-Spiel in Form einer Auszahlungsmatrix bot, funktioniert bei Erhöhung der Spielerzahl nicht mehr, und man muss auf eine formalere Art und Weise der Beschreibung ausweichen, so etwa durch eine Auszahlungsfunktion, wie wir das schon im vorangehenden Abschnitt gemacht haben. Strategiekombinationen können nach wie vor als Vektoren entsprechender Länge dargestellt werden, also in der Form

$$\underline{s} = (s_1, \ldots, s_n) , \qquad (2.20)$$

wobei s_1 eine Strategie des Spielers 1 ist usw. Auch hier geht eine solche Strategiekombination für jeden der Spieler mit einer Auszahlung einher, meist in Form einer reellen Zahl, die mit

$$u_i(\underline{s}) \qquad (2.21)$$

für den Spieler *i* bezeichnet wird. Betrachten wir etwa das folgende Drei-Personen-Spiel:

2.3 Reine Strategien

Beispiel 8

Drei Spieler legen verdeckt vor sich eine Münze auf den Tisch; auf ein Kommando hin zeigen alle drei ihre Münze. Zeigen alle drei Münzen Zahl, so passiert nichts; zeigen alle drei Münzen Kopf, so erhält jeder Spieler vom Spielleiter einen Euro. Hat nur einer der Spieler sich für Zahl entschieden, so erhält er zwei Euro, die anderen nur einen; hat nur einer der Spieler sich für Kopf entschieden, so zahlt dieser einen Euro, während die anderen jeweils zwei Euro erhalten.

Jeder der drei Spieler verfügt hier über die gleiche Strategiemenge, bestehend aus Kopf (K) und Zahl (Z), und es gilt etwa:

$$u_1(K, Z, K) = 1, \quad u_2(K, Z, K) = 2, \quad u_3(K, Z, K) = 1. \tag{2.22}$$

Man kann für eine Strategiekombination auch die Auszahlungen aller Spieler wiederum in einem Vektor zusammenfassen, der dann schlicht mit u bezeichnet wird; es gilt beispielsweise

$$u(K, Z, K) = (1, 2, 1). \tag{2.23}$$

Das Auffinden von Gleichgewichten bei Mehr-Personen-Spielen funktioniert prinzipiell wie bei zwei Personen; auch hier ist eine Gleichgewichtssituation durch Stabilität gekennzeichnet. Während bei zwei Spielern in der Auszahlungsmatrix zeilen- und spaltenweise die Maxima gesucht werden müssen, hat man bei drei und mehr Personen zunächst gar keine solche Matrix zur Verfügung. Schon bei nur drei Personen kann man das Spiel nicht mehr planar darstellen. Für folgendes Beispiel, die *Bereitstellung eines öffentlichen Gutes*, kann man zur Veranschaulichung dennoch eine graphische Lösung angeben.

Beispiel 9

Die Freunde Alice, Bob und Carola wohnen zusammen und wollen ihren Garten verschönern, wobei jeder für sich zu überlegen hat, ob er oder sie zu dieser Verschönerung einen aktiven Beitrag leisten will. Die Verschönerung wird ein Erfolg, wenn mindestens zwei der drei Freunde einen solchen Beitrag leisten. Aus den beiden Strategien B (beitragen) und N (nicht beitragen), die zur Verfügung stehen, entstehen so acht mögliche Strategiekombinationen, die im Sinn des Homo Oeconomicus zu bewerten sind: Optimal ist ein verschönerter Garten ohne eigenen Beitrag. Danach folgen in absteigender Reihenfolge ein verschönerter Garten mit eigenem Beitrag und ein unverschönerter Garten ohne eigenen Beitrag. Am schlechtesten bewertet wird natürlich die Situation, in der man als einzige Person einen Beitrag leistet und daher am Ende ein unverschönerter Garten das Ergebnis ist.

Sucht man hier nach Nash-Gleichgewichten, muss man sich fragen: In welchen Situationen kann sich niemand durch einseitiges Abweichen *verbessern*? Eine solche Situation fällt sofort ins Auge: Sollten sich alle gegen einen Beitrag entschieden haben, dann bedeutet

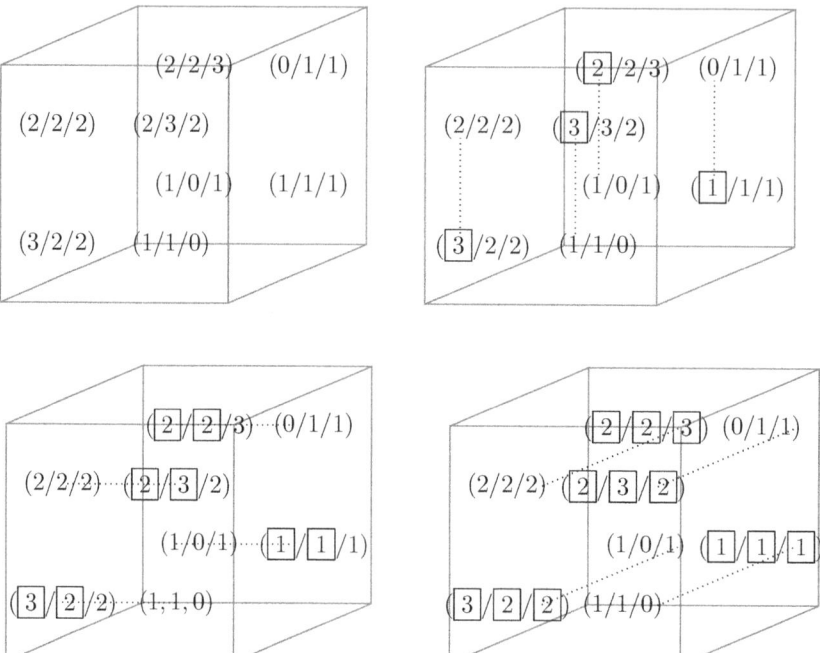

Abb. 2.23 Bestimmen der Nash-Gleichgewichte beim Drei-Personen-Spiel: In drei Schritten werden jeweils die Maxima in einer Raumrichtung markiert, und daraus ergeben sich vier Gleichgewichte

Abweichen davon, dass man als einziger einen Beitrag leistet – und sich damit verschlechtert, denn der Garten wird nicht verschönert, und die Wirkung des Beitrags verpufft. Neben (N, N, N) gibt es noch drei andere stabile Situationen. Tragen nämlich zwei der drei Freunde bei und einer nicht, was zu einem verschönerten Garten führt, so würden sich sowohl die Beitragenden bei einseitiger Abweichung verschlechtern (denn dann würde der Garten nicht verschönert) als auch der Nichtbeitragende (denn er würde die Position des bloßen Profitierens aufgeben).

Eine mögliche graphische Darstellung findet sich in Abb. 2.23, die allerdings schon die Grenzen solcher Darstellbarkeit deutlich macht. An die Stelle zweidimensionaler Matrizen könnten dreidimensionale „Würfel" treten, deren Felder durch jeweils drei Koordinaten beschreibbar sind und dort als Eintrag den Auszahlungsvektor mit drei Komponenten haben. Der Algorithmus für die zweidimensionalen Matrizen lässt sich nun dahingehend verallgemeinern, dass man in einem ersten Schritt für jede mögliche Strategiekombination von Bob und Carola die für Alice optimale Strategiekombination ermittelt; von je zwei „übereinander stehenden" Vektoren im Würfel also denjenigen, dessen Eintrag an der ersten Stelle der größte ist. Dann geht es analog weiter – und man erhält genau die vier Strategiekombinationen von oben als Nash-Gleichgewichte.

2.4 Langzeit-Strategien

Tab. 2.3 Absatz-Preis-Funktionen und Kostenfunktionen zweier Anbieter

Anbieter	Absatz-Preis-Funktion	Kostenfunktion
A	$x_A(p_A, p_B, p_C) = 200 - 5p_A + 2p_B + 3p_C$	$K_A(x_A) = 8x_A + 100$
B	$x_B(p_A, p_B, p_C) = 320 - 4p_B + 3p_A + 4p_C$	$K_B(x_B) = 10x_B + 150$
C	$x_C(p_A, p_B, p_C) = 300 - 4p_B + 3p_A + 2p_C$	$K_C(x_C) = 9x_C + 120$

Dieses Vorgehen ist natürlich sehr unpraktisch. Einfacher wird es auch hier wieder, wenn man stetige Strategieräume betrachtet. So könnte man etwa das Bertrand-Oligopol aus dem vorhergehenden Abschnitt auf drei Anbieter ausdehnen. In Tab. 2.3 sind die entsprechenden ökonomischen Funktionen für drei Anbieter gegeben – es ist eine Erweiterung der Tab. 2.2. Die Struktur der Absatz-Preis-Funktionen ist entsprechend verallgemeinert worden; so korreliert etwa x_A nach wie vor negativ mit p_A, aber positiv mit p_B und auch mit p_C. Für die Gewinnfunktion des Anbieters A ergibt sich nun

$$G_A(p_A, p_B, p_C) = -5p_A^2 + 240p_A - 16p_B - 24p_C + 2p_A p_B + 3p_A p_C - 1700 \quad (2.24)$$

und demnach für die Ableitung von G_A nach der Variablen p_A

$$\frac{\partial G_A}{\partial p_A} = -10p_A + 240 + 2p_B + 3p_C. \quad (2.25)$$

Verfährt man analog für die beiden anderen Anbieter, so ergibt sich durch Nullsetzen der drei Ableitungen das Gleichungssystem

$$240 - 10p_A + 2p_B + 3p_C = 0$$
$$360 + 3p_A - 8p_B + 4p_C = 0$$
$$336 + 3p_A + 2p_B - 8p_C = 0 \quad (2.26)$$

mit der Lösung $p_A = 80{,}68$, $p_B = 127{,}30$, $p_C = 104{,}08$.

2.4 Langzeit-Strategien

Langzeit-Strategien kommen dann zum Einsatz, wenn das Spiel selber über mehrere Runden geht oder wenn ein einrundiges Spiel in Normalform mehrfach hintereinander gespielt und ausgewertet wird. Betrachten wir zunächst den ersten Fall.

2.4.1 Zwei-Personen-Spiele in Extensivform

Zwei-Personen-Spiele in Extensivform sind durch die klare zeitliche Abfolge der Spielzüge charakterisiert: Die beiden Spieler „ziehen" abwechselnd. Verfügen dabei beide Spieler über *vollständige Information*, „sehen" sie also die Züge ihres Gegners oder merken zumindest deren Auswirkungen, so hat das Spiel den Charakter der eingangs beschriebenen NIM-Spiele, besonders dann, wenn es bei dem Spiel lediglich um den Sieg, nicht aber um die Maximierung von Auszahlungen geht. Es gibt dann auch keinerlei quantitative Bewertung gewisser Spielpositionen. Mit unvollständiger Information oder auch quantitativen Bewertungen bei Spielen in Extensivform, die den Begriff des Teilspiels notwendig machen, bekommen wir es in Abschn. 4.1.1 zu tun.

Jeder der beiden Beteiligten in einem Spiel in Extensivform hat den Wunsch zu siegen und möchte dies auf eine möglichst einfache Weise erreichen. Da wir uns (noch) in der nicht-kooperativen Spieltheorie bewegen, gibt es keinerlei Absprachen zwischen den Spielern, auch nicht, wenn diese der Ablenkung oder Irreführung des Gegners dienen würden. Wir haben zu Beginn des Kapitels schon ein sehr einfaches solches Spiel kennengelernt, nämlich das NIM-Spiel aus Beispiel 3, bei dem zwei Spieler abwechselnd von zunächst elf auf dem Tisch liegenden Münzen eine, zwei oder drei entfernen müssen und derjenige siegt, der die letzte Münze entfernt und somit seinen Gegner zugunfähig setzt. Nun haben solche NIM-Spiele keine unmittelbare, jedoch eine enorme mittelbare Praxisrelevanz. Auch wenn wir sie hier losgelöst von Deutungen betrachten, sind sie doch für das Entwickeln einer strukturierenden Denkweise und für das Verständnis logischen Schließens (und also für die gesamte klassische nicht-kooperative Spieltheorie) sehr hilfreich. Sie bilden mehr oder weniger den Kern der heute so genannten *kombinatorischen Spieltheorie*.

Betrachten wir also das NIM-Spiel aus Beispiel 3 noch einmal etwas eingehender. Gesucht ist eine reine Strategie, die zum Sieg bei diesem Spiel führt – eine „eindeutige Entscheidung für einen Spielzug oder eine Abfolge von Spielzügen" also. Wahrscheinlich ist es Ihnen im ersten Kapitel gelungen herauszufinden, dass die Vielfachen von 4 die „kritischen Positionen" sind. Dies sieht man folgendermaßen: Bei vier Münzen auf dem Tisch stelle ich schnell fest, dass ich machen kann, was ich will – ich werde verlieren. Denn da ich nur maximal drei Münzen nehmen darf, aber auch mindestens eine nehmen muss, resultiert aus meinem Zug eine der Spielpositionen 1, 2 oder 3. Und jede dieser Positionen bringt meinem Gegner den Sieg, indem er einfach die restlichen Münzen entfernt. Solche Positionen (wie die vier Münzen) nennt man *Verlustpositionen*, da sie unweigerlich für den Spieler am Zug zum Verlust des Spiels führen.

Setzen wir unseren Gedankengang fort: Es wäre wunderbar, wenn ich meinem Gegner die Verlustposition „vier Münzen" überlassen könnte. Wann ist das möglich? Dazu müssten auf dem Tisch 5, 6 oder 7 Münzen liegen. Durch Entfernen von 1, 2 oder 3 kann ich dann jeweils in die Verlustposition 4 ziehen. Man nennt konsequenterweise solche Positionen wie 5, 6 oder 7 *Gewinnpositionen*. Bei 8 Münzen hingegen befinde ich mich wieder im gleichen Schlamassel: Auch hierbei handelt es sich um eine Verlustposition. Durch die Fortsetzung dieses Gedankengangs erkennt man schließlich, dass es sich bei den Vielfachen von 4 genau um die Verlustpositionen und bei all den anderen Zahlen um die Gewinnpositionen handelt. Eine Übersicht über die ersten Positionen und ihren Status liefert Tab. 2.4. Insbesondere ist die Zahl 11 eine Gewinnposition; der Zug des ersten Spielers im Beispiel 3 muss daher lauten: *Entferne drei Münzen*. Lägen nicht 11, sondern 12 Münzen zu Beginn

2.4 Langzeit-Strategien

Tab. 2.4 Spielpositionen mit Typen beim NIM-Spiel aus Beispiel 3. Alle Vielfachen von 4 sind Verlustpositionen

Position	Typ	Position	Typ	Position	Typ
0	$\mathcal{V}$	4	$\mathcal{V}$	8	$\mathcal{V}$
1	$\mathcal{G}$	5	$\mathcal{G}$	9	$\mathcal{G}$
2	$\mathcal{G}$	6	$\mathcal{G}$	10	$\mathcal{G}$
3	$\mathcal{G}$	7	$\mathcal{G}$	11	$\mathcal{G}$

auf dem Tisch, könnte der erste Spieler das Spiel nicht gewinnen (vorausgesetzt, der zweite Spieler macht keinen Fehler).

Zwischen Gewinn- und Verlustpositionen gilt also der eben entdeckte Zusammenhang: Eine Position ist eine Gewinnposition, wenn man aus ihr in eine Verlustposition ziehen kann, und eine Position ist eine Verlustposition, wenn man aus ihr nur in Gewinnpositionen ziehen kann. Spiele, bei denen man sich einen Überblick über sämtliche Gewinn- und Verlustpositionen verschaffen kann, nennt man „gelöst". Der oben ausgeführte Gedankengang ist nun nichts anderes als eine strategische Analyse des Spiels, eine Möglichkeit, es zu lösen. Es scheint, dass dies bei allen NIM-Spielen von solch einfacher Struktur möglich ist. Dies scheint ein gutes strategisches Vorgehen bei Spielen in Extensivform zu sein: Verschaffe dir einen Überblick über sämtliche Gewinn- und Verlustpositionen des Spiels und entwickle daraus, wenn möglich, eine Gewinnstrategie. Kurz gesagt:

$$\text{Schaue voraus und schließe zurück!} \qquad (2.27)$$

Können mit dieser Regel nun auch Verallgemeinerungen des NIM-Spiels gelöst werden?

Beispiel 10

Von einem Stapel mit N Münzen sind in jedem Zug *mindestens eine, höchstens aber M Münzen* zu entfernen. Es gewinnt, wer die letzte Münze entfernt und damit seinen Gegner zugunfähig setzt.

Gesucht ist eine Lösung dieses Spiels, in dem Sinn einer Handlungsanweisung, klar und eindeutig formuliert, so dass stets bekannt ist, was zu tun ist. Bei der Variante, dass maximal drei Münzen entfernt werden dürfen, waren die Vielfachen von 4 die Verlustpositionen. Diese Erkenntnis kann nun sofort übertragen werden. Man erkennt nämlich, dass $M+1$ und die entsprechenden Vielfachen hier die kritischen Positionen sind und erhält so eine klare Handlungsanweisung – eine *Gewinnstrategie*:

Entferne zu Beginn so viele Münzen, dass ein Vielfaches von $M+1$ auf dem Tisch liegt; danach ziehe immer so, dass sich die weggenommen Münzen mit den von deinem Gegner entfernten Münzen zu $M+1$ addieren.

Tab. 2.5 Spielpositionen mit Typen beim modifizierten NIM-Spiel, bei dem der Spieler verliert, der die letzte Münze entfernen muss. Verlustpositionen sind hier die um eins vermehrten Vielfachen von 4, also 1, 5, 9 etc.

Position	Typ	Position	Typ	Position	Typ
1	$\mathcal{V}$	5	$\mathcal{V}$	9	$\mathcal{V}$
2	$\mathcal{G}$	6	$\mathcal{G}$	10	$\mathcal{G}$
3	$\mathcal{G}$	7	$\mathcal{G}$	11	$\mathcal{G}$
4	$\mathcal{G}$	8	$\mathcal{G}$	12	$\mathcal{G}$

Liegt hingegen zu Beginn ein Vielfaches von $M + 1$ an Münzen auf dem Tisch, so verliert der Spieler, der beginnt – eine Gewinnstrategie gibt es dann für den 2. Spieler.

Einen Test, ob Sie bereits strategisch gut geschult sind, können Sie selbst durchführen, indem Sie das NIM-Spiel dahingehend modifizieren, dass derjenige, der die letzte Münze nimmt, *verliert*. Überlegen Sie zunächst einen Moment, bevor Sie weiterlesen. — Durch erneute Anwendung der Regel (2.27) ergibt sich die Position 1 als Verlustposition, denn liegt eine Münze auf dem Tisch und bin ich am Zug, so verliere ich, da ich sie entfernen muss. Zurückschließend ergibt sich, dass 2, 3 und 4 Gewinnpositionen sind, denn aus ihnen heraus kann jeweils auf die Verlustposition 1 gezogen werden. Da von 5 aus nur die Gewinnpositionen 2, 3 und 4 erreichbar sind, muss es sich hierbei wiederum um eine Verlustposition handeln. Eine Übersicht liefert Tab. 2.5.

Eine letzte der zahlreichen Verallgemeinerungen der NIM-Spiele soll noch betrachtet werden:

Beispiel 11

Von zwei Stapeln mit N_1 bzw. N_2 Münzen ist in jedem Zug einer auszuwählen und von diesem *mindestens eine, höchstens aber M* Münzen zu entfernen. Es gewinnt wieder, wer die letzte Münze entfernt und damit seinen Gegner zugunfähig setzt.

Hier handelt es sich um einen Vertreter einer weiteren NIM-Klasse, nämlich die Spiele mit zwei Stapeln. Wir möchten mit der Lösung beginnen und den Rest als Übungsaufgabe überlassen. Dass dies möglich ist, ist übrigens der Tatsache geschuldet, dass *sämtliche NIM-Spiele gelöst* sind, und zwar genau in dem oben genannten Sinn: Es gibt in der Tat einen Algorithmus, der für jede Position einen optimalen Spielzug berechnen kann. Die Spielpositionen im Beispiel 11 sind nun nicht mehr durch einzelne Zahlen, sondern durch Zahlenpaare

$$(k/l) \quad \text{mit } k \geq l . \tag{2.28}$$

Die Annahme $k \geq l$ in (2.28) ist dadurch gerechtfertigt, dass die Reihenfolge der Stapel keine Rolle spielt. So können etwa die Spielpositionen (1/2) und (2/1) miteinander identifiziert werden und zählen daher nur als eine. Nach der Strategieregel (2.27) beginnt man

2.4 Langzeit-Strategien

wiederum mit der Verlustposition (0/0) und erkennt, dass es sich bei

$$(1/0), (2/0), \ldots, (M/0) \qquad (2.29)$$

aus den gleichen Gründen wie beim Spiel mit einem Stapel um Gewinnpositionen und bei

$$(M+1/0) \qquad (2.30)$$

um eine Verlustposition handelt. Die Position (1/1) ist die „kleinste" Position, bei der nicht beide Stapel leer sind, und aus ihr heraus kann man nur zu (1/0) ziehen. Aus diesem Grund ist (1/1) eine Verlustposition. Betrachtet man nun die Position (2/1) und arbeitet sich immer weiter zurück, so wird man ein System erkennen und damit auch dieses NIM-Spiel lösen (Aufgabe 3).

2.4.2 Ökonomische Anwendungen

Die Ausführungen zu den NIM-Spielen mögen einen theoretischen Charakter gehabt haben; welche konkreten Situationen im ökonomischen Alltag können nun durch Zwei-Personen-Spiele in Extensivform modelliert werden? Bei der Betrachtung solcher Situationen und der Übertragung der Erkenntnisse bei den NIM-Spielen, so wird man feststellen, gelangt man zwar schnell an Grenzen, kann sich aber dennoch einige grundsätzliche Abläufe gut klarmachen. Ein sogenannter Klassiker ist das *Markteintrittsspiel*:

Beispiel 12
Ein Unternehmen erwägt, auf einen bislang von einem Monopolisten beherrschten Markt einzutreten. Dieser kann auf zwei mögliche Weisen reagieren: schlichte Ignoranz des neuen Konkurrenten oder Bekämpfung (etwa durch eine aggressive Preispolitik).

Die hier beschriebene Situation kann in der folgenden Weise als Zwei-Personen-Spiel mit zwei Stufen aufgefasst werden: Zunächst macht der neue Konkurrent (als erster Spieler) seinen „Spielzug", indem er zwischen Eintritt und Nicht-Eintritt in den Markt entscheidet; dann reagiert der Monopolist darauf: Im Fall des Markteintritts des Konkurrenten hat er die Wahl, einen Preiskampf anzuzetteln oder nicht, während er im Fall, dass der Konkurrent den Eintritt nicht gewagt hat, einfach nichts tut. Man kann diese Situation (wie im Prinzip bei allen Zwei-Personen-Spiel in Extensivform) wiederum anhand eines Spielbaums anschaulich darstellen (siehe Abb. 2.24).

Eine Analyse der Situation ist nicht ganz so einfach wie bei den NIM-Spielen, denn schließlich ist die Situation ganz und gar nicht so symmetrisch wie dort. Schon allein das Festlegen der Gewinn- und Verlustpositionen mag hier schwierig sein, da unterschiedliche „Positionen" von den beiden Spielern unterschiedlich bewertet werden können. Jedoch dürfte einleuchtend sein, dass der Konkurrent die aus dem Preiskampf resultierende Situation für sich als Verlustposition bewerten wird. Damit können wir zumindest die aus

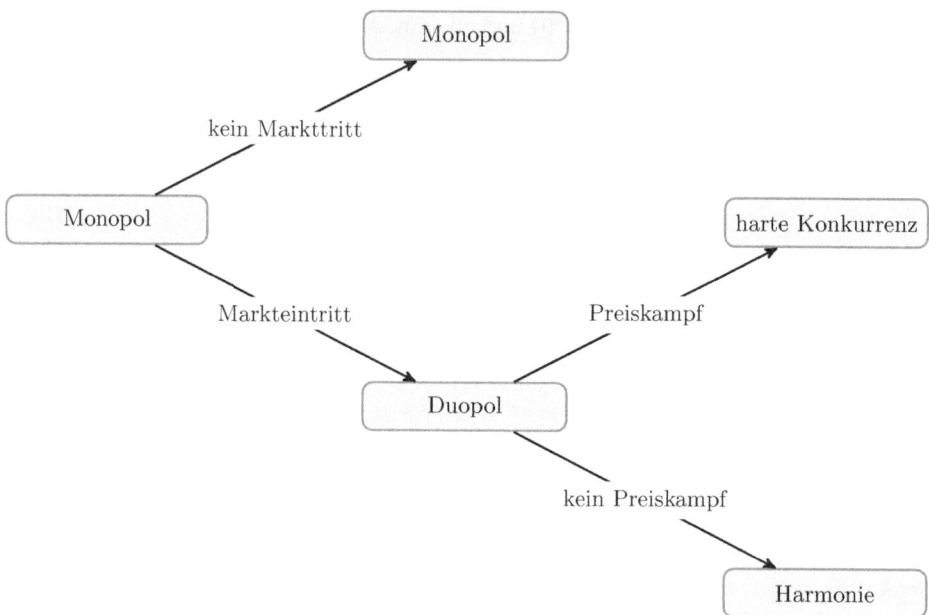

Abb. 2.24 Baum zum Markteintrittsspiel aus Beispiel 12

den NIM-Spielen hergeleitete Strategieregel (2.27) anwenden, also vorausschauen und zurückschließen. Da der Monopolist von der Position „Duopol" aus die Möglichkeit hat, den Konkurrenten in eine Verlustposition zu bringen, und da weiter der Konkurrent keinen Grund zum Zweifel daran hat, dass der Monopolist dies auch tun wird, wird er die Situation vermeiden: Wir schließen, dass der Konkurrent in die für ihn sichere Strategie „Monopol" ziehen, also nicht in den Markt eintreten wird.

Übrigens ist eine gewisse formale, wenn auch weniger inhaltliche Analogie zu dem in der Einleitung erwähnten Teilungsproblem nicht von der Hand zu weisen. Erinnern wir uns: Dort wurde ein Münzwurfspiel über drei Gewinnsätze beim Stand von 2 : 1 für den Spieler A abgebrochen und anschließend theoretisch überlegt, welche zukünftigen Entwicklungen das Spiel genommen haben könnte. Identifizieren wir A mit dem Monopolisten und B mit dem potentiellen Konkurrenten, so entspricht offensichtlich das Nichteintreten in den Markt von B einem weiteren „Sieg" von A, der im Gesamtsieg von A bzw. im Fortbestand des Monopols endet. Tritt hingegen B in den Markt ein, so ist dies ein „Punkt" für B, der zunächst zu einem Unentschieden führt. In diesem Fall wird eine weitere Entscheidung durch einen Münzwurf notwendig: Wird A einen Preiskampf führen oder nicht? Von den beiden entsprechenden Ausgängen ist hierbei das friedliche Nebeneinander als „Sieg" für den Konkurrenten B zu werten. Würden die Entscheidungen von A und B tatsächlich per Münzwurf getroffen, so handelte es sich um genau das gleiche Spiel, und B hätte mit einer Wahrscheinlichkeit von 25 % einen erfolgreichen Markteintritt zu erwarten.

2.4 Langzeit-Strategien

Allerdings hinkt der Vergleich inhaltlich – so würde B beim Teilungsproblem vor einer Fortsetzung des Spiels nicht bloß deshalb zurückschrecken, weil im nächsten Wurf bereits eine Niederlage droht. Er würde den Münzwurf vielmehr als Chance auf einen Gewinn ansehen – die Strategieregel hat hier wenig Bedeutung, sondern es spielen andere Aspekte hinein. Die unterschiedliche Bewertung objektiv und formal gleicher Situationen wird im letzten Kapitel thematisiert.

Es zeigt sich bereits, dass das Ziehen von Parallelen zwischen Praxissituationen und einfachen Modellen zwar manchmal nahe liegt, aber nicht immer ganz unproblematisch ist – zumindest sofern wichtige Aspekte vernachlässigt werden. Nach der Strategieregel (2.27), oder auch entmutigt durch die nur 25 %-ige Chance auf Erfolg, falls er die Parallele zum Teilungsproblem heranzieht, entscheidet sich der Konkurrent also, gar nicht in den Markt einzutreten. Diese Argumentation jedoch, aus Scheu vor einer aggressiven Preispolitik des bisherigen Monopolisten den Markteintritt nicht zu riskieren, wirft einige Fragen auf. So kann es hier eigentlich nicht allein um Gewinnen oder Verlieren gehen, sondern es stellen sich quantitative Fragen, die wir bei der einfachen Formulierung der NIM-Spiele nicht berücksichtigt haben. Es mag sein, dass der Konkurrent auch trotz eines Preiskampfes noch einen für sich hinreichend lohnenden Gewinn machen kann; es mag sein, dass er den Monopolisten aufgrund dessen früheren Marktverhaltens einschätzen und womöglich die Wahrscheinlichkeit für einen Preiskampf ermitteln kann; all dies reicht in andere Bereiche hinein.

Nichts spricht übrigens dagegen, Spiele in Extensivform auch mit mehr als zwei Personen durchzuführen. Bei den abstrakten NIM-Spielen muss sich dabei an den Regeln im Wesentlichen nichts ändern; ist einmal eine Zugreihenfolge festgelegt, so gilt auch hier: Wer den letzten Zug macht, verliert – oder gewinnt. Aber auch in der Praxis sind oft mehrere Spieler beteiligt; wir beginnen mit einem berühmten Beispiel, das Reinhard Selten vorgeschlagen hat, eine Variante des Markteintrittsspiels (Beispiel 12), bei der mehr als zwei Spieler beteiligt und das deutlich die Diskrepanz zwischen formalem Spielmodell und der Realität zeigt.

Beispiel 13

Ein Unternehmer M besitze in zwanzig verschiedenen Städten Verkaufsfilialen und er nehme an allen Standorten eine Monopolsituation ein. In jeder der zwanzig Städte gibt es aber einen potentiellen Konkurrenten ($K_1, \ldots, K_{20}$), der in Erwägung zieht, durch Eröffnung eines eigenen Geschäftes in den lokalen Markt einzutreten. Der Unternehmer M muss jeweils im Falle eines Markteintritts entscheiden, wie er mit dem Konkurrenten umgehen soll. Er habe auch wieder die Möglichkeit, einen aggressiven Preiskampf zu beginnen, der aber auch für ihn empfindliche Umsatzeinbußen bedeuten würde, und zwar größere als bei der Toleranz des Konkurrenten.

Man hat es hier mit einem 21-Personen-Spiel (Unternehmer M und zwanzig potentielle Konkurrenten $K_1, \ldots, K_{20}$), genauer mit einer iterierten Version des Markteintrittsspiels zu tun. Was sollten die Konkurrenten tun; was ist die beste Reaktion des Unternehmers?

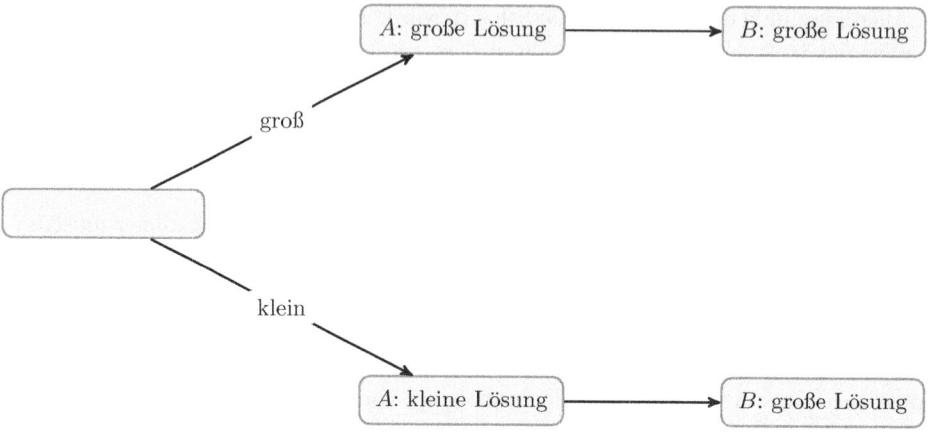

Abb. 2.25 Baum zum Beispiel 14

Wendet man hier die bekannte Strategieregel an, muss man auf den Schluss sehen: Eröffnet in der zwanzigsten „Runde" der Konkurrent K_{20} sein Geschäft, so lohnt sich ein Preiskrieg für M nicht (mehr), denn der Gewinn bei Toleranz ist für M immer noch größer als bei einem Preiskrieg. Wir sehen, dass eine aggressive Reaktion seitens M dann aber auch in der vorletzten Runde nicht rational ist, denn dadurch ließe sich K_{20} nach dem gerade Gesagten nicht abschrecken. Wir schließen weiter nach vorne und stellen fest: Runde um Runde wird ein Geschäft eröffnet; der Unternehmer verhält sich stets kooperativ. Reinhard Selten bezeichnet diese theoretische, aber offensichtlich unrealistische Lösung in seinem Beispiel als Paradoxon: Bezogen auf die letzten Runden des Spiels klingt die rückwärts-induktive Lösung plausibel, jedoch nicht über alle Runden hinweg.

Beispiel 14

Die zwei konkurrierenden Unternehmen A und B haben die Wahl zwischen der Produktion von zwei verschiedenen Typen von E-Book-Geräten, einem aufwändigeren und einem einfachen. A (als erster Spieler) entscheidet sich und beginnt mit der Produktion, während B zunächst abwartet und dann (als 2. Spieler) seinen Zug macht und sich für einen Typ entscheidet.

Um in diesem Beispiel die Strategieregel (2.27) anwenden zu können, muss man sich erneut zunächst klar machen, was eigentlich die Verlustpositionen sind. Dies kann wiederum (im Gegensatz zum NIM-Spiel) nicht losgelöst vom Kontext beurteilt werden. Im NIM-Spiel etwa ist die Spielposition „vier Münzen" eine klare Verlustposition; hier spielt die Entscheidung des Gegners mit hinein: Da keine weiteren quantitativen Angaben vorliegen, gehen wir davon aus, dass jedes Unternehmen die Situation, in der es selber die kleine, der Gegner aber die große Lösung produziert, als Verlustposition wertet. Nun aber greift allein die Strategieregel (2.27): Unternehmen A als erster Entscheider muss in Betracht ziehen, dass *B* sich für die große Lösung entscheidet – und wird daher auch die große Lösung wählen. Dargestellt ist die Situation in Abb. 2.25.

Die hier betrachteten schlichten Varianten von Spielen in Extensivform vermitteln einen ersten Eindruck davon, wie Alltagssituationen als Spiel aufgefasst werden können. Auch bei Spielen in Normalform, die in der Regel, zumindest für zwei Personen, durch eine Auszahlungsmatrix dargestellt werden können, macht es hin und wieder Sinn von Langzeit-Strategien zu sprechen. Vor allem von Bedeutung sind aber dort die sogenannten gemischten Strategien, die im folgenden Abschnitt behandelt werden. Einen anderen Aspekt stellen Strategien dar, die sich auf einen längeren Zeitraum beziehen, so etwa bei der Betrachtung eines mehrfachen Gefangenendilemmas. Hier bringen gemischte Strategien keinen Erfolg, sondern es muss ein anderes Denken einsetzen, womit wir uns im vierten Kapitel beschäftigen werden.

2.5 Gemischte Strategien

Bisher haben wir uns bei den Spielen in Normalform auf reine Strategien konzentriert und bei Spielen in Extensivform eher von Langzeit-Strategien gesprochen. Nun macht es durchaus auch Sinn, Spiele in Normalform langzeit-strategisch zu betrachten, denn sie können ja mehrfach gespielt werden. Insbesondere gibt es nicht immer eine eindeutige Handlungsanweisung, wenn kein Gleichgewicht oder mehrere Gleichgewichte existieren. So stellt sich also hier die Frage, wie denn eine strategische Entscheidung aussehen sollte, wenn das Spiel über *mehrere Runden* geht. Wer sich in jeder Runde für dieselbe Strategie entscheidet, wird schnell durchschaubar – und wird sicher auf lange Sicht verlieren. Es scheint daher vernünftig zu sein, sich in gewisser Weise „undurchschaubar" zu machen. Damit betreten wir das Terrain der gemischten Strategien, wofür wir den Wahrscheinlichkeitsbegriff benötigen werden.

2.5.1 Gemischte Strategien bei Spielen in Normalform

Die Undurchschaubarkeit, die bei der mehrfachen Durchführung eines Spiels in Normalform sicher von Vorteil ist, kann unter Einsatz einer Wahrscheinlichkeitsverteilung erreicht werden. Dazu betrachten wir folgendes Beispiel:

Beispiel 15
Käuferin K und Verkäufer V verhandeln über den Preis eines gewissen Objektes. Die beiden können sich dabei zwischen zwei unterschiedlichen Strategien entscheiden: einer harten und unnachgiebigen Position und einer entgegenkommenden und nachgiebigen Verhandlungsweise, kurz: „hart" und „weich". Die Auszahlungswerte können in Abb. 2.26 abgelesen werden.

		V	
		weich	hart
K	weich	(3/3)	(1/6)
	hart	(6/1)	(0/0)

Abb. 2.26 Auszahlungsmatrix des Verhandlungsspiels in Beispiel 15

Wie man sieht, handelt es sich hier um eine Variante des Chicken Game. Bei der einfachen Durchführung des Chicken Game nämlich, das wissen wir schon, hat jeder Spieler die Entscheidungsmöglichkeit zwischen zwei reinen Strategien: Ausweichen oder Weiterfahren. (Und keine dieser Strategien ist dominant!) Beim Chicken Game gibt es zwei Nash-Gleichgewichte in reinen Strategien, nämlich die beiden Fälle, in denen unterschiedliche Verhaltensweisen aufeinander treffen. In der oben aufgeführten Matrix unterscheiden sich lediglich die genauen Werte ein wenig von der Matrix in Abb. 2.14, aber es gibt eine Gemeinsamkeit: Das *Ausweichen* entspricht der weichen Verhandlungsstrategie, dem vorsichtigen und behutsamen Vorgehen in der Preisverhandlung – also auf Verkäuferseite einem eher niedrigen Preisangebot, auf das sich der Käufer wahrscheinlich ohne allzu großes Murren einlassen wird, und auf Käuferseite entsprechend die Bereitschaft, auch einen relativ hohen Preis schnell zu akzeptieren. Das *Weiterfahren* steht für ein eher aggressives Verhandlungsverhalten – der Verkäufer wird viel fordern und der Käufer wenig bieten. In der Regel wird es, wenn beide „weiterfahren", eher zu keinem Geschäft kommen und der Gewinn somit für beide Seiten entfallen. Beim gegenseitigen „Ausweichen" treffen sie sich irgendwo in der Mitte und müssen beide Abstriche machen.

Auch hier erhalten wir demnach zwei „stabile Situationen", nämlich die beiden Fälle, in denen unterschiedliche Verhandlungspositionen aufeinander treffen. Das lässt sich auch inhaltlich dadurch erklären, dass einseitiges Abweichen nur zu einer Verschlechterung führen kann. Wer nämlich „weich" verhandelt, würde beim Wechsel zu „hart" das Geschäft zum Platzen bringen, und der Wechsel in der anderen Richtung würde für die harte Verhandlungsposition ein Zurückstecken bedeuten.

Ein ganz anderes Licht fällt nun auf die Situation, wenn wir das Spiel mehrfach durchführen, das bedeutet: wenn sich Käuferin und Verkäufer mehrmals in ähnlichen Situationen gegenüber stehen. Solche Situationen, in denen man auf Verhandlungspartner trifft, mit denen man bereits zu tun hatte, kennt jeder. Und ebenso ist jedem bewusst, dass ein Festhalten an einer immer gleichen (reinen) Strategie ungünstig ist. Denn wer immer weich wird, läuft Gefahr, ständig über den Tisch gezogen zu werden; wer stets hart verhandelt, dem laufen vielleicht die Verhandlungspartner davon. Diese in der Praxis in mannigfacher und deutlich komplexerer Weise auftretende Problematik kann in unserem vereinfachten Szenario quantitativ betrachtet werden. Die beiden Spieler entscheiden sich nun für eine Wahrscheinlichkeitsverteilung, nach der sie handeln. Bildhaft könnte man sagen, sie wählen jeweils eine *p*-Münze, bei deren Wurf mit der Wahrscheinlichkeit p

2.5 Gemischte Strategien

das Ergebnis Kopf und mit der Wahrscheinlichkeit $1 - p$ das Ergebnis Zahl erzielt wird. Dementsprechend entscheiden sie sich dann für die Strategien. So wird bei Kopf weich und bei Zahl hart verhandelt. Aus der eindeutigen Entscheidung ist so eine Entscheidung gemäß einer Wahrscheinlichkeitsverteilung geworden: eine völlig andere Sichtweise. Besonders klar wird dies, wenn man das Spiel häufiger hintereinander spielt (was in gewissen Interpretationen Sinn macht). Das „sture" Verhalten bei reinen Strategien geht dann über in ein im konkreten Fall unberechenbares Verhalten, das nur langfristig Struktur zeigt.

Damit sind wir bei einem weiteren wichtigen Begriff angekommen. Unter einer *gemischten Strategie bei einem Zwei- (oder auch einem Mehr-)Personen-Spiel* versteht man eine Wahrscheinlichkeitsverteilung, gemäß der sich der Spieler in jedem Zug für eine seiner Aktionen entscheidet. An die Stelle der *Auszahlung* bei einer reinen Strategie tritt bei gemischten Strategien damit dann der *Erwartungswert*.[19]

Es gibt also unendlich viele gemischte Strategien (für jeden Wert p zwischen 0 und 1 gibt es eine p-Münze, darunter auch die 0-Münze, die einer unbedingten Entscheidung für die Strategie Weiterfahren entspricht, oder die 1-Münze, die Ausweichen bedeutet). Man kann daher die sinnvolle Frage stellen, welche von all diesen Münzen denn beim langfristigen Spielen „günstig" ist.

Um dies nun näher zu untersuchen, nehmen wir an, beide Beteiligten starten mit einer 0,5-Münze: Das bedeutet, dass sich beide auf lange Sicht zu gleichen Teilen für eine weiche und eine harte Verhandlungsstrategie entscheiden werden. An die Stelle der Auszahlungen bei reinen Strategien tritt nunmehr der Erwartungswert der beiden Zufallsvariablen X_K (Auszahlung für K) und X_V (Auszahlung für V), den wir für die verschiedenen Strategien mit Hilfe der Formel (2.40) berechnen können. Betrachten wir die Situation zunächst aus der Sicht der Käuferin. Bei dieser theoretischen Herleitung gehen wir davon aus, dass die beiden so oft aufeinander treffen, dass sie jeweils mit großer Treffsicherheit sagen können, mit welcher Münze der Verhandlungsgegner spielt; beide wissen also, dass sie mit dem Wert $p = 0{,}5$ starten. So kann etwa K ihre erwarteten Auszahlungen berechnen. Die Erwartungswerte für die beiden Strategien sind

$$E(X_K) = \begin{cases} 0{,}5 \cdot 3 + 0{,}5 \cdot 1 = 2 & \text{(falls } K \text{ weich verhandelt)} \\ 0{,}5 \cdot 6 + 0{,}5 \cdot 0 = 3 & \text{(falls } K \text{ hart verhandelt)} \end{cases}.$$

Da K ebenfalls mit einer 0,5-Münze spielt, beträgt ihre durchschnittliche Auszahlung

$$E(X_K) = 0{,}5 \cdot 2 + 0{,}5 \cdot 3 = 2{,}5 \,.$$

Soweit ist alles gut – bis K auf die Idee kommt, ihre 0,5-Münze einzutauschen gegen eine Münze mit einem kleineren p-Wert (also seltener weich zu verhandeln)! Sie wagt es zwar nicht, eine 0-Münze zu nehmen (wegen der daraus resultierenden Durchschaubarkeit, falls sie nur noch hart verhandeln würde), aber sie wählt beispielsweise eine $0{,}3$-Münze, um so ihren erwarteten Gewinn auf

$$E(X_K) = 0{,}3 \cdot 2 + 0{,}7 \cdot 3 = 2{,}7$$

hochzuschrauben.

Damit jedoch ist die Geschichte noch nicht beendet. V merkt nach einiger Zeit, dass K mittlerweile mit einer 0,3-Münze spielt, und die Berechnung der erwarteten Gewinne für seine beiden Strategien zeigt ihm, dass er plötzlich deutlich weniger erwarten kann:

$$E(X_V) = \begin{cases} 0{,}3 \cdot 3 + 0{,}7 \cdot 1 = 1{,}6 & \text{(falls } V \text{ weich verhandelt)} \\ 0{,}3 \cdot 6 + 0{,}7 \cdot 0 = 1{,}8 & \text{(falls } V \text{ hart verhandelt)} . \end{cases}$$

V bemerkt, dass er nun im Schnitt mit 1,7 rechnen kann (weil er mit $p = 0{,}5$ spielt), aber dass eine Verkleinerung des p-Wertes (etwa auch $p = 0{,}3$) dies doch noch ein wenig verbessern kann:

$$E(X_V) = 0{,}3 \cdot 1{,}6 + 0{,}7 \cdot 1{,}8 = 1{,}74 .$$

Auch K hat damit eine Gewinnerwartung von 1,74 und zieht nach: Sie verkleinert ihren Wert erneut, diesmal auf $p = 0{,}25$, und ihre Gewinnerwartung beträgt damit

$$E(X_K) = 0{,}25 \cdot 1{,}6 + 0{,}75 \cdot 1{,}8 = 1{,}75 .$$

Nachdem auch V auf $p = 0{,}25$ nachgezogen ist, stellen die beiden Erstaunliches fest: Für beide gilt nun

$$E(X|\text{weich}) = 0{,}25 \cdot 3 + 0{,}75 \cdot 1 = 1{,}5$$

bzw.

$$E(X|\text{hart}) = 0{,}25 \cdot 6 + 0{,}75 \cdot 0 = 1{,}5 .$$

Beide bemerken, dass sich ihre erwartete Auszahlung nicht ändert, wenn sie ihre eigene gemischte Strategie variieren. Jeder ist vom Gegner quasi „bewegungsunfähig" gesetzt worden.

2.5.2 Das Nash-Gleichgewicht bei gemischten Strategien

Bei der oben beschriebenen Verhandlungssituation stellte sich heraus, dass die 0,25-Münze in der speziellen Situation eine besondere Rolle zu spielen schien: Sobald K oder V diesen Wert wählt, hat dies zur Folge, dass die erwarteten Gewinne für den Gegner gleich und damit *unabhängig von dessen eigener Wahl für den p-Wert* sind! Eine wahrhaft stabile Situation!

Wir haben uns bereits klar gemacht, was wir unter einer gemischten Strategie verstehen wollen: eine Verteilung $(p/1 - p)$ für die beiden Strategien (siehe Abb. 2.27). Wählt man

2.5 Gemischte Strategien

		V spielt $(0{,}5/0{,}5)$		erwartete Auszahlung
		weich	hart	für K
K	weich	3	1	2
	hart	6	0	3

		V spielt $(p/1-p)$		erwartete Auszahlung
		weich	hart	für K
K	weich	3	1	$3 \cdot p + 1 \cdot (1-p) = 2p+1$
	hart	6	0	$6 \cdot p + 0 \cdot (1-p) = 6p$

Abb. 2.27 Erwartete Auszahlungen im Verhandlungsspiel für K, falls V mit der Wahrscheinlichkeitsstrategie $(0{,}5/0{,}5)$ (*oben*) bzw. mit der allgemeinen Wahrscheinlichkeitsstrategie $(p/1-p)$ (*unten*) spielt

den Parameter p dabei so, dass die beiden erwarteten Auszahlungen *gleich groß* sind, so macht man die gegnerische Auszahlung *unabhängig von dessen Strategie*.

Das Gleichsetzen der beiden erwarteten Auszahlungen führt zu einer Gleichung in der Variablen p, nämlich:

$$2p + 1 = 6p\,.$$

Als Lösung ergibt sich $p = 0{,}25$, was wir bereits als stabile Situation erkannt haben. Tatsächlich haben wir uns damit überlegt, was eine sinnvolle Ausdehnung des Nash-Gleichgewicht-Begriffs auf gemischte Strategien ist:

Ein *Nash-Gleichgewicht in gemischten Strategien* ist eine Kombination gemischter Strategien, bei der die jeweiligen Erwartungswerte der Auszahlungen von der Wahl der Verteilung unabhängig ist.

Auch hier gilt – wie bei reinen Strategien – dass sich im Nash-Gleichgewicht keiner der beiden Spieler einseitig durch die Wahl einer anderen gemischten Strategie verbessern kann. Im vorliegenden Beispiel ist übrigens auf Grund der Symmetrie in der Auszahlungsmatrix klar, dass, um die stabile Situation zu erreichen, beide Beteiligten die gleiche p-Münze benutzen müssen: Das Nash-Gleichgewicht ist also hier erreicht, wenn beide nach der gemischten Strategie (25 %/75 %) spielen. Konkret bedeutet dies, dass beim mehrfachen Aufeinandertreffen von Käuferin und Verkäufer in Verhandlungen sich beide in ihrem Langzeit-Verhalten gleich verhalten: Beide werden in 3 von 4 Fällen hart verhandeln und sich einmal eine weiche Verhandlungslinie gönnen. Dieses Ergebnis – das Mischen der Strategien als sinnvolle Methode – überrascht uns nicht, denn ein Verkäufer, der niemals nachgibt, sondern immer auf hohen Preisen beharrt, wird *auf Dauer* als ernstzunehmender Verhandlungspartner scheitern, und die Käuferin, die bei ihrer harten Linie immer nur Schleuderpreise erwartet, hat auch keine Chance.

		V	
		weich	hart
K	weich	(3/3)	(1/4)
	hart	(4/1)	(0/0)

Abb. 2.28 Eine Variante der Auszahlungsmatrix beim Verhandlungsspiel: Hier wird einem „Sieg" hart gegen weich kein ganz so großes Gewicht mehr beigemessen

Diese Erkenntnis ist jedem intuitiv klar; die Spieltheorie gibt uns nur ein Instrument in die Hand, dies zu quantifizieren. Dass sich hier als stabiles Ergebnis ein Mischverhältnis von 3 : 1 für das harte Vorgehen ergibt, ist in der Wahl von 6 Auszahlungseinheiten für den „Sieg" hart gegen weich begründet. Untersuchen wir ein wenig eingehender den Einfluss der Matrixeinträge auf das quantitative Ergebnis.

In Abb. 2.28 ist bei der oberen Matrix die 6 durch eine 4 ersetzt worden; was ändert sich hierdurch? Die Gleichung der beiden erwarteten Auszahlungen lautet nun

$$3 \cdot p + 1 \cdot (1-p) = 4 \cdot p + 0 \cdot (1-p)$$

und hat als Lösung $p = 0{,}5$. Wieder ist die Rechnung für beide gleich; es ergibt sich als Nash-Gleichgewicht die Situation, in der beide nach einer Fifty-Fifty-Strategie spielen, also eine faire Münze werfen. Das Gewicht hat sich von der harten Strategie mehr zur Mitte verschoben. Die Begründung vor dem Hintergrund der Verhandlung ist, dass das Beharren auf einer eigenen harten Strategie nicht mehr ganz so erstrebenswert wie zuvor ist, die Bewertung eines „Hart-gegen-Weich-Sieges" beträgt nur noch 4 statt 6 Einheiten.

Wie die Werte für p beim symmetrischen Verhandlungsspiel von den Einträgen in der Auszahlungsmatrix abhängen, lässt sich auch allgemein lösen: Wenn wir das Spiel in der üblichen Weise normieren (siehe Abb. 2.29), muss allgemein die Gleichung

$$1 \cdot p + w \cdot (1-p) = h \cdot p + 0 \cdot (1-p)$$

gelöst werden, und hierfür ergibt sich der Wert

$$p = \frac{w}{w + h - 1}.$$

Bisher wurde die gesamte Verhandlungssituation von beiden Partnern symmetrisch betrachtet. Was ist nun, wenn jeder die unterschiedlichen Ergebnisse unterschiedlich bewertet? Als gemischte Gleichgewichts-Strategie ergibt sich dann auch nicht mehr unbedingt für beide die gleiche. In Abb. 2.30 ist ein solcher Fall zu sehen; rechnen wir auch hierfür noch das Nash-Gleichgewicht in gemischten Strategien aus.

Da die Symmetrie verloren gegangen ist, müssen wir für K und V zwei verschiedene Münzen annehmen – also mit zwei verschiedenen Wahrscheinlichkeitsverteilungen rechnen, die durch p_K bzw. durch p_V gegeben sind. Betrachten wir die Situation zunächst vom

2.5 Gemischte Strategien

		V	
		weich	hart
K	weich	(1/1)	(w/h)
	hart	(h/w)	(0/0)

Abb. 2.29 Das normierte Verhandlungsspiel: $0 < w < h$ und $h > 1$

		V	
		weich	hart
K	weich	(1/2)	(2/4)
	hart	(6/1)	(0/0)

Abb. 2.30 Eine asymmetrische Variante der Auszahlungsmatrix beim Verhandlungsspiel, bei der die einzelnen Strategiekombinationen unterschiedlich bewertet werden

Verkäufer V aus, der für seine p_V-Münze den stabilen Wert für p_V ermitteln will. Die Gleichung, die er zu lösen hat, ergibt sich durch Gleichsetzen der Erwartungswerte für K:

$$1 \cdot p_V + 2 \cdot (1 - p_V) = 6 \cdot p_V + 0 \cdot (1 - p_V),$$

und als Lösung ergibt sich

$$p_V = \frac{2}{7}.$$

Auch die Käuferin rechnet ihren Wert für P_K aus:

$$2 \cdot p_K + 1 \cdot (1 - p_K) = 4 \cdot p_K + 0 \cdot (1 - p_K).$$

Es ergibt sich

$$p_V = \frac{1}{3}.$$

In dieser Situation muss also V die Strategien weich/hart im Verhältnis $2:5$ und K im Verhältnis $1:2$ mischen.

Untersuchen wir nun noch weitere bekannte Spiele auf Nash-Gleichgewichte in gemischten Strategien und beginnen mit dem Kampf der Geschlechter, dessen Auszahlungsmatrix noch einmal in Abb. 2.31 zu sehen ist. Bob berechnet seinen Wert p_B durch den mittlerweile schon gut bekannten Gleichungsansatz

$$3 \cdot p_B + 1 \cdot (1 - p_B) = 0 \cdot p_B + 2 \cdot (1 - p_B),$$

was auf den Wert $p_B = 0{,}25$ führt. Das bedeutet, dass Bob, sollte er mit Alice mehrfach in diese unangenehme Entscheidungssituation geraten, in einem von vier Fällen das Theater

		Bob	
		Theater	Fußball
Alice	Theater	(3/2)	(1/1)
	Fußball	(0/0)	(2/3)

Abb. 2.31 Auszahlungsmatrix des *Battle of Sexes*

aufsuchen und ansonsten zum Fußball gehen sollte. Die Gleichung für Alice,

$$2 \cdot p_A + 0 \cdot (1 - p_A) = 1 \cdot p_A + 2 \cdot (1 - p_A),$$

hat als Lösung $p_A = 0{,}75$; sie sollte also in drei von vier Fällen ins Theater gehen. Zusammengefasst erhalten wir hier das Nash-Gleichgewicht in gemischten Strategien, wenn sich die beiden jeweils *in drei von vier Fällen für ihre favorisierte Freizeitgestaltung* entscheiden.

Beim bekannten Spiel *Schere – Stein – Papier* müssen wir rechnerisch einen kleinen Schritt weiter gehen, denn jeder Spieler hat hier *nicht nur zwei, sondern drei* Strategien zur Verfügung. Damit hat eine allgemeine gemischte Strategie hier nicht die Form $(p/1-p)$, sondern $(p/q/1-p-q)$. Wir können dann mit diesem Ansatz analog zum Verhandlungsspiel die erwarteten Auszahlungen für einen der beiden Spieler berechnen, wenn sein Gegner gemäß der Strategie $(p/q/1-p-q)$ spielt:

		B spielt $(p/q/1-p-q)$			erwartete Auszahlung für A
		Schere	Stein	Papier	
	Schere	0	−1	1	$0 \cdot p + (-1) \cdot q + 1 \cdot (1-p-q) = 1 - p - 2q$
A	Stein	1	0	−1	$1 \cdot p + 0 \cdot q + (-1) \cdot (1-p-q) = 2p - q - 1$
	Papier	−1	1	0	$(-1) \cdot p + 1 \cdot q + 0 \cdot (1-p-q) = q - p$

Wenn B sich nun seine stabile gemischte Strategie überlegt, sollte er die Werte für p und q so wählen, dass die drei erwarteten Auszahlungen für A untereinander gleich sind. Man erhält auf diese Weise ein System aus zwei Gleichungen in zwei Variablen, etwa:

$$\begin{aligned} 1 - p - 2q &= 2p - q - 1 \\ 1 - p - 2q &= q - p. \end{aligned} \quad (2.31)$$

Die Lösung dieses Gleichungssystems ist $p = q = \frac{1}{3}$. Damit haben wir formal-rechnerisch bestätigt, was wohl intuitiv den meisten klar war: Die Strategien Schere, Stein und Papier sollten gemäß einer Wahrscheinlichkeitsgleichverteilung gemischt werden; eine mögliche konkrete Handlungsanweisung könnte sein: Würfle und spiele Schere bei 1 oder 2, Stein bei 3 oder 4 und Papier bei 5 oder 6.

Interessant könnte es nun sein, die zuvor betrachtete Erweiterung um die Strategie *Brunnen* im Hinblick auf gemischte Strategien zu untersuchen. Wir hatten (mit dem

Dominanz-Prinzip) ja festgestellt, dass die Strategie *Stein* langfristig aussterben wird. Betrachten wir nun den gemischten Ansatz. Aufgrund der Symmetrie reicht es wieder, nur einen der beiden Spieler zu betrachten und für diesen den Ansatz $(p/q/r/1-p-q-r)$ zu machen. Analog zum Vorgehen bei *Schere – Stein – Papier* müssen hier die Werte p, q, r so bestimmt werden, dass alle erwarteten Auszahlungen untereinander gleich sind; dies ergibt ein System aus drei Gleichungen in drei Variablen, das aber, wie sich herausstellt, keine Lösung hat. Wir schließen daraus, dass es bei der Erweiterung *Schere – Stein – Papier – Brunnen* kein Nash-Gleichgewicht in gemischten Strategien gibt.

Aufmerksame Leserinnen und Leser könnten an dieser Stelle einwenden, dass es aber doch eines gibt, nämlich die Verteilung, in der Schere, Papier und Brunnen je mit $\frac{1}{3}$ und Stein mit 0 gewichtet sind. Dies ist auch richtig; der Haken bei der Sache ist, dass die Bestimmung eines Nash-Gleichgewichts in gemischten Strategien aus formalen Gründen voraussetzt, dass die Auszahlungsmatrix in reduzierter Form gegeben ist, das bedeutet: Mögliche dominierte Strategien müssen zuvor gestrichen werden. Und da wir zuvor (vgl. Abschn. 2.3.1) bereits erkannt hatten, dass Stein eine solche dominierte Strategie ist, ist diese zunächst zu streichen.

Abschließend betrachten wir noch das Gefangenendilemma im Hinblick auf gemischte Strategien: Gibt es außer der reinen Strategiekombination *Defektieren/Defektieren* vielleicht noch ein Gleichgewicht in gemischten Strategien? Mit der normierten Auszahlungsmatrix (Abb. 2.18) erhalten wir mit dem üblichen Verteilungsansatz $(p/1-p)$ die Gleichung

$$1 \cdot p + k \cdot (1-p) = d \cdot p + (1-p) \cdot 0 \qquad (2.32)$$

und daraus die Lösung

$$p = \frac{k}{k+d-1}.$$

So ergäbe sich aber

$$d = 1 - k \cdot \frac{p-1}{p}, \qquad (2.33)$$

und da $\frac{p-1}{p}$ für vernünftige p-Werte negativ ist, würde $k < 0$ in der Gleichung (2.33) auch $d < 0$ erzwingen. In der normierten Version des Gefangenendilemmas müsste aber $d > 1$ sein. Damit ist allgemein gezeigt, dass es beim Gefangenendilemma kein Nash-Gleichgewicht in gemischten Strategien gibt. Die einzig stabile Situation ist also hier das Nash-Gleichgewicht in reinen Strategien.

2.6 Verweise auf weiterführende Literatur

Die Spieltheorie ist in den vergangenen Jahrzehnten, gerade in der Betriebswirtschaft, immer beliebter geworden; es wurde ein regelrechtes „In-Thema". Der Markt wurde dementsprechend von Büchern über Spieltheorie, wissenschaftlichen wie populärwissenschaftlichen, überschwemmt. Nicht alles davon ist brauchbar.

Was die zentralen Grundbegriffe der nicht-kooperativen Spieltheorie angeht, wie sie in diesem ersten Kapitel eingeführt wurden, so gibt es aber durchaus einige hervorragende Standardwerke, die hier zu nennen sind. Das erste, wichtigste, wegweisendste war ganz sicher der Klassiker *Theory of Games and Economic Behavior* von John von Neumann und Oscar Morgenstern [56], das wohl als erstes Buch eine systematische Beschreibung der Spieltheorie lieferte und noch heute zitiert und gelesen wird. Allerdings ist es ein durchweg mathematisches Buch und als solches – zumindest für Betriebswirte und zumindest für Einsteiger in dieses Gebiet – nur mit den notwendigen Einschränkungen zu empfehlen. Es liefert die mathematisch exakt formulierte Grundlage für alles, was danach kam.

Ein weiterer „Klassiker", allerdings ebenfalls eher für Mathematiker oder zumindest Mathematikinteressierte, ist *Gewinnen* von Elwyn R. Berlekamp, John H. Conway und Richard K. Guy [6]. Die Autoren stellen hier Methoden zur Analyse von Spielen vor. Systematisch wird erklärt, wie man Gewinnstrategien findet, wie man alte Spiele abwandelt und so neue findet und wie man Gesetze und Regelmäßigkeiten aufspüren kann. Hier steht ganz deutlich weniger die Anwendung als vielmehr die Erkenntnis von Konzepten und Strategien um Vordergrund.

In den 1990er Jahren brachten Holler und Illing ihre *Einführung in die Spieltheorie* [42] auf den Markt, die einen umfassenden, praxisorientierten Überblick über den damals aktuellen Stand der Spieltheorie lieferte und, anders als Morgenstern und von Neumann einige Jahrzehnte zuvor, kaum mathematische Grundkenntnisse voraussetzte. Das Buch ist sehr praxisorientiert und erklärt die Konzepte anhand zahlreicher Beispiele. An der Tatsache, wie hier Mathematik, wenn sie auftaucht, formuliert und behandelt wird, merkt man aber auf den ersten Blick, dass es sich bei den Autoren nicht um Mathematiker, sondern um Wirtschaftswissenschaftler handelt. Nun muss es nicht grundsätzlich schlecht, sondern kann sogar förderlich sein, wenn ein Gebiet aus Sicht der Anwender vorgestellt wird, doch in diesem Fall lässt diese Sichtweise den Leser an einigen Stellen leider etwas unbefriedigt zurück.

Die rationale Sicht der Dinge in der Entscheidungstheorie wird auch ausführlich und lesbar in *Rationales Entscheiden* von Eisenführ, Langer und Weber dargestellt [27]. Ein kleines, solides Buch ist *Entscheidungs- und Spieltheorie: Eine anwendungsbezogene Einführung* von Anke Albert und Wolfgang Ortmanns [1]. Wer sich einen knappen Überblick über das Thema verschaffen will, ist hier gut bedient; das Buch ist gut strukturiert und übersichtlich. Wer allerdings mehr in die Tiefe gehen möchte, sollte es unbedingt durch andere ergänzen.

Will man sich als Einsteiger, was ja durchaus legitim ist, zunächst einmal auf populärwissenschaftliche Publikationen beschränken, so gibt es hier drei Bücher, die erwähnenswert sind. Da ist zunächst *Spieltheorie für Einsteiger* von Avinash K. Dixit und Barry J. Nalebuff [22] zu nennen, ein sehr lesenswertes Buch, das auf wirklich interessante Weise, sehr alltagsorientiert, die Konzepte der Spieltheorie vorstellt. Es kommen so gut wie keine Formeln oder Rechnungen vor; die mathematischen Ideen aber werden hervorragend vermittelt. Den Autoren geht es hier offensichtlich darum, ihrer Leserschaft Instrumente zur Analyse strategischen Verhaltens in die Hand zu geben, und zwar vor einem Praxishintergrund. Es ist lediglich zu beachten, dass viele der Beispiele, obgleich an sich zeitlos, doch in ihrer Formulierung auf die Erlebniswelt und die Sprache der Vereinigten Staaten gegen Ende der 1990er Jahre zugeschnitten sind.

Ein weiteres Buch, das die Spieltheorie auf unkonventionelle Weise behandelt, ist *Die Logik der Unvernunft* von László Mérő [53]. Hier wird, ebenfalls auf sehr amüsante und kurzweilige Weise, in die Welt der Spieltheorie eingeführt, aber auch andere Aspekte spielen eine Rolle, so etwa die Quantenphysik oder der Zusammenhang zwischen Logik und Psychologie im menschlichen Verhalten, Dinge, mit denen wir uns auch im dritten Kapitel beschäftigen werden.

Im Gegensatz zu diesen beiden Büchern ist das Buch *Spieltheorie* von Christian Rieck ein Buch, das die Geister scheidet [60]. Es ist populärwissenschaftlich, aber in einem anderen Sinn, verspricht einen Zugang ohne Mathematik, weil ein solcher gerade für viele Anwender aus der Betriebswirtschaft oft sehr schwierig sei. Hier werden vor allem Leserinnen und Leser angesprochen, die sich für die „konzeptionelle Seite der Spieltheorie" interessieren. Das Buch ist an vielen Stellen nachvollziehbar, bleibt aber deutlich mehr an der Oberfläche als die beiden anderen.

2.7 Anregungen zum Weiterdenken

1. Das Teilungsproblem aus Beispiel 1 kann eingehender analysiert werden. Gehen Sie zunächst allgemein davon aus, dass das Spiel beim Stand von $2:1$ für A abgebrochen wird und erhöhen Sie die Anzahl n der Gewinnsätze. Vermuten Sie, was passieren wird, und bestätigen Sie Ihr Ergebnis rechnerisch. Versuchen Sie auch für weitere Verallgemeinerungen, etwa Abbruch beim Stand $a:b$ oder Betrachtung einer Variante für drei Spieler, Formeln zu entwickeln.
2. Eine Variante der NIM-Spiele kommt im Film „L'année dernière à Marienbad" des Regisseurs Alain Resnais aus dem Jahr 1961 vor. Sechzehn Zündhölzer sind folgendermaßen in vier Reihen angeordnet:

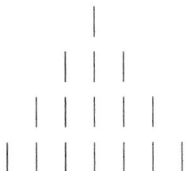

Zwei Spieler entfernen abwechselnd Zündhölzer aus einer der Reihen, wobei bei jedem Zug nur Zündhölzer *aus einer einzigen Reihe* entfernt werden, und zwar beliebig viele, aber mindestens eines. Wer das letzte Zündholz entfernen muss, verliert. Untersuchen Sie dieses Spiel auf Gewinn- und Verlustpositionen und geben Sie eine Gewinnstrategie an.

3. Die Klasse der NIM-Spiele ist komplett gelöst. Versuchen Sie, so viele NIM-Varianten wie möglich systematisch zu behandeln (etwa Beispiel 11).
4. Beim Spiel *Tic-Tac-Toe* markieren zwei Spieler (× und ○) abwechselnd je ein Feld in einem (3 × 3)-Quadrat. Es siegt, wer eine Reihe mit seinem Symbol (waagerecht, senkrecht oder diagonal) abschließen kann. Ein möglicher Verlauf ist:

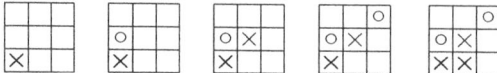

Hierbei wird der Startspieler × gewinnen, weil ○ nicht aufgepasst hat. Ein Verlauf, der in einem Unentschieden endet, ist dieser:

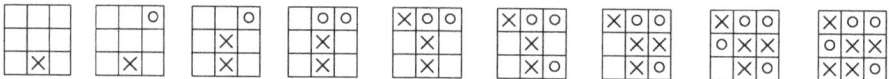

Analysieren Sie die Gewinnstrategien und weisen Sie nach, dass das Spiel „gelöst" ist. *Hinweis:* Es endet stets im Remis, wenn beide Spieler aufpassen.
5. Beim *Grundy-Spiel* für zwei Spieler (benannt nach dem britischen Statistiker Patrick Michael Grundy, 1917–1959) geht es darum, einen Block der Länge n nach und nach abwechselnd zu zerteilen. Dabei darf ein Block nur in *zwei verschieden große Stücke* zerteilt werden. Ein Spielverlauf für $n = 7$ sieht beispielsweise so aus:

Finden Sie für die Startlängen $n = 1, \ldots, 10$ heraus, ob der erste oder der zweite Spieler gewinnt.
6. Beim Ein- und Ausräumen der Spülmaschine kommt es häufig zu zwischenmenschlichen Schwierigkeiten. Zwei Personen, die sich einen Haushalt teilen, müssen einen Modus finden, dies zu erledigen. Sie können sich dafür entscheiden, tatkräftig mitzuhelfen oder nichts zu tun. Es messe S den Nutzen, der durch sauberes Geschirr entsteht, und A den Arbeitsaufwand, den das Ein- und Ausräumen der Spülmaschine bedeutet. Erstellen Sie auf dieser Grundlage die Auszahlungsmatrix un untersuchen Sie das Spiel in Abhängigkeit der Werte S und A auf Nash-Gleichgewichte in reinen und gemischten Strategien. Welche der bekannten Spiele ergeben sich jeweils?
7. Bei einem Zwei-Personen-Spiel besteht eine Runde darin, dass beide Spieler hundert Münzen gleichzeitig auf zehn Gläser verteilen und so jeder einen Vektor mit zehn Ein-

trägen erhalten:
$$(a_1, a_2, \ldots, a_{10}) \quad \text{bzw.} \quad (b_1, b_2, \ldots, b_{10}).$$

Die einander entsprechenden Gläser „treten gegeneinander an" in dem Sinn, dass die größere Anzahl von Münzen gewinnt. Gilt also etwa $a_1 > b_1$, so entspricht dies einem Siegpunkt für A. Unentschieden kann auch ein Ergebnis sein. Insgesamt gewinnt der Spieler mit der höchsten Zahl von Siegpunkten. Beispielsweise wird die vielleicht naheliegende Strategie $(10, \ldots, 10)$ von $(11, \ldots 11, 1)$ klarerweise mit $9:1$ geschlagen. Auch für diese Strategie gibt es aber eine stärkere, nämlich beispielsweise $(15, 15, 15, 15, 15, 15, 4, 3, 2, 1)$. Analysieren Sie dieses Spiel.

8. Das folgende Spiel können Sie in der Vorlesung durchführen, wobei die Gruppe nicht zu klein sein sollte. Jede/r Studierende muss die Entscheidung treffen, *eine* oder *zwei* Mengeneinheiten eines bestimmten Gutes zu produzieren. Entscheiden sich k Studierende für die Produktion zweier Mengeneinheiten, so erhält jeder von ihnen einen Gewinn von $20 + k$ Geldeinheiten. Wer sich dagegen für die Produktion einer Mengeneinheit entschieden hat, erhält jeweils $10 + k$ Geldeinheiten Gewinn. Spielen Sie dieses Szenario ggf. mehrfach durch. Was sind Ihre Erkenntnisse?

9. Bei einem Zwei-Personen-Spiel entscheiden sich die beiden Spieler unabhängig voneinander und gleichzeitig für eine der Zahlen 1, 2 oder 3. Wer die kleinere Zahl nennt, erhält den Zahlenwert in Geldeinheiten als Gewinn, während der andere nichts bekommt. Bei gleicher Nennung erhält keiner von beiden etwas. Untersuchen Sie das Spiel auf Nash-Gleichgewichte in reinen und gemischten Strategien.

10. Folgende Aufgabe ist dem lesenswerten Buch *Spieltheorie für Einsteiger* [22] entnommen: Bei einem Tennismatch sei aus der Auszahlungsmatrix

		Sie zielen auf	
		Vorhand	Rückhand
Ihr Gegner erwartet	Vorhand	90%	20%
	Rückhand	30%	60%

abzulesen, mit welcher Wahrscheinlichkeit Ihr Gegner Ihren Aufschlag erfolgreich retourniert. Welche gemischte Strategie sollten Sie/sollte Ihr Gegner verfolgen?

11. Zwei Unternehmen A und B können zur Produktion eines öffentlichen Gutes beitragen. In diesem Fall entstehen ihnen Kosten in Höhe von K_A bzw. K_B (mit $0 < K_A < 10$ und $0 < K_B < 10$). Wenn mindestens eines der Unternehmen beiträgt, profitieren beide davon, und zwar durch einen Umsatz in Höhe von 10 GE; der entstehende Gewinn wird bei dem/bei den beitragenden Unternehmen natürlich um die entsprechenden Kosten vermindert. Bestimmen Sie in dieser Situation die Nash-Gleichgewichte in reinen und gemischten Strategien. Welches bekannte „klassische" Spiel verbirgt sich hinter dieser Verkleidung?

12. Für einen Markt mit drei Anbietern A, B und C gelten die hier aufgeführten ökonomischen Funktionen:

Anbieter	Absatz-Preis-Funktion	Kostenfunktion
A	$x_A(p_A, p_B, p_C) = 100 - 4p_A + p_B + p_C$	$K_A(x_A) = 3x_A$
B	$x_B(p_A, p_B, p_C) = 120 + p_A - 4p_B + p_C$	$K_B(x_B) = 5x_B$
C	$x_B(p_A, p_B, p_C) = 140 + p_A + p_B - 4p_C$	$K_C(x_C) = 4x_C$

Bestimmen Sie unter diesen Umständen das Nash-Gleichgewicht und das paretooptimale Gleichgewicht.

2.8 Anmerkungen zu Kapitel 2

[1] Häufig wird Blaise Pascal als „Begründer der Wahrscheinlichkeitsrechnung" bezeichnet, was so nicht korrekt ist. Sicher hat Pascal erhebliche Beiträge zu der Entwicklung der Theorie geliefert, aber die wesentlichen Ideen wurden im Austausch mit anderen entwickelt. Allen voran ist hier sicher Pierre de Fermat zu nennen, mit dem Pascal Mitte des 17. Jahrhunderts einen wichtigen Briefwechsel führte. In diesen Briefen ging es um die systematische Untersuchung altbekannter Probleme, die teilweise mehrere hundert Jahre zurückreichten und für die auch bereits Lösungen oder Lösungsansätze existierten, so etwa auch von Cardano und Tartaglia, deren Namen heute eher mit der Theorie der algebraischen Gleichungen verbunden sind. Pascal hat also die Wahrscheinlichkeitsrechnung nicht „begründet", sondern vielmehr Ordnung in das bestehende Chaos gebracht. Auch der Anwalt Pierre de Fermat, mit dem sich Pascal so intensiv austauschte, verfügte über eine großartige mathematische Intuition, wenn er auch kaum Beweise seiner Behauptungen lieferte. Für alle Zeiten wird sein Name wohl mit der berühmten Fermatschen Vermutung verbunden bleiben, für das er nach eigener Behauptung lediglich aus Platzgründen keine Lösung lieferte. (*Hanc marginis exiguitas non caperet.*) Nach Fermats Aussage gab es außer den „offensichtlichen" (die beiden Lösungen mit 0 und 1) keine ganzen Zahlen x, y, z, die die Gleichung $x^n + y^n = z^n$ erfüllten, sofern der ganzzahlige Exponent n größer als zwei ist. Erst 1994 konnte der Beweis hierfür von Andrew Wiles und Richard Taylor erbracht werden, hätte allerdings kaum auf den Rand einer Seite gepasst.

[2] Der komplette Briefwechsel ist nachzulesen in *Oeuvres de Fermat*, erstmals herausgegeben von Paul Tannery und Charles Henry, Paris 1894.

[3] Die Formulierung ist vorsichtig gewählt, denn das Thema „richtig oder falsch" verdient einen sensibleren Umgang als den, der üblicherweise in Deutschlands Bildungseinrichtungen gepflegt wird. Im Rahmen strenger Wahrscheinlichkeitstheorie könnte man sagen (und das würden die meisten Lehrer an Schulen wohl auch tun), dass das Ergebnis falsch ist, zaubert eine Formel aus dem Hut, rechnet nach und beweist so die Falschheit des Ergebnisses. Das ist aber kaum befriedigend, weder für den Schüler noch für den Lehrer. Im Rahmen einer vernünftigen Entscheidungstheorie sollten Formulierung, Umfeld und Lösung von Problemen gut zusammenspielen.

[4] Die Graphentheorie ist eine verhältnismäßig alte Disziplin, an deren Anfang ein wenig praktisches Problem stand. An Leonhard Euler wurde im Jahre 1737 die Frage herangetragen, ob es über die damaligen sieben Königsberger Brücken einen Weg gebe, der genau einmal über jede Brücke führt. Euler gelang eine Lösung, aber er erkannte zusätzlich die Tiefe und Struktur des Problems und entwickelte daraus die wesentlichen Anfänge der Graphentheorie und der Topologie. Als Einstieg in dieses auch für die Betriebswirtschaft sehr interessante Gebiet empfiehlt sich das Buch von R. Diestel [21].

[5] Ein Argument hierfür lässt sich aus unserer heutigen Sicht schnell finden. Der vierfache Wurf mit einem fairen Würfel kann, sofern man hier nur die Ergebnisse „Sechs" und „keine Sechs", also

{6} und {1, 2, 3, 4, 5}, unterscheidet, ähnlich wie die Teilungsprobleme durch einen einigermaßen übersichtlichen Baum dargestellt werden:

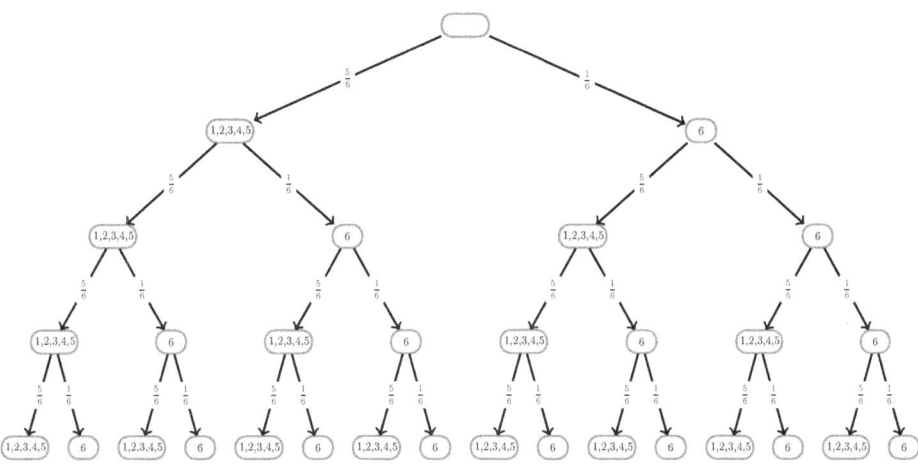

Nur ein einziger Pfad, nämlich der ganz links, entspricht dem Ereignis, in vier Würfen *keine Sechs* zu werfen. Nach den Pfadregeln berechnet sich die Wahrscheinlichkeit für dieses Ereignis dann durch

$$P(\text{keine Sechs in vier Würfen}) = \left(\frac{5}{6}\right)^4 \approx 0{,}482253 \,, \qquad (2.34)$$

so dass also mit einer mehr als 50 %-igen Chance auf das Würfeln mindestens einer Sechs gesetzt werden kann. Beim 24-fachen Wurf mit zwei Würfeln tritt eine Doppel-Sechs mit der Wahrscheinlichkeit $\frac{1}{36}$ auf, und man kann in Analogie berechnen:

$$P(\text{keine Doppel-Sechs in 24 Würfen}) = \left(\frac{35}{36}\right)^4 \approx 0{,}508596 \,. \qquad (2.35)$$

Damit wird das empirische Ergebnis des Chevalier Antoine Gombaud bestätigt; hier sollte auf das Ergebnis mindestens einer Doppel-Sechs nicht gesetzt werden. Gombauds Problem ist ein zutiefst menschliches und für uns nachvollziehbares. Der Mensch nämlich neigt zum linearen Denken, zur Vereinfachung, und das leider auch dann, wenn es sich um einen nicht-linearen Kontext handelt, so wie hier.

[6] Die Kolmogorov-Axiome heben den praktisch motivierten Begriff des Ergebnisraums auf eine andere Ebene, er wird zum *Wahrscheinlichkeitsraum*. Der Ausgangspunkt aller Wahrscheinlichkeitstheorie und damit auch die Motivation der Kolmogorov-Axiome ist die Betrachtung von *Zufallsexperimenten*. Ein solches Zufallsexperiment muss einigen wichtigen Bedingungen genügen: Es muss – unter konstanten Rahmenbedingungen – beliebig oft (theoretisch unendlich oft) wiederholbar sein, und der Ausgang des Experiments muss unvorhersehbar sein. Die einzelnen möglichen Ausgänge müssen deutlich voneinander unterscheidbar sein und sich gegenseitig ausschließen. Man nennt sie die *Ergebnisse* des Zufallsexperiments und fasst sie im *Ergebnisraum* Ω zusammen. Das Zufallsexperiment *Einfacher Münzwurf*, bei dem eine ungefälschte Münze einmal geworfen wird, hat beispielsweise den Ergebnisraum

$$\Omega_{\text{Münzwurf}} = \{\text{Kopf}, \text{Zahl}\}$$

und für das Zufallsexperiment *Einfacher Würfelwurf* gilt

$$\Omega_{\text{Würfelwurf}} = \{1, 2, 3, 4, 5, 6\} \,.$$

Dieser Ergebnisraum erfährt nun durch die Kolmogorov-Axiome eine Formalisierung und steht Pate für den Begriff des *Wahrscheinlichkeitsraums*. Einem solchen Wahrscheinlichkeitsraum liegt wiederum eine Menge Ω zu Grunde, deren Teilmengen als *Ereignisse* interpretiert werden. Dazu kommt eine Funktion P, die jedem Ereignis A in Ω eine reelle Zahl $P(A)$ zuordnet. Diese Zahl nennt man die *Wahrscheinlichkeit von A*, und sie muss die folgenden drei Eigenschaften erfüllen:

1. Jedes Ereignis A hat eine nicht-negative Wahrscheinlichkeit: $P(A) \geq 0$.
2. Die Wahrscheinlichkeit des sicheren Ereignisses ist eins: $P(\Omega) = 1$.
3. Wahrscheinlichkeiten von unvereinbaren Ereignissen addieren sich:

$$P(A \cup B) = P(A) + P(B) , \quad \text{falls } A \cap B = \emptyset . \tag{2.36}$$

Mit Hilfe dieser Kolmogorov-Axiome sind die Wahrscheinlichkeiten *aller Ereignisse* berechenbar, wenn nur die Elementarwahrscheinlichkeiten bekannt sind. Die Axiome stellen die „Seele" der Zufallsexperimente dar, also das, was übrig bleibt, wenn man diese ihres Inhalts beraubt. Sie sind also das, worauf es eigentlich ankommt und was die Experimente eigentlich ausmacht. Alle bekannten Beispiele aus dem Alltag erfüllen diese Axiome. Beim einfachen Münzwurf gilt etwa

$$P(\text{Kopf}) = P(\text{Zahl}) = \frac{1}{2}$$

und beim einfachen Würfelwurf

$$P(1) = P(2) = \ldots = P(6) = \frac{1}{6} .$$

Über diese Elementarwahrscheinlichkeiten hinaus können nun wie gesagt auch beliebigen Ereignissen Wahrscheinlichkeiten zugeordnet werden. Beim einfachen Würfelwurf beträgt etwa die Wahrscheinlichkeit, mindestens eine Fünf zu werfen,

$$P(\text{mindestens eine Fünf}) = P(5) + P(6) = \frac{1}{6} + \frac{1}{6} = \frac{1}{3} . \tag{2.37}$$

Auch komplexere Experimente können betrachtet und analysiert werden, so etwa der *zweifache Münzwurf*, bei dem der Ergebnisraum

$$\Omega = \{(K,K), (K,Z), (Z,K), (Z,Z)\}$$

aus geordneten Vektoren besteht. Hier gilt beispielsweise

$$P(\text{mindestens einmal Zahl}) = P(\{(K,Z), (Z,K), (Z,Z)\}) = \frac{3}{4} .$$

Häufig wird auch mit Hilfe des *Gegenereignisses* argumentiert. Für ein beliebiges Ereignis A ist $\Omega \backslash A$ das Gegenereignis, und die Wahrscheinlichkeiten von A und $\Omega \backslash A$ addieren sich wegen der Axiome zu 1 auf, was bedeutet, dass

$$P(\Omega \backslash A) = 1 - P(A) . \tag{2.38}$$

Mit Hilfe dieser einfachen, aber fundamentalen Beziehung wurde bereits das Problem des Chevalier gelöst: Die Wahrscheinlichkeit, beim vierfachen Münzwurf *mindestens eine Sechs* zu werfen, erhält man über das Gegenereignis, nämlich keine Sechs zu werfen, aus (2.35) und (2.38):

$$P(\text{mindestens eine Doppel-Sechs in 24 Würfen}) \approx 1 - 0{,}508596 = 0{,}491404 . \tag{2.39}$$

2.8 Anmerkungen zu Kapitel 2

[7] Es sind über John von Neumann einige Anekdoten im Umlauf. Die berühmteste ist wohl seine Lösung des Rätsels, welche Strecke ein Hund zurücklegt, der auf dem Heimweg mit doppelter Geschwindigkeit wie sein Herrchen zwischen diesem und dem Haus hin- und herrennt. Davon, dass man – bei Zeitgleichheit – allein aus der doppelten Geschwindigkeit eben auf die doppelte Strecke schließen kann, ließ von Neumann sich nicht beirren und wählte stattdessen einen deutlich komplizierteren Weg über die Berechnung einer unendlichen Reihe, was bei ihm aber ebenso schnell ging.

[8] Die deutsche Übersetzung von *The Theory of Games and Economic Behavior* hat M. Leppig übernommen. Sie erschien im Jahre 1961 unter dem Titel *Spieltheorie und wirtschaftliches Verhalten*

[9] So der Wortlaut der offiziellen Pressemitteilung vom 11. Oktober 1994; zu deutsch etwa: *für ihre bahnbrechende Untersuchung von Gleichgewichten in nicht-kooperativer Spieltheorie.*

[10] Formale Definitionen gibt es viele. Am häufigsten wird ein Spiel formal durch ein Tripel $\Gamma = (N, s, u)$ definiert, wobei $N = \{1, 2, \ldots, n\}$ die Menge der Spieler, S den Strategieraum (also die Menge aller möglichen Strategiekombinationen $(s_1, s_2, \ldots, s_n)$ aus den Einzelstrategien der Spieler) und $u = (u_1, u_2, \ldots, u_n)$ den Vektor der Nutzen- oder Auszahlungsfunktionen bezeichnet (vgl. etwa [42]).

[11] Die Wahrscheinlichkeit dafür, dass dies bei der ersten Runde geschieht, beträgt übrigens ein Drittel. Wenn wir nämlich alle neun möglichen Ausgänge als gleichwahrscheinlich annehmen, so beträgt die Wahrscheinlichkeit jedes Einzelergebnisses ein Neuntel, und die Wahrscheinlichkeit für ein Unentschieden drei Neuntel, also ein Drittel. Dass mehrere Unentschieden aufeinander folgen, wird mit der Zeit immer unwahrscheinlicher, so beträgt etwa die Wahrscheinlichkeit für nur drei Unentschieden hintereinander

$$\left(\frac{1}{3}\right)^3 \approx 3{,}704\,\%$$

und die Wahrscheinlichkeit für zehn Unentschieden hintereinander sogar nur noch

$$\left(\frac{1}{3}\right)^{10} \approx 0{,}0017\,\% \, .$$

[12] Darunter versteht man einen Würfel, dessen Seiten alle mit der gleichen Wahrscheinlichkeit geworfen werden, also einen „fairen Würfel". Allgemeiner spricht man von einem *Laplace-Experiment*, wenn alle Einzelergebnisse eines Zufallsexperiments die gleiche Wahrscheinlichkeit haben. Der Begriff geht auf den Mathematiker Pierre-Simon Laplace zurück.

[13] Geht man zu mehr Spielern über, etwa schon zu nur dreien, so geht dieser Aspekt gänzlich verloren, ja wird durch andere, ebenfalls interessante Aspekte abgelöst, wie etwa die Bildung von Koalitionen. Damit beschäftigt sich das zweite Kapitel.

[14] Der Begriff des *Sattelpunktes* kommt in mehreren Bereichen der Mathematik vor. So wird er etwa für Punkte auf Flächen benutzt, die in einer (eindimensionalen) Richtung ein lokales Maximum und in einer anderen Richtung ein lokales Minimum darstellen. Diese Deutung ist bei einem Zwei-Personen-Nullsummenspiel allerdings nur näherungsweise zu verstehen und erschließt sich erst richtig, wenn es sich um stetige Strategieräume handelt, wo man es tatsächlich mit Flächen zu tun bekommen kann. Eine geometrische Deutung dieses Prinzips, die auch den Namen *Sattelpunkt* rechtfertigt, hat László Merő 1998 in seinem Buch gegeben [53]. Dort bewegt sich eine Schnecke, die in sich zwei Schneckenpersönlichkeiten vereinigt, auf einem Sattel entlang. Das erste Ich steuert die Bewegung in Längsrichtung und will die Schnecke auf den tiefsten Punkt bringen; das zweite Ich ist für die Querbewegung verantwortlich und steuert den höchsten Punkt an. Kommt die Schnecke mitten auf dem Sattel an, so kehrt Ruhe und Stabilität ein: das „Längs-Ich" kann nicht mehr tiefer und das „Quer-Ich" kann nicht mehr höher gelangen. Ein solcher Punkt entspricht einem Feld in einer Auszahlungsmatrix, bei dem gleichzeitig Minimum der Spaltenmaxima und Maximum der Zeilenminima erreicht sind.

[15] Szenarien mit anderen Rankings sind hier durchaus denkbar, je nach dem wie stark der Wunsch der beiden ist, den Abend miteinander zu verbringen. So könnte etwa Alice doch einen Theaterabend allein einem Stadionbesuch mit Bob vorziehen, falls ihr Fußball sehr zuwider ist. Auch die Symmetrie zwischen männlicher und weiblicher Sicht ließe sich aufheben, wenn etwa weitere Klischees berücksichtigt werden. Alice könnte beispielsweise die Zweisamkeit und Bob der Fußball wichtiger sein.

[16] In gewisser Weise war auch die politische Lage, die zum Ausbruch des ersten Weltkriegs führte, eine Gefangenendilemma-Situation. In aller Kürze: Nach der Ermordung des österreichisch-ungarischen Thronfolgers Erzherzog Franz Ferdinand im Juni 1914 durch einen serbischen Untergrundkämpfer marschierte Österreich in Serbien ein, woraufhin Russland, auf der Seite Serbiens, seine Armee mobilisierte. Nun stellte sich für das deutsche Reich die Frage, ob Russland wirklich Krieg führen will oder etwa nur droht und eigentlich Verhandlungen wünscht. Das Dilemma ist also: Soll Deutschland selber mobilisieren oder nicht? Auch wenn drohende Verluste des Krieges, vor allem Menschenleben, nicht quantitativ gemessen werden können, ist die Situation klar. Der Ausgang des Dilemmas hängt in solchen Situationen natürlich extrem von den moralischen Werten der politischen Entscheidungsträger ab.

[17] Diskrete Mengen bestehen, eng am Wortursprung aus dem Lateinischen (*discernere*: trennen, unterscheiden), aus „voneinander klar trennbaren" Objekten. Dazu gehören natürlich alle endlichen Mengen, aber auch unendliche. Die Menge der ganzen Zahlen etwa, unendlich groß, ist doch diskret, weil jedes ihrer Elemente auf dem Strahl der reellen Zahlen von einem kleinen Intervall umschlossen werden kann, das die anderen Intervalle nicht schneidet. Auch der Begriff „stetig" wird hier nicht im eigentlichen mathematischen Sinn verwendet. Stetig können nur Funktionen (oder allgemeiner Abbildungen) sein, und auch wenn die formal korrekte Definition des Stetigkeitsbegriffs wiederum etwas mit unendlichen Mengen zu tun hat, sind doch Unendlichkeit und Stetigkeit zwei nicht miteinander vergleichbare Konzepte der Mathematik. Stetige Strategieräume jedoch meinen in der Spieltheorie meist einfach unendliche.

[18] Augustin Cournot war ein französischer Mathematiker, der im 19. Jahrhundert wesentliche Beiträge zur noch jungen Wirtschaftstheorie lieferte. Vor allem durch sein Modell des *Cournot-Oligopols* [14] wurde er bekannt, dessen Duopol-Version hier in aller Kürze vorgestellt werden soll. Cournot schlägt bei zwei Anbietern den Marktpreis

$$p(x_i, x_j) = a - b(x_i + x_j)$$

vor, wobei x_i und x_j die Angebotsmengen der beiden Anbieter und a und b gewisse Parameter sind. Für die Gewinnfunktionen der Anbieter ergibt sich dann

$$G_i(x_i, x_j) = px_i - cx_i \quad \text{und} \quad G_j(x_i, x_j) = px_j - cx_j,$$

wobei c die für beide identischen variablen Stückkosten sind. Maximiert man diese, so erhält man das Gleichungssystem

$$x_i = \frac{a - bx_j - c}{2b} \quad \text{und} \quad x_j = \frac{a - bx_i - c}{2b}$$

mit der Lösung

$$x_i = x_j = \frac{a - c}{3b}.$$

Im Gleichgewicht bieten also beide Anbieter die gleiche, sogenannte „Cournot-Menge" an, und zwar zum Marktpreis von

$$p = \frac{a + 2c}{3}.$$

2.8 Anmerkungen zu Kapitel 2

[19] Wenn ein Wahrscheinlichkeitsraum im Kolmogorov-Sinn gegeben ist, dann versteht man unter einer *Zufallsvariablen* eine Variable X, die den Ausgängen eines auf (Ω, P) durchgeführten Zufallsexperiments (in der Regel reelle) Werte zuordnet. Der einfache Würfelwurf etwa macht dies per se, denn die Ausgänge sind reelle Zahlen. Aber auch beim zweimaligen Würfelwurf lässt sich beispielsweise durch die Augensumme eine Zufallsvariable definieren. Auch der Münzwurf lässt so etwas zu, indem man beispielsweise das Ergebnis „Kopf" mit 1 und das Ergebnis „Zahl" mit 0 bewertet. Der *Erwartungswert* einer Zufallsvariablen X ergibt sich dann durch Aufsummieren der mit ihrer Auftrittswahrscheinlichkeit gewichteten möglichen Werte von X:

$$E(X) = \sum_{\text{Werte } x \text{ von } X} P(X = x) \cdot x \, . \tag{2.40}$$

So gilt etwa beim einfachen Würfelwurf für die Zufallsvariable $X = $ *Augenzahl*:

$$E(X) = \sum_{k=1}^{6} P(X = k) \cdot k = \sum_{k=1}^{6} \frac{1}{6} \cdot k = \frac{1+2+3+4+5+6}{6} = 3,5 \, . \tag{2.41}$$

Der Erwartungswert muss also selbst kein Element des Ergebnisraums sein. Beim einfachen Würfelwurf „erwartet" man, eine 3,5 zu werfen, in einem statistischen Sinn. Beim Zufallsexperiment *Zweifacher Würfelwurf* können wir die Zufallsvariable $S = $ *Augensumme* betrachten. Für den Erwartungswert von S ergibt sich $E(S) = 7$, was man nach Formel (2.40) durch Aufsummierung über alle 36 Einzelergebnisse berechnen kann. Hierbei sollte man sich beim Abzählen das Leben erleichtern, indem man Vielfachheiten berücksichtigt; so gilt ja $S = 5$ für die Würfe (1/4), (2/3), (3/2) und (4/1). Noch eleganter ist es, sich die wichtige Linearitätseigenschaft des Erwartungswertes

$$E(X + Y) = E(X) + E(Y) \tag{2.42}$$

für zwei Zufallsvariablen X und Y zu Nutzen zu machen und so aus (2.41) einfach durch Verdoppelung des Wertes auf $E(S) = 7$ schließen. So ist dann der oben erwähnte statistische Sinn wiederum auch realistisch, denn wir interpretieren den Wert 3,5 dahingehend, dass wir bei zehn Würfen die Augensumme 35, bei hundert Würfen die Augensumme 350 usw. erwarten, denn nach (2.42) ist ja der Erwartungswert des hundertfachen Würfelwurfs gleich dem Hundertfachen des Erwartungswertes des einfachen Würfelwurfs. Dies hat, sehr vereinfacht gesprochen, mit dem *Gesetz der großen Zahlen* zu tun, und wir verweisen hierzu auf gängige Statistikbücher.

Der Erwartungswert einer Zufallsvariablen tritt bei den gemischten Strategien in Form einer „erwarteten Auszahlung" auf und ersetzt dort die Auszahlungen bei den reinen Strategien. Bei den Zwei-Personen-Spielen hat man es mit einer sehr einfachen Verteilung zu tun, denn dort hat der Ergebnisraum Ω nur zwei Elemente. Damit ist in dem Fall eine Wahrscheinlichkeitsverteilung durch einen einzigen Wert p zwischen 0 und 1, der Wahrscheinlichkeit des einen Ergebnisses, gegeben. Die Wahrscheinlichkeit des anderen Ergebnisses beträgt dann $1 - p$. Für Drei-Personen-Spiele hat man entsprechend eine Verteilung der Form $(p/q/1 - p - q)$ zu betrachten.

In dem Zusammenhang bedienen wir uns auch des einfachen Bildes einer sogenannten „p-Münze". Dazu betrachtet man bei einem einfachen Münzwurf die Zufallsvariable X, die das Ergebnis „Kopf" mit 1 und „Zahl" mit 0 bewertet. Falls die Wahrscheinlichkeit für Kopf p (mit $0 < p < 1$) und für Zahl $1 - p$ beträgt, so gilt für den Erwartungswert von X:

$$E(X) = p \cdot 1 + (1 - p) \cdot 0 = p \, . \tag{2.43}$$

Wir sprechen dann von einer „p-Münze". Die 0,5-Münze entspricht einer fairen Münze.

Neben dem Erwartungswert einer Zufallsvariablen gibt es eine weitere wichtige Größe, die *Varianz*. Sie ist ein Maß dafür, wie weit die Werte einer Zufallsvariablen um den Erwartungswert streuen, und sie berechnet sich durch

$$V(X) = E((X - E(X))^2) \,. \tag{2.44}$$

3 Exkurs: Rationale Optimierungsmethoden, kritisch betrachtet

Das Verständnis von Rationalität und rationalen Entscheidungen hat durch die Spieltheorie, wie sie von John von Neumann und Oskar Morgenstern im 20. Jahrhundert entwickelt und angewendet wurde, starke Impulse bekommen. Weitgehend deckt sich dieses Verständnis mit John Kells Ingrams' *Homo Oeconomicus*. Individuelles Verhalten wird demnach durch den bloßen Wunsch einer Gewinn- oder Nutzenmaximierung motiviert und ist daher unter bestimmten Bedingungen prognostizierbar. Durch diese Denkweise der nichtkooperativen Spieltheorie entwickelten sich Konzepte, die auf totaler Rationalität aufbauen. Schnell wurde aber klar, dass die Spieltheorie im Kern nur dann eine realistische Zukunft hat, wenn sie in der Lage ist, Modelle mit realistischeren „Rationalitätsprofilen" zu schaffen. Dass ihr dies gelang, werden wir im vierten Kapitel sehen.

Zunächst jedoch ein Exkurs in die Untiefen mancher heutiger Entscheidungsprozesse. Das Verständnis von Entscheidungen manifestiert sich heute in zahlreichen etablierten Methoden, die sich auf eine *Berechenbarkeit* stützen, auf eine rein quantitative Sicht der Dinge. Aus einem gewissen Blickwinkel heraus ist diese Sicht auch vernünftig. Gefährlich jedoch kann es werden, wenn unter allen Umständen an ihr festgehalten wird und sämtliche anderen, ebenfalls wichtigen Einflussfaktoren außer Acht gelassen werden. Paart sich diese eher sture Einstellung mit einer nicht ausreichenden Beherrschung der zu Grunde liegenden quantitativen Methoden, so kann dies in ungünstigen, ja gefährlichen Situationen resultieren. Und man muss ehrlicherweise sagen, dass genau dies erschreckend häufig der Fall ist.

Wie bei kaum einem anderen Bereich wird dieser ignorante Charakter bei Methoden deutlich, die in der Finanzwelt benutzt werden. Anhand der Portfolio-Optimierung soll beispielhaft gezeigt werden, mit welchen Schwierigkeiten der Mensch bei solchen Entscheidungen zu kämpfen hat. Als rationales Entscheidungsverfahren gehört die Portfolio-Optimierung in gewisser Weise noch zum ersten Kapitel, verlässt aber den Rahmen der Spieltheorie. Da die Finanz- und Wirtschaftskrisen der Vergangenheit gezeigt haben, dass Prognosen und Empfehlungen im Finanzbereich häufig schwierig sind, wird nun mehr und mehr Kritik an den konventionellen Verfahren geübt. Es werden neue Verfahren gefordert, die den erweiterten Ansprüchen gerecht werden müssen, die mittlerweile an die Entscheidungstheorie gestellt werden.

Es ist seit langer Zeit bekannt, dass bei einer Geldanlage, welcher Form auch immer, das eingesetzte Kapital auf verschiedene Anlagen verteilt werden sollte. Man spricht hier von *Diversifikation*. Wie in der Physik gibt es auch in den Kursverläufen der Finanzwelt die Möglichkeit von Interferenzen, so dass große Ausschläge unterschiedlicher Kurven durch Überlagerung „beruhigt" werden können. Das bedeutet in der Konsequenz eine Senkung des Risikos, was durch elementare Rechnung nachweisbar ist. Diese Tatsache macht sich die klassische Portfolio-Optimierung zu Nutzen. Dafür, wie im Einzelfall zu diversifizieren ist, stellt die Statistik Formeln bereit. Stellt man sich auf einen rationalen Standpunkt und will beispielsweise die Rendite maximieren, so kann für beliebig viele gegebene Anlagen berechnet werden, in welchem Verhältnis eine solche Aufteilung geschehen sollte. Dieses Verfahren geht auf Harry M. Markowitz zurück, einen amerikanischen Wirtschaftswissenschaftler, der sich ausgiebig mit dem beschäftigte, was heute Risikoforschung genannt wird. Er griff hierfür interessanterweise auf Ideen von John von Neumann und Oskar Morgenstern zurück, die in den 1950er Jahren natürlich noch sehr modern und noch wenig verbreitet waren. Die *Ideen* waren nicht weit von der Spieltheorie entfernt, wenngleich die *Methoden* auf keiner neuen Mathematik beruhten. Sie bedienten sich im Wesentlichen der damals bereits etwa 300 Jahre alten Differentialrechnung. Markowitz wendete diese Methoden konkret auf Aktienkurse an und entwickelte in den 1950er Jahren so seine zentralen Ideen. In seinem Artikel *Portfolio Selection* schrieb er:

> The process of selecting a portfolio may be divided into two stages. The first stage starts with observation and experience and ends with beliefs about the future performances of available securities. The second stage starts with the relevant beliefs about future performances and ends with the choice of portfolio. This paper is concerned with the second stage.[1]

Nach den zahlreichen Krisen der Vergangenheit lohnt dieser Blick auf Markowitz' Worte. Sein Verfahren ist also nach eigenen Worten für den zweiten Schritt gedacht, die Berechnung des Portfolios. Der erste Schritt aber, die Gewinnung der historischen Daten, auf denen die Berechnungen beruhen, ist der weitaus problematischere. Einer der Hauptkritikpunkte an der Portfolio-Optimierung ist, dass sie die Renditeänderungen als *normalverteilt* annimmt. Diese Annahme macht das Verfahren zwar einerseits einfach und effizient, kann aber heute eigentlich nur schwer gehalten werden. Die Mischung von Aktien, die mit der Methode Markowitz' berechnet werden kann, soll die erwartete Rendite maximieren, und dies möglichst bei gleichzeitig minimalem Risiko. Wie aber misst man das Risiko einer Anlage, einer Mischung von Anlagen? Woher kommen die „historischen Werte"? Das ist ein Problem. Da der grundsätzliche Charakter des Risikos in die Zukunft gerichtet ist, lässt sich hier wenig Verlässliches anfangen, und es leuchtet ein, dass jede Methode unsicher sein muss. Man wird auf historische Werte zurückgreifen müssen – aber über welchen Zeitraum? Man wird die „Schwankungen" der vergangenen Renditen als Maß heranziehen müssen – aber mit welcher Aussagekraft für die Zukunft? Ganz deutlich wird aus Markowitz' Worten, dass seine Methode über die Bewertung historischer Daten und hieraus hergeleiteter Erwartungswerte keine Auskunft gibt.

Nehmen wir an, eine konkrete Aktie A_1 habe in den vergangenen vier Jahren die Renditen 4,1 %, 4,7 %, 4,3 % und 4,9 % ergeben.[2] Wer würde hier ernsthaft eine Prognose wagen, wie sich diese Rendite weiterentwickeln wird? Und doch: Der banalste Ansatz, auf den man kommen mag, ist tatsächlich der, der in der Praxis Verwendung findet. Als Erwartungswert für die zukünftige Renditeänderung von A_1 setzt man das arithmetische Mittel der über einen bestimmten Zeitraum gemessenen Änderungen an. Doch bereits bei dieser vermeintlich einfachen Mittelwertbildung ergeben sich Schwierigkeiten, die sich dann wiederum im eigentlichen Verfahren der Portfolio-Optimierung fortpflanzen und verstärken. Wie häufig wird im alltäglichen Leben von Mittelwerten geredet, ohne dass präzisiert und ohne dass wohl meist auch verstanden wird, was damit gemeint ist. Alfred Schreiber nimmt sich dieses Themas präzise und pointiert an:

> Wieviel Wahrheit liegt in der Angabe eines Durchschnittseinkommens von 3800 €, wenn von zehn befragten Personen eine 20.000 € verdient und die übrigen nur ein Zehntel davon? Oder nehmen wir den vielbeschworenen Durchschnittsbürger. Könnte man ihn etwa mit Schuhen vom arithmetischen Größenmittel aller Schuhgrößen versorgen? – Nicht unumstritten ist die verbreitete Praxis, Zeugnisnoten arithmetisch zu mitteln. Verhalten sich etwa die Noten sehr gut bis ungenügend tatsächlich so wie 1 bis 6 auf dem Zahlenstrahl? Das wird nicht jedem einleuchten.[3]

Was überhaupt ist nun also eine „durchschnittliche Verzinsung", was ein „durchschnittlicher Kurswert"? Betrachten wir ein einfaches Beispiel. Im Abstand von jeweils einem Monat werden etwa die vier Kurswerte 100, 50, 25 und wieder 100 gemessen, wobei die übertrieben starken Schwankungen hier der Verdeutlichung dienen sollen. Wie hoch ist dann der „durchschnittliche Kurswert"? Eine häufig genannte Antwort ist:

$$\frac{100 + 50 + 25 + 100}{4} = 68{,}75\,\text{€}\,. \qquad (3.1)$$

Aber ist dies tatsächlich der „Durchschnitt"? Man kann sofort ein anderes Argument ins Feld führen: Nehmen wir an, zu den vier Zeitpunkten, für die die im Beispiel genannten Kurswerte gelten, wurden jeweils 100 € investiert. Der Investor erhielt damit nacheinander einen Anteil, zwei Anteile, vier Anteile und wieder einen Anteil. Das bedeutet, dass er für insgesamt 400 € acht Anteile erworben hat. Niemand wird von der Hand weisen können, dass hier demnach „durchschnittlich" 50 € pro Anteil bezahlt wurden. Schlimmer noch; man kann den Standpunkt erneut wechseln und sich fragen, was der Investor erhielte, falls er sich zum Verkauf der acht Anteile entschiede. Nun, dies wären „durchschnittlich" 100 € pro Anteil. Was also ist nun der Durchschnittswert – 68,75 €, 50 € oder 100 €?

Dieser *Cost-Average-Effekt*, der allen Ernstes so genannt und sehr häufig zu Werbezwecken missbraucht wird, hat nichts mit einer besonders raffinierten Strategie zu tun, sondern nutzt einzig die Unsicherheit im Umgang mit dem richtigen Mittelwert. Bei den 68,75 € handelt es sich um das *arithmetische Mittel* der nominellen Kurswerte, das für Überlegungen im Umfeld Kauf/Verkauf ungeeignet ist. Statt dessen ist hier das *harmonische Mittel*

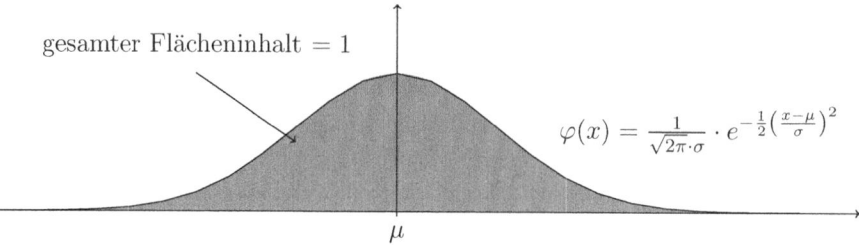

Abb. 3.1 Der Graph der Dichtefunktion $\varphi(x)$ schließt mit der x-Achse ein unbegrenztes Flächenstück mit dem Inhalt 1 ein

heranzuziehen, ein wenig bekannter Mittelwert, der mit Hilfe der Kehrwerte der betrachteten Zahlen gebildet wird.[4] In unserem Fall ist

$$\frac{4}{\frac{1}{100} + \frac{1}{50} + \frac{1}{25} + \frac{1}{100}} = 50 \qquad (3.2)$$

das harmonische Mittel der vier Zahlen 100, 50, 25 und 100. Korrekt ist also folgende Aussage: Man bezahlt in der Ankaufphase harmonisch-durchschnittlich 50 € pro Stück und erhält beim Verkauf arithmetisch-durchschnittlich 100 €. Der Vergleich mit dem arithmetischen Mittel der *Kurswerte* (also den 68,75 € im obigen Zahlenbeispiel) ist irreführend bis täuschend.

Hier liegt also, was das grundsätzliche Verständnis angeht, einiges im Argen, und bei der Anwendung der Portfolio-Optimierung kommen weitere Probleme hinzu. Ausgangspunkt sind zwei oder mehr Wertpapiere, deren *erwartete Renditen und erwartete Risiken* bekannt sind, wobei nun klar ist, dass genau dies der kritischste Punkt bei der Sache ist. Nicht das Verfahren selbst ist zweifelhaft, sondern vielmehr die Frage, wie man denn überhaupt auf die „bekannten Ausgangswerte" kommt, auf die die Methode angewendet wird. Für den Schluss auf die Werte der Mischung stehen dann Formeln bereit; aber worauf sind diese anzuwenden? Nehmen wir nun also an, es seien „viele Beobachtungen" gemacht worden; alte Kursverläufe wurden betrachtet und analysiert, und über eine Mittelwertbildung der Änderungen wurde ein zukünftiger Erwartungswert berechnet. Das Standardmaß für das Risiko ist dann die Schwankung der Daten um diesen Erwartungswert, also die *Varianz*.

In der Prognosepraxis geht man nun davon aus, dass die Änderungen von Aktienkursen auch in Zukunft mit den auf historischen Werten basierenden Werten für Erwartungswert und Varianz *normalverteilt* sein werden. Die Normalverteilung ist eine der wichtigsten Verteilungen aus der statistischen Praxis. Sie gehört zu den sogenannten stetigen Wahrscheinlichkeitsverteilungen, die immer dann benutzt werden, wenn eine Zufallsvariable X beliebige reelle Werte annehmen kann. In diesem Fall nämlich kann man den unendlich vielen Einzelergebnissen von X keinen vernünftigen Wahrscheinlichkeitswert mehr zuordnen, sondern kann nur noch Wahrscheinlichkeiten dafür angeben, dass der Wert von X in ein bestimmtes Intervall fällt. Diese Wahrscheinlichkeiten werden dann mit Hilfe

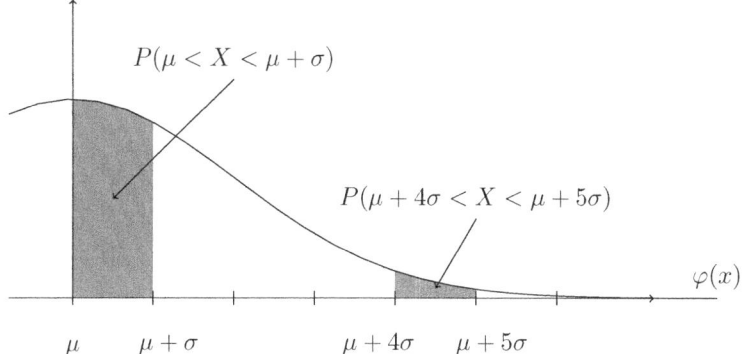

Abb. 3.2 Flächen als Wahrscheinlichkeiten: Dass der Wert einer normalverteilten Zufallsvariable in ein „weit" vom Erwartungswert μ entferntes Intervall fällt (hier zwischen vier und fünf Standardabweichungen entfernt), ist deutlich unwahrscheinlicher, als dass er beispielsweise innerhalb einer Standardabweichung von μ entfernt liegt

sogenannter *Dichtefunktionen* berechnet. Ist die Zufallsvariable X normalverteilt mit Erwartungswert μ und Standardabweichung σ, dann ist die zugehörige Dichtefunktion

$$\varphi(x) = \frac{1}{\sqrt{2\pi \cdot \sigma}} \cdot e^{-\frac{1}{2}\left(\frac{x-\mu}{\sigma}\right)^2} . \tag{3.3}$$

Ihr Graph ist in Abb. 3.1 zu sehen. Wie man sieht, ist dieser achsensymmetrisch zur senkrechten Achse durch μ, und die Standardabweichung σ ist ein Maß dafür, wie schnell sich der Graph an die waagerechte Achse schmiegt. Sie schließt außerdem mit der waagerechten Achse eine unbegrenzte Fläche mit dem endlichem Inhalt 1 ein und kann daher zum Messen von Wahrscheinlichkeiten herangezogen werden. Die Wahrscheinlichkeit nämlich, dass der Wert einer mit μ und σ normalverteilten Zufallsvariablen X in ein bestimmtes Intervall fällt, entspricht dann der Fläche unter dem Graphen von $\varphi(x)$ über diesem Intervall. In Abb. 3.2 wird dies anhand eines Ausschnitts des Graphen der Dichtefunktion (3.3) verdeutlicht. Hier sieht man auch, wie schnell bei normalverteilten Zufallsvariablen die Wahrscheinlichkeit für „Ausreißer" abnimmt.

So können dann mögliche zukünftige Verläufe von Kursreihen simuliert werden, die in der Regel keine großen und unerwarteten Sprünge aufweisen. Der Grund hierfür ist am Graphen der Dichtefunktion der Normalverteilung ablesbar, die sich ja relativ schnell an die waagerechte Achse „anschmiegt": Ereignisse, die „weit entfernt" vom Erwartungswert liegen, haben eine sehr, sehr kleine Wahrscheinlichkeit, treten also praktisch nicht auf. Auf Kursverläufe übertragen bedeutet dies: Sehr sprunghaftes Verhalten, plötzliche Abstürze etwa, kommen so gut wie niemals vor – ein großer Irrtum, wie allgemein bekannt ist. Unter der Normalverteilungsannahme können dann mit Hilfe eines Computers mögliche zukünftige Verläufe von Kursreihen simuliert werden. In Abb. 3.3 sind drei mögliche Verläufe einer Kursreihe mit bekannten Ausgangswerten zu sehen. Sie weisen eine

Kurswert	Rendite
114,79	
116,55	0,0152160
118,17	0,0138039
118,60	0,0036322
119,12	0,0043749
117,04	-0,0176156
112,34	-0,0409858
113,50	0,0102729
115,44	0,0169481
117,34	0,0163248

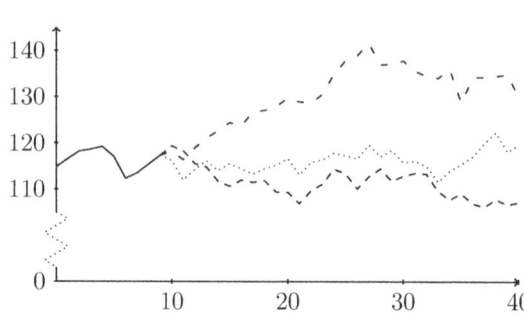

Abb. 3.3 Einige fiktive Kursdaten mit Renditen und drei mögliche Fortsetzungen – allesamt aufgrund der Normalverteilungshypothese möglich

Gemeinsamkeit auf, nämlich das Fehlen großer und unerwarteter Sprünge. Dies liegt an der Beschaffenheit der hier zu Grunde liegenden Dichtefunktion der Normalverteilung, die sich ja sehr bald an die waagerechte Achse „anschmiegt". Dies bedeutet, dass für Ereignisse, die „weit entfernt" vom Erwartungswert liegen, hier eine sehr kleine Wahrscheinlichkeit angenommen wird. Solche Ereignisse treten also praktisch nicht auf – meint man. Doch die Beobachtung von Kursverläufen lehrt einen erfahrungsgemäß etwas Anderes. Sprunghaftes Verhalten, plötzliche Abstürze, die nach der theoretischen Annahme nicht oder äußerst selten vorkommen dürften, geschehen nun einmal. Dies ist eine nicht wegzudiskutierende oder wegzuargumentierende Tatsache. Wie passt das zusammen? Alternative Ansätze können zumindest Teile dieser Phänomene besser erklären, so etwa die fraktale Methode, die auf Benoit Mandelbrot zurückgeht. Darauf kann aber an dieser Stelle leider nicht eingegangen werden; das würde den Rahmen sprengen.[5]

Wie funktioniert nun die Portfolio-Optimierung überhaupt? Es soll für verschiedene Anlagen $A_1, \ldots, A_n$ eine Mischung (ausgedrückt durch Anteile $x_1, \ldots, x_n$) gefunden werden, wobei die erwarteten Renditen $\mu_1, \ldots, \mu_n$ und die erwarteten Varianzen $\sigma_1^2, \ldots, \sigma_n^2$ bekannt bzw. mit allen oben erwähnten Schwierigkeiten prognostizierbar sind. Welche Rendite und Varianz wird eine solche Mischung haben? Dies kann mit Hilfe statistischer Funktionen berechnet werden, und zwar Funktionen in den Variablen $x_1, \ldots, x_n$. So gilt etwa für die erwartete Rendite des Portfolios

$$R(x_1, \ldots, x_n) = \sum_{k=1}^{n} \mu_k \cdot x_k \qquad (3.4)$$

und für die erwartete Varianz

$$V(x_1, \ldots, x_n) = \sum_{k=1}^{n} \sigma_k^2 \cdot x_k^2 \,. \qquad (3.5)$$

Letzteres gilt dabei nur, wenn die einzelnen Anlagen nicht korreliert sind.[6] Berechenbar also sind Rendite und Risiko und dann mittels elementarer Differentialrechnung auch optimierbar, aber die Schwierigkeiten liegen in den Annahmen des Modells. Es wäre längst notwendig, das gesamte Risikomanagement weiterzuentwickeln, auch neue Ansätze zuzulassen, von denen es genug gibt. Neben den erwähnten fraktalen Modellen gibt es durchaus auch spieltheoretisch motivierte Ansätze, die die gängigen rein-stochastischen Zugänge fruchtbar erweitern könnten. Natürlich sind diese in der Anwendungspraxis noch nicht angekommen, aber es wird Zeit dafür. Die Miteinbeziehung des Verhaltens anderer, sei es nun prognostizierbar, unsicher, absehbar, ist im Prinzip für eine vernünftige Ausweitung der Theorie unerlässlich. Der Paradigmenwechsel ist dabei nicht scharf zu verstehen. Eine Ablösung der stochastischen Modelle durch Fraktale oder durch Spieltheorie ist nicht realistisch und auch überhaupt nicht wünschenswert. Aber die Bausteine könnten sich, teilweise durchaus im Sinne eines Homo Oeconomicus, ergänzen und das Risikomanagement effizienter machen. Schließen wollen wir diesen Exkurs mit einem Zitat Reinhard Seltens. Der Nobelpreisträger von 1994 steht seit jeher dem Rationalitätsprinzip kritisch gegenüber, und seine Worte lesen sich wie ein Plädoyer für die Einbeziehung spieltheoretischer Methoden in die Finanzpraxis.

> Nehmen Sie beispielsweise die Arbeit eines Fondsmanagers. Man muss sich doch die Frage stellen, was dessen eigentliches Interesse ist, oder anders gesagt, in welchem Spiel er sich eigentlich befindet. In der traditionellen Theorie war man geneigt anzunehmen, dass der Gewinn des Eigentümers in irgendeiner Weise langfristig maximiert wird. Aber hat ein Fondsmanager überhaupt diese Motivation? Aus meiner Sicht kann er diese Motivation gar nicht haben, seine Motivation ist in erster Linie, seinen Job zu behalten. Deshalb wird er sich mit seinen Investments so aufstellen, dass er bei entsprechenden Vergleichen mit den Ergebnissen anderer Fondsmanager möglichst in der Mitte einer solchen Vergleichsliste auftaucht. Wenn er also zu hohe Risiken eingeht, dann läuft er Gefahr, ans Ende der Liste zu geraten und seinen Job zu verlieren. Dementsprechend wird er dazu neigen, sich möglichst nah an einem Vergleichsindex zu bewegen, an dem sich auch die anderen Fondsmanager der gleichen Kategorie orientieren. Durch die Beschäftigung mit spieltheoretischen Modellen ist die Wirtschaftstheorie sehr viel sensibler für diese Fragestellungen geworden. Man ist eben auf solche Konfliktsituationen in Organisationen aufmerksam geworden und versteht diese heute sehr viel besser.[7]

3.1 Anmerkungen zu Kapitel 3

[1] Markowitz' Arbeit *Portfolio Selection* [50] erschien im Jahre 1952 und bewirkte zum Zeitpunkt ihres Erscheinens tatsächlich eine kleine Revolution. Deutlich später, im Jahre 1990, erhielt Markowitz u. A. dafür den Nobelpreis für Wirtschaftswissenschaften. Viele heute gängige Modelle (etwa das *Capital Asset Pricing Model*) beruhen auf Markowitz' Ideen.

[2] Wir gehen davon aus, dass es sich bei diesen Renditen um *stetige Zinssätze* handelt. Dies rechtfertigt dann auch die spätere Verwendung des arithmetischen Mittels. Wird nämlich mit einem stetigen Zinssatz i verzinst, so gilt für das Kapital K_t zu einem beliebigen Zeitpunkt t

$$K_t = K_0 \cdot e^{i \cdot t},$$

und für zwei gleich lange Phasen mit verschiedenen Zinssätzen i_1 und i_2 gilt

$$K_{2t} = \left(K_0 \cdot e^{i_1 \cdot t}\right) \cdot e^{i_2 \cdot t} = K_0 \cdot e^{(i_1 + i_2) \cdot t} = K_0 \cdot e^{\frac{i_1 + i_2}{2} \cdot 2t} \;.$$

Damit entspricht also der aufeinander folgenden Verzinsung mit i_1 und i_2 eine durchgehende Verzinsung mit dem arithmetischen Mittel der beiden Zinssätze.

[3] Dieses Zitat stammt aus dem Beitrag *Mittelwerte – zwischen Wahrheit und Lüge*, den Alfred Schreiber im Jahr 2003 für die DMV-Mitteilungen 2/2003 schrieb [65].

[4] Das harmonische Mittel wird beispielsweise auch bei Geschwindigkeitsberechnungen benutzt. Durchschnittliche Geschwindigkeiten bei bekannter Zeit, die für die Teilstrecken benötigt wird, funktioniert mit Hilfe des arithmetischen Mittels. Fährt man nämlich eine Stunde mit 50 km/h und eine Stunde mit 100 km/h, so ist die Durchschnittsgeschwindigkeit in der Tat 75 km/h. Wie aber berechnen sich durchschnittliche Geschwindigkeiten, wenn die *Länge der Teilstrecken* bekannt ist? Legt man 50 km mit einer Geschwindigkeit von $v_1 = 50$ km/h und anschließend 50 km mit einer Geschwindigkeit von $v_2 = 100$ km/h zurück, so ergibt sich die Durchschnittsgeschwindigkeit $\bar{v}$ durch das harmonische Mittel von 50 und 100:

$$\bar{v} = \frac{2}{\frac{1}{50} + \frac{1}{100}} = \frac{200}{3} \approx 66{,}67 \;.$$

Die unterschiedlichen Sichtweisen bei der Geschwindigkeitsberechnung entsprechen exakt dem *Cost-Average-Effekt* bei den Wertpapieren.

[5] Die konventionellen Finanzmodelle beruhen auf der Annahme, dass die Änderungen der Renditen normalverteilt sind. Das vereinfacht die Modelle enorm, ist aber für die heutigen globalisierten Finanzmärkte nicht oder nicht immer ausreichend. Die Normalverteilungsannahme führt nur dann zu stabilen Ergebnissen, wenn die Schwankungen der Kurswerte nicht allzu groß sind. Eine Alternative bietet hier beispielsweise die Methode der fraktalen Geometrie, die extreme Ausreißerwerte stärker berücksichtigt [49].

[6] Falls die Anlagen korreliert sind und die Korrelation zwischen den Anlagen i und j mit σ_{ij} bezeichnet wird, so gilt für die Varianz des Portfolios

$$V(x_1, \ldots, x_n) = \sum_{k,l=1}^{n} \sigma_{k,l} \cdot x_k x_l \;. \tag{3.6}$$

[7] Reinhard Selten ist noch heute sehr aktiv. So unterstützt er als wissenschaftlicher Koordinator die Arbeit am *BonnEconLab*, am Laboratorium für experimentelle Wirtschaftsforschung in Bonn. In dieser Funktion gab er im September 2010 der *Institutional Money* (Ausgabe 3/2010) ein Interview, aus dem dieses Zitat stammt.

Realität und Kooperation: Entscheidungen in der Praxis

4

Viele Entscheidungskonzepte sind von Rationalität geprägt, und der Geist der Spieltheorie, wie sie in ihren Anfängen betrieben wurde, steckt auch heute noch in vielen Methoden. Doch wenn Menschen aufeinander treffen, spielen immer auch andere Aspekte eine Rolle. Wie umsetzbar sind die theoretischen Konzepte in einem praktischen Umfeld? Welche Situationen lassen sich *realistisch* mit den im ersten Kapitel besprochenen Methoden modellieren, und wo muss man nachjustieren, modifizieren, abändern? Weitere Fragen ergeben sich, wenn viele Personen in Entscheidungsprozesse eingebunden werden müssen. Der einzelne Beteiligte kann dann seine Position, seine Meinung vielleicht nicht klar genug von der der anderen trennen. Er muss anders denken, abwägen und entscheiden, und er muss sich und seine Überlegungen im Umfeld der anderen sehen. Kurz gesagt, er muss kooperieren. Der Begriff der *Kooperation* ist dabei nicht ganz klar umrissen. Er soll hier, wie schon in der Einleitung angedeutet, in Robert Aumanns Sinn verstanden werden, also als *koalitional*, im Gegensatz zur nicht-kooperativen, strategischen Ausrichtung.

Und so beschäftigt sich dieses Kapitel mit bisher nicht oder nur wenig erwähnten Aspekten. Die Richtung, in die wir uns nun bewegen, ist folgende: Ein Konkurrent, ein Gegenspieler wird nicht mehr nur als Lieferant für Auszahlungswerte wahrgenommen („... wenn er Strategie s_1 spielt und ich Strategie s_2 spiele, dann beträgt mein Gewinn ... "), sondern es wird ernsthafte Kooperation in Erwägung gezogen. Dies bietet die Möglichkeit, mit einem oder mehreren Gegnern in Kontakt zu treten und durch womöglich gemeinschaftliche Entscheidungen den Nutzen zu vergrößern.

4.1 Theoretische Strategien in der Praxis

Wenn man sich in der rationalen Spieltheorie für das Verhalten seines Gegners interessiert, dann nur dahingehend, welchen Einfluss dieser auf den eigenen Gewinn nehmen kann. Diesen Charakter tragen viele der „klassischen" Spiele in sich, die wir bisher kennengelernt haben. Nun stellt sich aber die berechtigte Frage, wie es denn in der Praxis aussieht. Es ist eine kritische Betrachtung der bisherigen Ergebnisse, etwa der Gleichgewichtssituationen, durchaus erforderlich. Es muss feiner, differenzierter vorgegangen werden; es müssen andere Aspekte berücksichtigt werden. Die Spieltheorie ist zwar ein Entscheidungswerkzeug, das uns ermöglicht, Situationen klar und deutlich und losgelöst von Verschleierung zu sehen und zu analysieren. Doch reicht dies nicht aus.

4.1.1 Spiele mit unvollständiger Information

Bei den rational motivierten Entscheidungsstrategien der Spieltheorie wurde bisher stets vollständige Information vorausgesetzt: Alle beteiligten Spieler verfügen zu jedem Zeitpunkt über alle relevanten Informationen, also etwa die Auszahlungsmatrix bei Spielen in Normalform oder, bei Spielen in Extensivform, wer zu welchem Zeitpunkt welchen Zug gemacht hat. Eines der Standard-Beispiele für letzteren Fall sind die NIM-Spiele. In der Form, in der etwa Münzen von einem oder mehreren Stapeln entfernt werden, weiß jeder genau über den aktuellen Spielstand Bescheid, also darüber, wie viele Stapel es gibt, wer von welchem Stapel wie viele Münzen entfernt und wie der Gewinnmodus aussieht. Auf unserer Reise durch die Entscheidungstheorie wollen wir uns nach und nach realistischeren Szenarien zuwenden, und so müssen wir uns mit der Situation *unvollständiger Information* beschäftigen. Dazu kehren wir zu den Spielen in Extensivform zurück und bringen sie über den Begriff des *Teilspiels* in Verbindung mit den Spielen in Normalform.

Es gibt Fälle von Entscheidungsprozessen, in denen es mehr als eine stabile Situation gibt, so etwa bei den klassischen Spielen *Chicken Game* oder *Battle of Sexes* in Normalform. Häufig ist es nun so, dass eines oder mehrere der formal korrekt bestimmten Nash-Gleichgewichte für die Praxis irrelevant sind. Das „Aussortieren" solcher irrelevanter Strategiekombinationen gelingt formal mit dem Begriff des *Teilspiels* bei Spielen in Extensivform, der auf Reinhard Selten zurückgeht. Er entwickelte dieses Konzept bereits in den 1960er Jahren, etwa 20 Jahre nach dem Meilenstein der rationalen Theorie von Morgenstern und von Neumann.

Der Verlauf von Spielen in Extensivform kann bekannterweise durch einen Spielbaum dargestellt werden, wie wir dies auch schon einige Male gesehen haben. Ein solcher Spielbaum ist – im Sinne der Graphentheorie – ein gerichteter Baum, hat also von der Wurzel (dem Spielbeginn) ausgehend eine eindeutige Richtung, die der zeitlichen Abfolge der Spielzüge entspricht. Er besteht aus *Ecken* oder *Knoten* und den verbindenden *gerichteten Kanten*. Als *Nachfolger* eines gegebenen Knotens bezeichnen wir die gesamte Knotenmenge, die von diesem gegebenen Knoten aus in der fixierten Richtung durch Entlanglaufen der Kanten erreicht werden kann. In manchen Fällen können Spielbäume sehr umfassend, beinahe unübersichtlich werden, so wie etwa beim Teilungsproblem mit vier Gewinnsätzen (Abb. 2.2).

In Abb. 4.1 ist der Anfang des Spielbaums zu dem bekannten NIM-Spiel aus Beispiel 3 dargestellt. Zu Beginn liegen elf Münzen auf dem Tisch, und bis zu drei Münzen dürfen pro

4.1 Theoretische Strategien in der Praxis

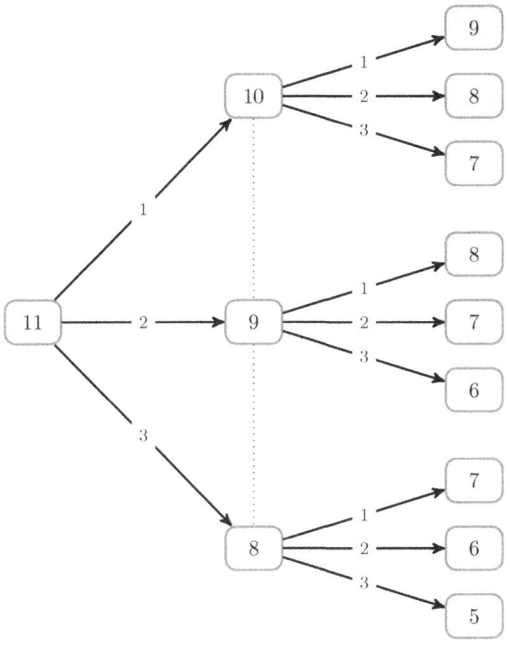

Abb. 4.1 Anfang des Spielbaums zum NIM-Spiel aus Beispiel 3. Wird der erste Zug verdeckt gemacht, bilden die Knoten 8, 9 und 10 einen Informationsbezirk

Zug von jedem Spieler entfernt werden. Die Knoten des Spielbaums stellen die möglichen Spielpositionen dar, ausgehend von der Position 11. Die gerichteten Kanten entsprechen den jeweils möglichen Strategien (1, 2 oder 3 Münzen entfernen). Nun sind Szenarien vorstellbar, in denen ein Spieler zu einem gewissen Zeitpunkt im Spielverlauf nicht mehr exakt weiß und auch nicht mehr rekonstruieren kann, wo genau er sich im Spielbaum befindet. Das wäre etwa bei einer Variante des NIM-Spiels der Fall, bei der die Münzen nicht offen auf dem Tisch liegen, sondern in einer Tasche verborgen sind. Auch wenn die Zahl der zu Beginn vorhandenen Münzen bekannt ist, so kennt Spieler 2 nach einem „verdeckten Zug" von Spieler 1 (also dem Greifen in die Tasche und Entfernen einer unbekannten Anzahl von Münzen) nicht mehr die aktuelle Spielposition. Die Anzahl der noch in der Tasche befindlichen Münzen ist ihm unbekannt. In diesem Beispiel würde das Spiel seinen kombinatorischen Charakter vollständig verlieren und zu einem (fast) reinen Glücksspiel werden.

Häufig kann der Spieler aber, selbst wenn er den genauen Überblick nicht mehr hat, dennoch die mögliche Knotenmenge im Spielbaum eingrenzen. Auf diese Weise „zusammenhängende" Knoten nennt man einen *Informationsbezirk*. So bilden etwa in Abb. 4.1 nach einem ersten (verdeckten) Zug von Spieler 1 die Spielpositionen 8, 9 und 10 einen Informationsbezirk. Mit Hilfe des Begriffs des Informationsbezirks hat Reinhard Selten den

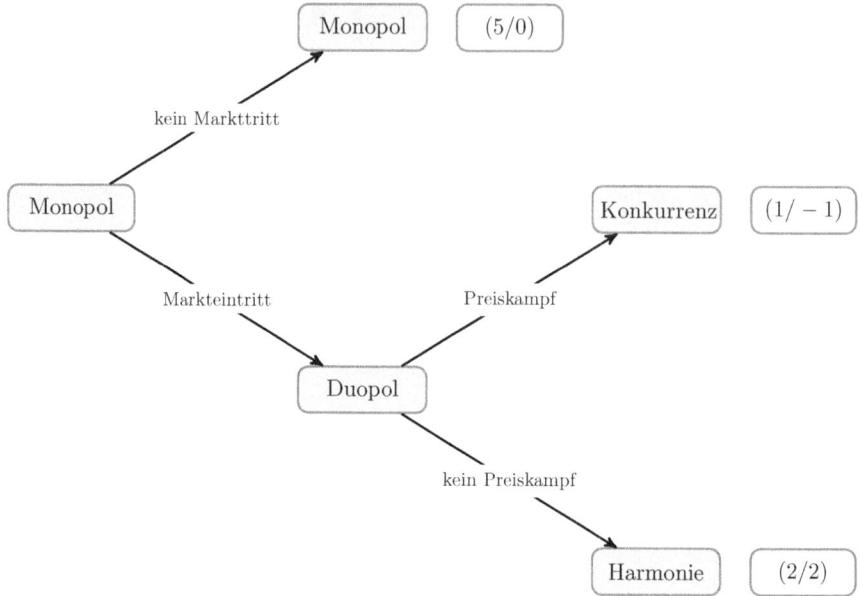

Abb. 4.2 Baum zum Markteintrittsspiel mit Gewinnen in Millionen € in der Form (Monopolist/Konkurrent)

Begriff des *Teilspiels* angeregt. Bei einem Spiel in Extensivform, dessen Spielbaum vorliegt, versteht man darunter ein durch einen Teilbaum definiertes Spiel, das in einem Knoten des Spielbaums beginnt und alle Nachfolger dieses Knotens enthält. Dabei dürfen aber keine nachfolgenden Informationsbezirke voneinander getrennt werden.

Jedes Spiel hat natürlich mindestens ein Teilspiel, nämlich sich selbst. Man spricht in dem Fall auch von dem *trivialen Teilspiel*. Bilden bei einem zweistufigen Spiel in Extensivform die Knoten auf der ersten Stufe (also die Entscheidungsmöglichkeiten für den ersten Spieler) einen Informationsbezirk, so gibt es auch außer dem trivialen Teilspiel kein weiteres. Ein solches müsste ja bei einem der beiden Knoten der ersten Stufe beginnen, würde aber damit den Informationsbezirk trennen. Nur wenn die beiden Knoten auf der ersten Stufe *keinen Informationsbezirk* bilden, gibt es noch zwei weitere Teilspiele, nämlich die beiden von den Knoten der ersten Stufe ausgehenden jeweils einstufigen Spiele. Der Begriff des Teilspiels ist unter anderem deshalb so wichtig, weil er die Gelegenheit bietet, praxisrelevante von praxisirrelevanten Nash-Gleichgewichten zu trennen. Dazu hat Selten den Begriff des *teilspielperfekten Nash-Gleichgewichts* eingeführt. Man versteht darunter ein Nash-Gleichgewicht, das auch in jedem Teilspiel ein Nash-Gleichgewicht ist.

Beim Markteintrittsspiel etwa erhält man durch den Begriff des Teilspiels eine etwas differenzierte Sichtweise. Der Spielbaum des Markteintrittsspiels ist noch einmal in Abb. 4.2 zu sehen, diesmal zusätzlich mit resultierenden Auszahlungen versehen: So macht der Monopolist in einem bestimmten umrissenen Zeitraum etwa einen Gewinn von 5 Millionen €,

4.1 Theoretische Strategien in der Praxis

		Konkurrent	
		Markteintritt	kein Markteintritt
Monopolist	Preiskampf	$(1/-1)$	$(\boxed{5}/\boxed{0})$
	kein Preiskampf	$(\boxed{2}/\boxed{2})$	$(\boxed{5}/0)$

Abb. 4.3 Auszahlungsmatrix des Markteintrittsspiels, falls es in Normalform aufgefasst wird. Hier ergeben sich zwei Nash-Gleichgewichte, von denen eines unsinnig ist, falls das Spiel in Extensivform betrachtet wird

was sich beim Nicht-Eintritt des Konkurrenten natürlich nicht ändert. Tritt der Konkurrent hingegen in den Markt ein, so teilen sich die beiden im Fall eines friedlichen Nebeneinanders den Markt und fahren jeweils einen Gewinn in Höhe von 2 Millionen € ein oder beide müssen bei einem aggressiven Preiskampf des bisherigen Monopolisten erheblich einstecken: der Monopolist eine Reduktion seines Gewinns auf nur noch eine Million, der Konkurrent gar einen Verlust von einer Million.

Untersuchen wir das Spiel nun also auf Teilspiele und auf teilspielperfekte Gleichgewichte. Man stellt fest, dass das abhängig davon ist, ob die beiden Knoten „Duopol" und „Monopol" einen Informationsbezirk bilden oder nicht:

- *1. Fall:* Der Monopolist ist über die Entscheidung des Konkurrenten nicht (oder nicht rechtzeitig) informiert. In diesem Fall bilden die beiden Knoten „Duopol" und „Monopol" einen Informationsbezirk, und das Spiel kann als Spiel in Normalform betrachtet werden. Aus der Auszahlungsmatrix in Abb. 4.3 ergeben sich zwei Nash-Gleichgewichte: die Situation, in der der Konkurrent gar nicht erst eintritt, und die Situation, in der der Monopolist einen Preiskrieg beginnt, *obwohl der Konkurrent gar nicht in den Markt eingetreten ist*. Dies ist, wie man sich überlegt, tatsächlich nur dann eine sinnvolle Situation, wenn das Spiel eben *nicht in Extensivform* betrachtet wird. Es gibt in diesem Fall nur ein einziges Teilspiel, nämlich den trivialen Fall des gesamten Spiels. Somit sind beide Nash-Gleichgewichte teilspielperfekt, also relevant.
- *2. Fall:* Der Monopolist ist über die Entscheidung des Konkurrenten informiert. In diesem Fall bilden die beiden Knoten „Duopol" und „Monopol" *keinen* Informationsbezirk, und somit gibt es ein weiteres Teilspiel, nämlich das, das bei der Ecke „Duopol" beginnt. Das formal berechnete Nash-Gleichgewicht (5/0) ist *kein Nash-Gleichgewicht in diesem Teilspiel*, und damit ist nur das Gleichgewicht (2/2) teilspielperfekt.

Mit dieser vereinfachten Betrachtung wird deutlich, wie man in der Praxis mit formal korrekt berechneten Nash-Gleichgewichten umgeht. Indem man Teilspiele in Betracht zieht, sortiert man diejenigen Konstellationen aus, die für die Praxis irrelevant sind. Analog gehen wir nun bei folgendem Beispiel aus der Finanzwelt vor.

Beispiel 16

Zwei Investoren A und B legen bei einer Bank jeweils einen Geldbetrag in Höhe von 5000 € an, den die Bank wiederum in ein langfristiges Projekt investiert. Wird die Bank durch eine Rückforderung mindestens eines der Investoren zum Abbruch des Projekts gezwungen, so können nur 6000 €, bei regulärem Projektabschluss 12.000 € ausbezahlt werden. Fordern beide Investoren ihr Geld vor Projektabschluss zurück, so erhält jeder 3000 €; fordert nur ein Investor seine Anlage verfrüht zurück, so erhält dieser 5000 € und der andere 1000 €. Falls keiner der Investoren sein Geld verfrüht zurückfordert und das Projekt abgeschlossen werden kann, erhalten beide 6000 €, falls sie nach Projektende ihr Geld zurück wollen. Fordert nur ein Investor sein Geld nach Projektende zurück, so erhält dieser 7000 € und der andere 5000 €. Fordert keiner der Investoren sein Geld nach Projektende zurück, so bezahlt die Bank jedem Investor 6000 €.

Das Spiel kann formal als ein Spiel in Extensivform aufgefasst werden, bei dem beide Investoren A und B bis zu zwei Zügen haben. Sie können sich nämlich jeweils zu zwei verschiedenen Zeitpunkten – einmal vor und einmal nach dem regulären Projektabschluss – entscheiden, ihr Geld zurückzufordern. Der zugehörige Spielbaum mit den entsprechenden Auszahlungen ist in Abb. 4.4 zu sehen. Wir haben nun wiederum zwei Sichtweisen auf die Situation:

- *1. Fall:* Die beiden Investoren sind über die jeweilige Entscheidung des anderen nicht (oder nicht rechtzeitig) informiert. In diesem Fall bilden die beiden Knoten, die die möglichen Entscheidungen des Investors A darstellen, einen Informationsbezirk (in Abb. 4.4 durch eine gestrichelte Linie markiert). Das Spiel kann dann wiederum als Spiel in Normalform betrachtet werden und hat die in Abb. 4.5 gezeigte Auszahlungsmatrix. Hier herrscht ein Nash-Gleichgewicht, falls beide Investoren ihr Geld vorzeitig zurückfordern, aber auch, falls beide ihr Geld nach Projektabschluss zurückfordern. Dies ist nur dann sinnvoll, wenn die Investoren nicht voneinander wissen, man das Spiel also nicht in Extensivform betrachtet. Das einzige Teilspiel ist dann das gesamte Spiel, und beide ermittelten Nash-Gleichgewichte sind teilspielperfekt.
- *2. Fall:* Die beiden Investoren sind über die jeweilige Entscheidung des anderen informiert. In diesem Fall bilden die beiden erwähnten Knoten *keinen* Informationsbezirk, und als echtes Teilspiel gibt es das Spiel, das mit der zweiten Entscheidung des Investors A beginnt und dessen Auszahlungsmatrix in Abb. 4.6 zu sehen ist. Das formal berechnete Nash-Gleichgewicht mit der Auszahlung (3000/3000) kommt hier nicht vor, und so ist nur das Nash-Gleichgewicht mit der Auszahlung (6000/6000), also die Situation der späten Rückforderung durch die beiden Investoren ein teilspielperfektes Gleichgewicht.

4.1 Theoretische Strategien in der Praxis

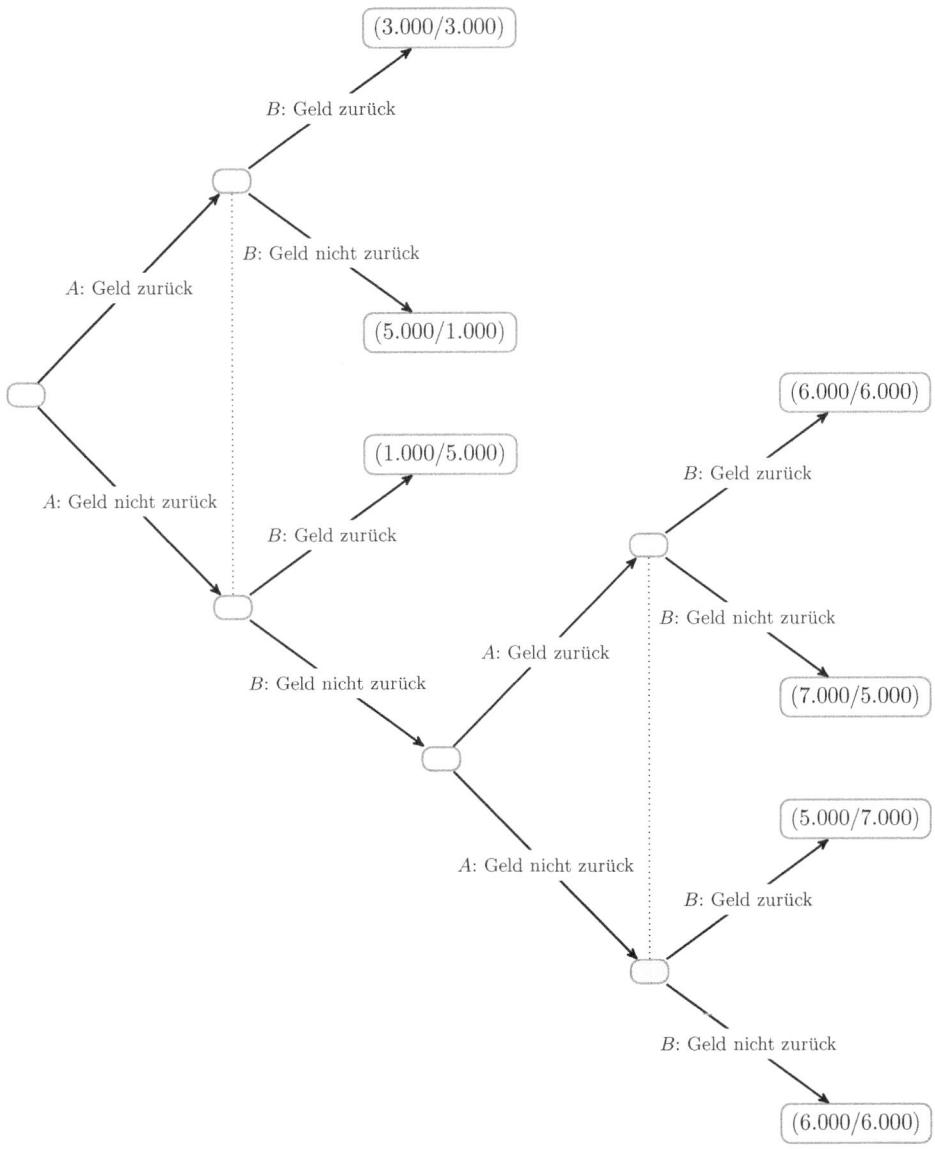

Abb. 4.4 Baum zum Investorenspiel aus Beispiel 16, als Spiel in Extensivform aufgefasst: A „zieht" als erster, dann B, dann erneut A und schließlich noch einmal B. Am Ende der Wege sind die jeweiligen Auszahlungen aufgeführt

		B		
		früh zurück	spät zurück	gar nicht zurück
A	früh zurück	(⬚3.000⬚/⬚3.000⬚)	(5.000/1.000)	(5.000/1.000)
	spät zurück	(1.000/5.000)	(⬚6.000⬚/⬚6.000⬚)	(⬚7.000⬚/5.000)
	gar nicht zurück	(1.000/5.000)	(5.000/⬚7.000⬚)	(6.000/6.000)

Abb. 4.5 Auszahlungsmatrix des Investorenspiels in Normalform. Es ergeben sich zwei Nash-Gleichgewichte, von denen wiederum eines bei Betrachtung in Extensivform keinen Sinn macht

		B	
		spät zurück	gar nicht zurück
A	spät zurück	(6.000/6.000)	(7.000/5.000)
	gar nicht zurück	(5.000/7.000)	(6.000/6.000)

Abb. 4.6 Auszahlungsmatrix des Teilspiels, das beim zweiten Entscheidungsknoten von A beginnt

4.1.2 Wege aus dem Gefangenendilemma

Das Gefangenendilemma wurde bereits analysiert. Unter rational-spieltheoretischen Aspekten ist es ein Zwei-Personen-Spiel, das *nur in reinen Strategien ein Nash-Gleichgewicht* besitzt, und zwar die Strategiekombination *Defektieren/Defektieren*. Stabilität wird nur erreicht durch dauerhaftes und beiderseitiges Betrügen, keine zufriedenstellende Tatsache. Die gemischten Strategien haben für das Gefangenendilemma nichts Neues ergeben, denn die Gleichung (2.32) besitzt keine praxisrelevante Lösung. Damit existiert also keine langfristige, stabile Mischung von Kooperieren und Defektieren.

Nun stellt sich die berechtigte Frage: Warum gibt es dann in der Praxis überhaupt Kooperation? Warum wird in Situationen, die durch das Gefangenendilemma modelliert werden können, nicht tatsächlich ständig nur betrogen? Die rationale Spieltheorie berücksichtigt hier nicht genug Facetten des Themas. Wird das Dilemma nur einmal durchgespielt, so wird man klarerweise betrügen, das steht außer Frage. Allerdings gibt es zahlreiche Situationen, die der mehrfachen Durchführung eines Gefangenendilemmas ähneln. Und diese ziehen sich durch alle Bereiche. Das Ein- und Ausräumen der Spülmaschine etwa, eine alltägliche Situation, die uns in Abschn. 2.7 begegnet ist, nimmt für gewisse Werte von A und S die Struktur des Gefangenendilemmas an. Verhandlungen, die die Situation des Gefangenendilemmas spiegeln, können sich wiederholen. Was ist in diesem Fall, wenn man die Verhandlungspartner vor den Kopf gestoßen hat und erneut auf sie trifft? „Man trifft sich immer zweimal im Leben", das lässt die Problematik des Gefangenendilemmas in einem anderen Licht erscheinen. Gewissermaßen wird das Dilemma erst durch mögliche Wiederholung interessant, und zwar noch interessanter, falls die Anzahl der Wiederholungen, vielleicht auch deren nähere Daten, Koordinaten, Umstände unbekannt sind.

Zutiefst im Menschen verankert sind Disziplinierungsmaßnahmen, und so könnte man sich im Hinblick auf eine „Lösung" des Gefangenendilemmas fragen: Kann das Defektieren effektiv bestraft werden? Beim lediglich einfachen Spiel des Gefangenendilemmas ist Defektieren die einzige, im rationalen Sinn denkbare Lösung. Mit der unabgesprochenen Kooperation begibt man sich in eine viel zu unsichere Situation, aber auch eine Absprache würde nicht unbedingt helfen – eben weil das Dilemma nur einmal durchgespielt wird. Aus welchem Grund sollte denn der Gegner ebenso denken und kooperieren, wo er doch mit der Defektion seine dominante Strategie kennt? Ein womögliches Verhindern von Defektion setzt also ganz klar voraus, dass über mehr als eine Runde gespielt wird. Nur dann kann das Verhalten des Gegenspielers beobachtet, bewertet und in eventuelle zukünftige Entscheidungen mit einbezogen werden.

Betrachtet man den Fall, dass über eine bestimmte *bekannte* Anzahl von Runden gespielt wird, so lässt der dermaßen festgesetzte Rahmen wenig Entscheidungsfreiheit. Wie wird man vorgehen? Beim Blick auf die Auszahlungsmatrix des zweifachen Gefangenendilemmas (Abb. 2.19) ergibt sich, dass auch hier die Strategie des zweimaligen Defektierens das Nash-Gleichgewicht liefert. Ebenso wird dies bei beliebig häufiger Durchführung der Fall sein. Anders könnte der Fall liegen, wenn die genaue Anzahl der Iterationen im Vorfeld gar nicht bekannt ist. Dann nämlich ist man im Prinzip auf unbestimmte Zeit aneinander gebunden und muss die Situation des Gefangenendilemmas eine unbestimmte Anzahl von Runden überstehen. Wissen die Beteiligten nicht, wie oft sie die schwierige Entscheidung über Kooperieren oder Defektieren treffen müssen, ergeben sich verschiedene denkbare Szenarien. Hat man mit einem Gegner zu tun, der nicht kooperiert, auch wenn man sich vielleicht zuvor auf Kooperation geeinigt hat, dann könnte ein Bestrafungsmechanismus eingeführt werden. Wie kann so etwas aussehen? In jedem Fall muss ein solcher Mechanismus im Rahmen der Verhältnismäßigkeit der Mittel angesetzt werden. Die Studierenden, die vor der Prüfung über die Fragen Bescheid wissen (Abschn. 2.3.3), könnten diejenigen Studierenden, die sich nicht an die zuvor getroffene Absprache gehalten und eine bessere Note als die für sie vorgesehene erzielt haben, beim nächsten Mal nicht mit in die Vorabsprachen einbeziehen. So wären sie in der Prüfung auf sich allein gestellt. Dies setzt natürlich voraus, dass der unwahrscheinliche Fall eines erneuten unverhofften Bekanntwerdens von Prüfungsfragen eintritt.

Auch die bloße Androhung von Strafen kann ausreichen, sofern sie glaubhaft ist. Das ist eine der alten Strategien im kriegerischen Umfeld. Schon Golo Mann wusste vor 40 Jahren etwa:

> Kann Krieg überhaupt nicht sein, so gibt es kein Machtspiel. Ist der Krieg eine rasche, schneidende Waffe, so auch das Machtspiel: präzis, virtuos, wirkungsvoll.[1]

Welche Möglichkeiten sind dem Menschen gegeben, um Kooperation zu erreichen? Die zentrale Erkenntnis Golo Manns ist, dass Drohen nur dann sinnvoll und effektiv sein, wenn der Gegenstand der Drohung auch verfügbar ist. Wem die Mittel, mit denen gedroht wird, nicht zur Verfügung stehen, macht sich schnell lächerlich. Diese Erkenntnis ist alt und doch modern. Offene Drohungen in tatsächlichen Kriegssituationen zeigen dies, aber auch das subtilere Drohen mit Aufrüstung, wie es im kalten Krieg üblich war und an einigen Stellen der Welt noch heute üblich ist. Und schließlich bilden viele Situationen unseres modernen Alltags ebenfalls Beispiele hierfür. Das einfache Markteintrittsspiel (Beispiel 12) kann man auch im Hinblick auf Drohungen untersuchen. Hier droht der Monopolist bekannterweise dem Konkurrenten mit einem Preiskrieg, und dieser gibt dann tatsächlich sein Vorhaben auf, indem er durch Anwendung der Strategieregel „vorausschaut und zurückschließt". Dadurch erkennt er nämlich, dass dies für ihn übel ausgehen könnte. Das funktioniert natürlich nur dann, wenn ein Preiskrieg des Monopolisten überhaupt im Rahmen des Möglichen liegt. Er muss vorstellbar sein. Ein stark angeschlagener Monopolist mit eventuell rapide zurückgehenden Umsätzen ist nicht oder nur schwer ernst zu nehmen. Beim mehrfachen Markteintrittsspiel (Abschn. 2.4.2) würde der Unternehmer nach dieser klassischen Strategieregel immer wieder vorausschauen und zurückschließen und so tatsächlich den zwanzigfachen Markteintritt seiner Konkurrenten zulassen – eine sehr unwahrscheinliche Situation.

4.1.3 Wie du mir, so ich dir

Je effektiver ein Bestrafungsmechanismus funktioniert und je größer die Zahl der Durchgänge ist, umso besser wird Defektion bem Gefangenendilemma verhindert werden können. Wir beschäftigen uns nun damit, wie genau man mittel- oder langfristig mit der Situation des Gefangenendilemmas umgehen kann oder sollte, welche Langzeit-Strategien hier die geeigneten sind. Wie können Bestrafungen oder auch Drohungen beim Gefangenendilemma sinnvoll eingesetzt werden? Welche effektive Handlungsvorschrift sollte man befolgen, die bisherige Spielzüge kennt und berücksichtigt und die von der Identität des Gegners wie auch von weiteren äußeren Umständen nicht abhängt? Es gibt etliche solche Langzeit-Strategien, eine der einfachsten ist sicher: *Defektiere immer!* Bekannterweise führt diese Langzeit-Strategie zu der stabilen Situation des Nash-Gleichgewichts, denn sie treibt den Gegner stets ebenfalls in die Defektion. Der eindeutige Nachteil, der für rational denkende Menschen erheblich ist, besteht darin, dass andere Strategiekombinationen einfach mehr Profit bringen. Ein ganz simples materialistisches Argument, das für Kooperation spricht. Doch der nächstliegende Ansatz, nach der Langzeit-Strategie *Kooperiere immer!* vorzugehen, ist aus den hinlänglich bekannten Gründen angreifbar. Offenbar muss man etwas subtiler vorgehen.

Im Jahre 1979 führte der amerikanische Politologe Robert Axelrod an der University of Michigan ein Experiment durch, einen „Wettbewerb der Strategien". Es ging darum, herauszufinden, welche Langzeit-Strategie sich für den Umgang mit dem Gefangenendilemma am besten eignen würde. Bei diesem Wettbewerb traten die Strategien in Form von Computerprogrammen gegeneinander an. Es handelte sich um Programme anerkannter Wissenschaftler, die erfolgreich auf dem Feld der Spieltheorie arbeiteten. Jedes der 14 eingegangenen Programme trat gegen jedes andere an, auch gegen sich selbst, und dies jeweils 200 Mal.[2] Die Palette der Programme reichte von sehr kurzen bis zu durchaus komplexen.[3] Für jeden einzelnen Sieg wurden dann Punkte vergeben. Die Programme mussten die Mindestanforderung erfüllen, mit einem anderen Programm in Dialog zu treten. Auf Kooperieren bzw. Defektieren musste stets auch mit Kooperieren bzw. Defektieren geantwortet werden, wobei das vergangene „Verhalten" des Gegners im Verlauf des Spiels, eventuell auch das Verhalten bei früheren Begegnungen, berücksichtigt werden konnte. Dabei wurden ausdrücklich auch hybride Programme gewünscht, komplexe Programme also, die jederzeit während des Kampfes auch einmal einen Zufallszug erlaubten. Unter den 14 Programmen war auch ein reines Zufallsprogramm, das sich durch einen „virtuellen Münzwurf" für Kooperation oder Defektion entschied.

Um kleinere statistische Effekte zu glätten, wurde das Turnier insgesamt fünfmal durchgeführt. Die Siegerstrategie lieferte Anatol Rapoport, der damals Psychologie und Philosophie an der Universität Toronto lehrte. Das erstaunlich kurze Programm, mit dem er den Sieg errang, nannte er *Tit-For-Tat* (*this for that; wie du mir, so ich dir*), und es lautete folgendermaßen:

Beginne mit Kooperation und imitiere danach immer das Verhalten deines Gegners!

Was ist das Besondere an dieser Strategie? Sie ist in mehrfacher Hinsicht günstig. Zunächst einmal ist sie sehr einfach in ihrer Struktur, ganz im Gegensatz zu manchen der anderen Programme, die äußerst komplex waren. Sie beginnt außerdem freundlich, mit Kooperation. Andererseits reagiert sie schnell auf Defektion des Gegners, wehrt sich also gegen Ausbeutungsversuche. Dann wieder verhält sie sich aber versöhnlich, wenn der Gegner reuig zu Kooperation zurückkehrt. *Tit-For-Tat* kann nicht immer gewinnen, nähert sich aber langfristig den Auszahlungen anderer Strategien an, denn ein potentieller relativer Rückstand aus einer ersten Runde wird immer kleiner. Spielt der Gegner auch nach *Tit-For-Tat*, so wird sogar überhaupt kein Rückstand entstehen. In Mehrpersonenspielen schneidet *Tit-For-Tat* häufig sogar noch besser ab, denn dort macht sich Kooperation häufig bezahlter. Douglas Hofstadter schrieb zu dem überraschenden Ergebnis von Axelrods Turnier:

> Der unwiderlegliche Beweis, dass Egoismus zur Kooperation führen kann, ist jetzt erbracht – und zwar durch ein Computer-Turnier, das Robert Axelrod, Politologe am Institute for Public Policy Studies der Universität von Michigan in Ann Arbor, veranstaltet hat. Axelrod untersuchte zunächst anhand eines Computer-Turniers, auf welche Arten Kooperation entstehen kann. Aus den allgemeinen Tendenzen, die dabei sichtbar wurden, konnte er auf die zugrundeliegenden Prinzipien rückschließen und schließlich Lehrsätze über jene Bedingungen ableiten, unter denen Kooperation aus dem Nichts entsteht.[4]

Es ist einsichtig, dass die Strategie *Tit-For-Tat* langfristig gegen offenkundig schlechte gewinnen kann, denn sie spiegelt gerade deren „schlechte Aspekte". Defektiert der Gegner etwa immer, so wird *Tit-For-Tat* dies auch tun. Ebenso wird ständige Kooperation von *Tit-For-Tat* mit dem gleichen kooperativen Verhalten belohnt. Erstaunlich ist jedoch durchaus, dass *Tit-For-Tat* tatsächlich alle, auch die deutlich komplexeren Strategien schlagen konnte, und davon gab es unter den verschiedenen eingereichten Strategien nicht wenige. Das Ergebnis von Axelrods Wettbewerb war also wirklich beeindruckend. Hier schien in der Tat ein wesentlicher Punkt erkannt worden zu sein, nämlich welche Eigenschaften ein Programm, und damit vielleicht auch ein Mensch, in seinem Verhalten, haben müsste, um die erstrebenswerte Kooperation zu erreichen. Einige Zeit später wurde ein weiterer Wettbewerb der Strategien abgehalten, bei dem wieder die meisten der Teilnehmer der ersten Runde dabei waren, zu dem man darüber hinaus aber auch weitere „Programmiergenies" durch Inserate in entsprechenden Fachzeitschriften angelockt hatte. Würde sich *Tit-For-Tat* noch weiter verbessern lassen? Es wurde, was das bereits stattgefundene Turnier betraf, mit größtmöglicher Transparenz vorgegangen. Axelrod bereitete die Teilnehmenden detailliert vor und versorgte sie mit umfassenden Informationen. Es gab eine überwältigende Resonanz: Wissenschaftler, Computerbesessene verschiedenster Altersklassen und Disziplinen nahmen mit diesmal insgesamt 62 Programmen teil. Das Feld war groß, die Erwartungen ebenso – und doch bestätigte sich tatsächlich erneut die Kraft des Siegers des ersten Wettbewerbs. Rapoport hatte seine Langzeit-Strategie *Tit-For-Tat* unverändert ins Rennen geschickt. Erstaunlicherweise war niemand sonst auf die Idee gekommen, obwohl die Regeln ausdrücklich besagten, jeder dürfe mit jeder Strategie antreten. John Maynard Smith, Biologieprofessor an der Universität von Sussex, kreierte bei diesem Turnier die ebenfalls sehr erfolgreiche Strategie *Tit-For-Two-Tat*, bei der erst nach zweimaligem Defektieren des Gegners ebenfalls defektiert wird.

Das wohl Erstaunlichste bei dieser ganzen Geschichte ist, dass es der Strategie *Tit-For-Tat* gelang, sich in einem völlig anderen Umfeld, mit zahlreichen neuen, deutlich ausgeklügelteren Strategien nicht nur zurechtzufinden und zu behaupten, sondern wiederum zu siegen. Der Sieg im ersten Turnier stellte natürlich keinerlei Garantie für einen erneuten Erfolg dar. Der Gewinnerstrategie war es offensichtlich möglich, mit einer Vielzahl von Strategien zurechtzukommen. Robert Axelrod selbst sagte:

> Was sich abgespielt hat, war offenbar eine interessante Interaktion zwischen zwei Gruppen von Leuten, die verschiedene Lehren aus dem Ergebnis der ersten Runde gezogen hatten. Die einen beherzigten den Grundsatz *Seid nett und versöhnlich*. Die zweiten dagegen spekulierten: *Wenn die anderen allzu nett und versöhnlich werden, lohnt sich der Versuch, das auszunutzen.* Die Leute, die Grundsatz 1 befolgten, hatten in der zweiten Runde unter denen zu leiden, die sich an Grundsatz 2 hielten.[5]

Es scheint demnach, als habe „die Mehrzahl der Teilnehmer des zweiten Turniers die wichtigste Lektion aus der ersten Runde nicht begriffen: Noch immer erkannten sie nicht, wie sehr es auf die Bereitschaft ankommt, Kooperation anzubieten und zu erwidern", so Hofstadter.[6] Wendet man die *Tit-For-Tat*-Strategie auf das normierte Gefangenendilemma an, so wird der beschriebene Effekt messbar. Bei den sieben Runden des Gefangenendilemmas, die in der Tabelle in Abb. 4.7 beschrieben sind, spielt *A Tit-For-Tat*, und *B* defektiert in den Durchgängen 2 und 5. Die Gesamtauszahlung beträgt am Ende für beide Spieler

$$3 + 2k + 2d.$$

4.1 Theoretische Strategien in der Praxis

Runde	Strategie		Auszahlung		Bemerkung
	A	B	A	B	
1	K	K	1	1	beide kooperieren
2	K	D	k	d	B defektiert
3	D	K	d	k	A bestraft durch Defektieren
4	K	K	1	1	beide kooperieren wieder
5	K	D	k	d	B defektiert erneut
6	D	K	d	k	A bestraft erneut
7	K	K	1	1	beide kooperieren wieder

Abb. 4.7 Gefangenendilemma in sieben Runden, wobei A *Tit-For-Tat* spielt und B in den Durchgängen 2 und 5 defektiert. Für beide Spieler ergibt sich ein Gesamtgewinn von $3 + 2k + 2d$

Runde	Strategie		Auszahlung		Bemerkung
	A	B	A	B	
1	K	K	1	1	beide kooperieren
2	K	K	1	1	beide kooperieren, A denkt aber, dass B defektiert
3	D	K	d	k	A reagiert auf das vermeintliche Defektieren von B

Abb. 4.8 Missverständnis: A denkt in Runde 2, dass B defektiert

Das kann weniger sein als eine Auszahlung von 7, die beiden bei ständiger Kooperation sicher gewesen wäre. Ausschlaggebend ist hier das Verhältnis von k und d. Die bloßen Bedingungen $k < 0$ und $d > 1$ sagen noch nichts über die Summe $k + d$ aus. So könnte nämlich d sehr groß sein und die Summe damit immer noch größer als 7. Ein großer Wert für d bedeutet, dass sich das Defektieren „sehr lohnt". Bei kleinem Wert für d kann durch die auf das Defektieren folgende „Bestrafung" die von B angestrebte Steigerung zu einer tatsächlichen Reduktion der Auszahlungen werden. Dadurch, dass Spieler A gemäß *Tit-For-Tat* spielt, nimmt er seinem Gegner B den Anreiz zur Defektion.

Die *Tit-For-Tat*-Strategie ist jedoch nicht der Weisheit letzter Schluss. Sie hat nicht nur Vorteile und ist tatsächlich noch verbesserungsfähig. Im menschlichen alltäglichen Miteinander sind beispielsweise Missverständnisse nichts Außergewöhnliches. Bei der *Tit-For-Tat*-Strategie kommt es nun aber gerade darauf an, das Verhalten des Gegners genauestens zu erkennen und entsprechend darauf zu reagieren. Was, wenn etwa vorschnell bestraft wird, was gar kein Defektieren war; was, wenn Defektieren nicht erkannt und daher auch nicht geahndet wird? In der Tabelle in Abb. 4.8 etwa glaubt A, dass B defektiert, woraufhin *A* (irrtümlich) in der dritten Runde entsprechend reagiert. Falls sich hier beide Spieler vorgenommen haben, gemäß *Tit-For-Tat* vorzugehen, was ohne Betrug zu ständiger Kooperation führen würde, so ergibt sich ein Problem: *B* steht plötzlich mit einer Einbuße da, obwohl er sich an die Absprache gehalten und kooperiert hat. Nun kann man dies weiterspinnen: Wird *A* noch einmal irrtümlich Defektion von *B* sehen, wo keine ist? Wird *B* seinerseits die fälschliche Bestrafung durch *A* merken und, falls ja, seinerseits darauf reagieren? Schnell wird klar, dass die Anwendung von *Tit-For-Tat* (wie die Anwendung jeder Strategie) ein Umfeld voraussetzt, in dem Handlungen klar erkannt werden.

Eine der wenigen Alternativen, die etwas robuster bei Missverständnissen sind, sind die *Win-Stay-Lose-Shift*-Strategien. Sie funktionieren ebenfalls nach einem sehr einfachen Prinzip:

Wiederhole die Strategie der letzten Runde, falls sie erfolgreich war, ansonsten wechsle!

Solche Strategien sind sehr klar und bilden in vielen Fällen tatsächlich eine Konkurrenz zu *Tit-For-Tat*, bei allen Vorzügen dieser Strategie, die in den Wettbewerben Axelrods offenbar geworden sind. Strategien nach dem Prinzip *Win-Stay-Lose-Shift* sind *evolutionär stabil*. Auf diesen Aspekt werden wir im letzten Kapitel zurückkommen. Eine recht bekannte Strategie, die dem *Win-Stay-Lose-Shift*-Prinzip folgt, ist die *Pavlov*-Strategie. Sie kooperiert, falls in der Runde zuvor beide Spieler in ihrer Strategiewahl übereinstimmen, ansonsten defektiert sie. Sie kann mit einer Kooperation, also „freundlich", oder mit einer Defektion, also „unfreundlich", beginnen. Spielt der Gegner beispielsweise *Tit-For-Tat*, so gelangt man mit der freundlichen *Pavlov*-Variante in dauerhafte Kooperation, ohne ihren Vorteil, nämlich die Ausnutzung freundlicher Strategien, zu nutzen. Die unfreundliche *Pavlov*-Variante hingegen scheint etwas realistischer zu sein. Sie versucht sofort, eine etwaige Kooperation des Gegners auszunutzen, und sie fährt solange damit fort, bis die andere Seite kooperiert – eine harte Verhandlungstaktik. Der Name geht übrigens tatsächlich auf das berühmte Experiment der behavioristischen Psychologie zurück, bei dem, vereinfacht gesprochen, Kooperation auch nur durch Belohnung und Bestrafung erreicht wird.

Auch im Sport findet man *Win-Stay-Lose-Shift*-Strategien. Bei manchen Spielen ist man etwa besonders auf das Zuspiel angewiesen. Man kann dann die Anzahl der Pässe, die dort angekommen sind, wohin sie gezielt haben, in die zukünftigen Zuspiel-Entscheidungen mit einbeziehen. *Win-Stay-Lose-Shift*-Strategien spielen dabei den Pass vorzugsweise zu einem erfolgreichen Spieler und meiden Spieler, denen ein Fehler unterlaufen ist. Werden viele vorangehende Zuspiele berücksichtigt, wird die Situation schnell komplex. Inwiefern sollten frühere Trefferquoten mit berücksichtigt werden, und wenn ja, wie viele? Diese Fragestellung, aus einem ganz anderen Zusammenhang kommen, ist nebenbei bemerkt die gleiche wie bei der Portfolio-Optimierung. Man sich im Hinblick auf die Quoten natürlich auch ordentlich verschätzen und dies kann zu Fehlentscheidungen führen. Diese sogenannten *Hot-Hand-Phänomene* sind vielfach beobachtet worden: Man glaubt, vereinfacht gesagt, daran, dass Spieler nach einer Trefferserie eher als nach einer Fehlpass-Serie erfolgreich sein werden.

Es lässt sich nicht abschließend entscheiden, welche der beiden Strategien – *Tit-For-Tat* oder *Win-Stay-Lose-Shift* – nun die „bessere" ist, welche geeigneter für den Umgang mit der grundsätzlichen Problematik des Gefangenendilemmas. Ein Vorteil von *Win-Stay-Lose-Shift* besteht in der Ausnutzung freundlicher Strategien. Ist dies aber andererseits tatsächlich ein Vorteil? Hier stellen sich schnell ethische Fragen: Kann die Ausnutzung von Schwachen und Schwächen moralisch gerechtfertigt werden, und falls ja, bis zu welchem Grad?

4.2 Kooperation und Gruppenentscheidungen

Wie werden Entscheidungen in großen Gruppen getroffen? Sind mehrere Personen an einer Entscheidung beteiligt, so kann das problematisch, aber auch vorteilhaft sein. Während bei den einfachen Zwei-Personen-Spielen des zweiten Kapitels jeder der beiden Beteiligten für sich stand und allein verantwortlich für seine Entscheidungen war, gibt es nun Aspekte, die über persönliche Gewinnmaximierung hinausreichen. Treffen mehr als zwei Personen in einem Entscheidungsprozess aufeinander, so stellt sich etwa die Frage nach Kooperation. Welche Konzepte sind dabei möglich? Bilden sich Koalitionen heraus, gibt es Einzelkämpfer? Das bietet mehr Realitätsbezug, mehr Möglichkeiten. Im Ansatz wurde solches Verhalten bereits untersucht, und zwar interessanterweise beim Paradebeispiel des nicht-kooperativen Spiels, des Gefangenendilemmas. Bei nur zwei Beteiligten stellt sich schon hier die Frage, inwiefern die kooperative Situation erreicht werden kann, wo doch das unkooperative Nash-Gleichgewicht so viel sicherer scheint und so viel stabiler ist. Kooperative Situationen können kollabieren, weil es hier starke Anreize dafür gibt, von diesem Verhalten abzuweichen.

4.2.1 Koalitionen

Bei Entscheidungen mit mehreren Beteiligten können zwei oder mehrere Beteiligte *Koalitionen* eingehen. Sie können im Rahmen solcher Koalitionen ihre Entscheidungen abstimmen und diskutieren. Solche Prozesse zu systematisieren und zu analysieren, kooperative Gleichgewichte zu finden, das ist unter Anderem Gegenstand der kooperativen Spieltheorie. Wichtige Fragen drängen sich auf: Wie ernst nehmen die Teilnehmer Absprachen und Bindungen, wie bindend sind für sie die eingegangenen Koalitionen, wie glaubwürdig die getroffenen Vereinbarungen? Bei kooperativ-koalitionären Entscheidungen steht auch die Kommunikation im Vordergrund. Absprachen zwischen den Parteien sind möglich, wenn nicht gar gewünscht oder notwendig. Eine Vorgehensweise in der Praxis besteht darin, nach der Auswahl der Strategien deren Durchführung oder zumindest deren Beaufsichtigung einem Dritten zu überlassen, der bei Abweichungen ggf. Sanktionen oder Strafen verhängt.

Der Koalitionsgedanke schlägt, wenn man so will, eine Brücke vom rein rationalen zum kooperativ-praktischen Standpunkt, denn eine Koalition dient durchaus dem Zweck, den einzelnen Spielern einen höheren Gewinn zu ermöglichen, als jeder für sich allein erzielen würde. Hierzu sind innerhalb der Koalition Absprachen über die individuellen Aktionen der Spieler erforderlich, die natürlich möglichst bindend sein sollten. Dabei kann es auch passieren, dass, als Folge der Koalitionsbildung, ein Spieler so agiert, dass sein Verhalten *für die gesamte Koalition* optimal ist, auch wenn es vielleicht der individuellen rationalen Strategiewahl widerspricht.

Sind in einem Entscheidungsprozess, beispielsweise auch in einem Spiel, n Personen beteiligt, dann versteht man unter einer *Koalition* eine beliebige nicht leere Teilmenge der Spielermenge. Eine Menge mit n Elementen hat allgemein $2^n - 1$ nichtleere Teilmengen; dies also ist die Zahl der möglichen Koalitionen. Streng genommen fallen auch Einzelkämpfer in Form von Einerkoalitionen unter diesen Begriff, was wiederum bedeutet, dass die gesamte kooperative Spieltheorie eine Verallgemeinerung der nicht-kooperativen Spieltheorie ist. Sie schließt diese nämlich, von einem sehr formalen Standpunkt aus, mit ein. Die Anzahl aller möglichen Koalitionen schraubt sich schnell in schwindelnde Höhen und wird zu einem unüberschaubaren Problem; sie wächst exponentiell mit der Zahl der Mitspieler. Beim Ministerrat der Europäischen Union, den wir später in einem Beispiel betrachten werden, gibt es für die 27 Mitgliedsstaaten demnach 2^{27}, also mehr als 134 Millionen mögliche Koalitionsbildungen. Von den vielen Möglichkeiten, über Koalitionsbildung nachzudenken, sei hier zunächst eine herausgegriffen, und zwar die des *Koalitionswertes*.

Ist K eine Koalition aus der Menge der n Beteiligten, so bezeichne $m_K(s)$ den minimalen Gesamtgewinn, den K bei der Entscheidung für die Strategiekombination s erzielen kann. Der *Koalitionswert* $v(K)$ ergibt sich dann, indem man $m_K(s)$ über alle Strategien s maximiert. Zu Grunde liegt also auch hier, wie schon bei den Sattelpunkten und Nash-Gleichgewichten, ein *Mini-Max-Prinzip*: Nimmt man für jede Strategiekombination s den schlechtesten Fall an, dann ist $v(K)$ *unter den schlechten Gewinnen der beste*. Man kann $v(K)$ deuten als denjenigen Wert, der der Koalition K sicher ist, auch wenn sich alle anderen, nicht zu K gehörenden Spieler, maximal schlecht für K verhalten.

Tabelle 4.1 zeigt die Auszahlungen bei einem Drei-Personen-Spiel. Für jeden der drei Spieler stehen dabei je zwei Strategien (hier schlicht 0 und 1 genannt) zur Verfügung, so dass sich insgesamt acht mögliche Strategiekombinationen ergeben. Spielen beispielsweise alle drei Spieler die Strategie 0, so wird dies mit 1 für Spieler 1, mit 0 für Spieler 2 und mit 2 für Spieler 3 bewertet. Wie sieht es hier mit eventuellen Koalitionen aus? Betrachten wir beispielhaft die Koalition $K = \{1, 2\}$. Spielen beide Spieler der Koalition die Strategie 0, so hängt ihre gemeinsame Auszahlung von der Strategiewahl des Spielers 3 ab. Spielt dieser nämlich die Strategie 0, so beträgt die Auszahlung für die Koalition K, wie man an der ersten Zeile der Tab. 4.1 ablesen kann, $1 + 0 = 1$. Spielt Spieler 3 hingegen die Strategie 1, so liest man an der zweiten Zeile der Tab. 4.1 ab, dass die Koalition K einen gemeinsamen Gewinn von $3 + 1 = 4$ macht. Damit ist $m_K(0, 0) = 1$, dem kleineren der beiden Werte. So verfährt man jetzt für alle möglichen Strategiekombinationen, die K spielen kann. Für die Kombination $(0, 1)$ beispielsweise ergeben die dritte bzw. vierte Zeile der Tab. 4.1 Koalitionsgewinne von 2 bzw. 1, also gilt $m_K(0, 1) = 1$. Entsprechend ergeben sich $m_K(1, 0) = 3$

4.2 Kooperation und Gruppenentscheidungen

Tab. 4.1 Drei-Personen-Spiel mit zwei Strategien für jeden Spieler (0 bzw. 1) und den jeweils resultierenden Auszahlungen für die acht möglichen Konstellationen

Entscheidung von Spieler			Auszahlung für Spieler		
1	2	3	1	2	3
0	0	0	1	0	2
0	0	1	3	1	4
0	1	0	2	0	4
0	1	1	0	1	2
1	0	0	2	3	1
1	0	1	0	3	2
1	1	0	4	0	4
1	1	1	3	1	2

Tab. 4.2 Drei-Personen-Spiel mit zwei Strategien für jeden Spieler (0 bzw. 1) und den jeweils resultierenden Auszahlungen für die acht möglichen Konstellationen

Koalition K	Koalitionswert $v(K)$
$\{1\}$	0
$\{2\}$	0
$\{3\}$	2
$\{1,2\}$	4
$\{1,3\}$	3
$\{2,3\}$	5
$\{1,2,3\}$	8

und $m_K(1,1) = 4$. Die „beste schlechteste Auszahlung" für die Koalition K, nämlich 4, ergibt sich also, wenn beide die Strategie 1 wählen; demnach ist $v(\{1,2\}) = 4$. Analog berechnet man etwa $v(\{1,3\}) = 3$. Sämtliche Koalitionswerte sind in Tab. 4.2 aufgeführt.

Der oben definierte Koalitionswert ist nur ein Beispiel einer allgemeineren Klasse von Funktionen, die im Zusammenhang mit Koalitionen auftauchen, nämlich den sogenannten *charakteristischen Funktionen*. Solche Funktionen ordnen jeder Koalition K einen reellen Wert $v(K)$ zu, und zwar so, dass stets die Ungleichung

$$v(K_1 \cup K_2) \geq v(K_1) + v(K_2) \quad \text{für } K_1 \cap K_2 = \emptyset \tag{4.1}$$

erfüllt ist. Formal wird zusätzlich

$$v(\emptyset) = 0 \tag{4.2}$$

gesetzt. Die sogenannte *Superadditivität* (4.1) der Werte der charakteristischen Funktion bedeutet, dass sich zwei disjunkte (also überschneidungsfreie) Koalitionen K_1 und K_2 nicht verschlechtern sollen, wenn sie sich zusammentun. Das ist eine sehr vernünftige Eigenschaft im Zusammenhang mit Koalitionen. Der oben betrachtete Koalitionswert nach dem

Mini-Max-Prinzip erfüllt nun diese Bedingungen, aber es gibt viele andere denkbare charakteristische Funktionen, so etwa die in dem folgenden Beispiel.[7]

Beispiel 17

In einem Parlament sind vier Parteien (1,2,3,4) vertreten, die über 10 bzw. 20 bzw. 30 bzw. 40 Sitze verfügen. Die Funktion v, die einer Koalition den Wert 1, wenn sie über *mehr als 50 Sitze* verfügt, und ansonsten den Wert 0 zuordnet, ist eine charakteristische Funktion im Sinn von (4.1). Ein Zusammenschluss bedeutet hier nämlich auf jeden Fall keine Verschlechterung. Hier gilt $v(K) = 1$ für die Koalitionen

$$\{2,4\}, \{3,4\}, \{1,2,3\}, \{1,2,4\}, \{1,3,4\}, \{2,3,4\}, \{1,2,3,4\}.$$

Ein kooperatives Spiel mit n Personen ist durch die Angabe einer solchen charakteristischen Funktion vollständig beschrieben. Eng mit solchen charakteristischen Funktionen zusammen hängt der sehr prominente *Shapley-Wert*. Ist für eine Entscheidungssituation, etwa ein Spiel für n Personen, eine charakteristische Funktion v gegeben (beispielsweise, aber nicht zwingend, der Koalitionswert), so lässt sich für jeden Spieler i folgendermaßen der *Shapley-Wert* definieren:

$$\varphi_i = \sum_{\text{Koalitionen } K, \text{ die } i \text{ enthalten}} \frac{(k-1)! \cdot (n-k)!}{n!} \cdot (v(K) - v(K - \{i\})). \quad (4.3)$$

Die Summe läuft also über alle Koalitionen, an denen i beteiligt sein kann. Dabei ist k in jedem Summanden die Anzahl der jeweils betrachteten Koalition K. Bevor der amerikanische Wirtschaftswissenschaftler Lloyd Shapley die Shapley-Werte im Jahre 1953 einführte, wurde für solche „Verteilungsprobleme" meist die sehr formale *von Neumann-Morgenstern-Lösung* herangezogen, die die beiden in ihrem Klassiker vorgeschlagen hatten. Das Problem bei dieser Lösung ist aber, dass sie einen rein formalen Charakter hat und unter Umständen auch nicht eindeutig ist. Sie besteht im Allgemeinen aus mehreren Verteilungen, und diese Tatsache interpretierten Morgenstern und von Neumann als eine Art von „Benehmensstandard" oder „Gesellschaftsordnung". Hierzu schreibt Ewald Burger:

> Ein solcher Benehmensstandard besteht aus einer Menge L von Verhaltensweisen (hier: Verteilungen) und schließt alle Verhaltensweisen außerhalb L als „unethisch", „unerlaubt" und dergleichen aus, so dass diese Verhaltensweisen außerhalb von L nicht angenommen werden dürfen, selbst wenn sie Verhaltensweisen aus L dominieren. Eine solche Menge L kann aber nicht ganz willkürlich abgegrenzt werden, sondern sie muss gewissen Stabilitätsbedingungen genügen, wie sie in der Definition der Lösung eines Spiels gefordert werden. [...] Es soll jedoch nicht verschwiegen werden, dass trotz dieser interessanten soziologischen Aspekte der von Neumannsche Lösungsbegriff nicht von allen Autoren als befriedigend betrachtet wird. In der Tat ist die intuitive Begründung dieses Lösungsbegriffes viel weniger überzeugend als etwa die des Lösungsbegriffes (Wert und optimale Strategien) im Falle der Zwei-Personen-Nullsummenspiele.[8]

4.2 Kooperation und Gruppenentscheidungen

Durch eine zwar sehr formale, aber in ihrer Auswirkung praxisnahe, axiomatische Beschreibung gelang es Shapley auf sehr elegante Weise, mit seinen Shapley-Werten vernünftige Lösungen für Koalitionsprobleme anzugeben. Erst gute zehn Jahre später wurden die Shapley-Werte dann, vor allem von Martin Shubik als „Machtindex" umgedeutet und dann auch *Shapley-Shubik-Werte* genannt.[9] Zur Illustration der vielleicht nicht ganz eingängigen Formel (4.3) sollen für das Beispiel 17 die Shapley-Werte ermittelt werden. Um etwa φ_1 zu berechnen, sind alle Koalitionen in Betracht zu ziehen, die 1 enthalten. Welche dieser Koalitionen liefern für die Summe (4.3) einen Beitrag, der ungleich null ist? Offenbar nur solche Koalitionen K, die durch das Ausscheiden von 1 auf höchstens 50 Sitze und damit einen Koalitionswert von $v(K) = 0$ zurückfallen. Dies ist aber nur die Koalition $\{1, 2, 3\}$. Man erhält

$$\varphi_1 = \frac{(3-1)! \cdot (4-3)!}{4!} \cdot (1-0) = \frac{1}{12}.$$

Bei der Berechnung von φ_2 sind gleich drei Koalitionen, nämlich $\{2, 4\}$, $\{1, 2, 3\}$ und $\{1, 2, 4\}$, und somit drei Summanden zu berücksichtigen:

$$\varphi_2 = \frac{(2-1)! \cdot (4-2)!}{4!} \cdot (1-0)$$
$$+ \frac{(3-1)! \cdot (4-3)!}{4!} \cdot (1-0)$$
$$+ \frac{(3-1)! \cdot (4-3)!}{4!} \cdot (1-0) = \frac{1}{4}.$$

Analog ergeben sich $\varphi_3 = \frac{1}{4}$ und $\varphi_4 = \frac{5}{12}$.

Die so berechneten Shapley-Werte lassen sich als Macht- oder Einflussindizes deuten, denn der in den einzelnen Summanden vorkommende Faktor $v(K) - v(K - \{i\})$ ist jeweils ein Maß für den Einfluss des Spielers i. Verlässt dieser nämlich die Koalition K, so verringert sich ihr Wert um eben diesen Faktor. Im Beispiel verfügen die vier Parteien hinsichtlich der Koalitionsbildung über verschieden starke Macht, und zwar im Verhältnis $1 : 3 : 3 : 5$.

Ein weiteres Beispiel sind Abstimmungen der 27 Mitgliedsstaaten im Ministerrat der Europäischen Union.[10] Hier gibt es 2^{27}, also mehr als 134 Millionen mögliche Koalitionen. Mit Hilfe der Shapley-Werte kann nun die Macht der einzelnen Mitgliedsstaaten untersucht werden, wozu man einige Fakten wissen muss. Es gibt drei Möglichkeiten, im Rat der Europäischen Union über Gesetze oder Beschlüsse abzustimmen, nämlich *Einstimmigkeit*, *einfache Mehrheit* und die komplexeste, die sogenannte *qualifizierte Mehrheit*. Diese umfasst

- die Mehrheit der Mitgliedsstaaten (also 14 von 27),
- eine Mehrheit der Stimmen (derzeit 258 von 345),
- eine Mehrheit von 62 % der Bevölkerung der Europäischen Union.

Diese drei Punkte legen die zu Grunde liegende charakteristische Funktion fest, die in die Berechnung der Shapley-Werte einfließt.[11] In Tab. 4.3 sind die 27 Mitgliedsstaaten der Eu-

Tab. 4.3 Bevölkerung, Stimmen und Shapley-Machtindex der 27 Mitgliedsstaaten der Europäischen Union. Die Werte sind dem Beitrag *Spieltheoretische Analyse der Machtverhältnisse im Rat der Europäischen Union* aus dem Forschungsbericht der Beuth Hochschule für Technik Berlin entnommen [57]

Land	Bevölkerung	Stimmen	Shapley-Wert
Deutschland	82.314.906	29	8,69 %
Frankreich	63.392.140	29	8,68 %
Großbritannien	60.852.828	29	8,67 %
Italien	59.131.287	29	8,67 %
Spanien	44.474.631	27	8,00 %
Polen	38.125.479	27	7,99 %
Rumänien	21.565.119	14	3,99 %
Niederlande	16.357.992	13	3,69 %
Griechenland	11.171.740	12	3,40 %
Portugal	10.599.095	12	3,40 %
Belgien	10.584.534	12	3,40 %
Tschechien	10.287.189	12	3,40 %
Ungarn	10.066.158	12	3,40 %
Schweden	9.113.257	10	2,81 %
Österreich	8.298.923	10	2,81 %
Bulgarien	7.679.290	10	2,81 %
Dänemark	5.447.084	7	1,96 %
Slowakei	5.393.637	7	1,96 %
Finnland	5.276.955	7	1,96 %
Irland	4.314.634	7	1,96 %
Litauen	3.384.879	7	1,96 %
Lettland	2.281.305	4	1,12 %
Slowenien	2.010.377	4	1,12 %
Estland	1.342.409	4	1,12 %
Zypern	778.684	4	1,12 %
Luxemburg	476.187	4	1,12 %
Malta	407.810	3	0,83 %

ropäischen Union, sortiert nach der Größe ihres Shapley-Wertes, mit Bevölkerungszahlen und Stimmen aufgeführt. Die Berechnung ist sehr komplex und kaum von Hand zu erledigen. Zur Illustration sei nur gesagt, dass für die Berechnung des Shapley-Wertes von Deutschland alle Koalitionen mit in die Summe (4.3) einbezogen werden müssen, an denen Deutschland beteiligt sein kann, und dies ist immerhin die Hälfte der oben erwähnten 134 Millionen. Deutschland hat den höchsten Shapley-Wert, ist also auf Grundlage dieses Wertes der „mächtigste" der 27 Staaten. Frankreich, Großbritannien und Italien folgen aber sehr dicht. Die durch die Shapley-Werte entstehende Clusterung entspricht ziemlich genau der Stimmenverteilung im Rat.

Es gibt neben dem Shapley-Wert noch andere Macht-Indizes, die auf vergleichbare Weise berechnet werden, so etwa der *Deegan-Packel-Index* und der *Public-Goods-Index*. Auch der *Banzhaf-Index* wird häufig verwendet, wobei es durchaus Parallelen zum Shapley-Shubik-Index gibt und die beiden Werte auch in manchen Fällen übereinstimmen. In den Banzhaf-Index eines Spielers, Unternehmens, Staates fließt die Anzahl der Koalitionen ein, in denen die Möglichkeit besteht, eine Entscheidung zu kippen.

4.2.2 Verhandlungen

Sehr menschlich geht es meist dabei zu, wenn eine Sache, eine Ware, ein Gut aufgeteilt werden soll, wenn um etwas verhandelt wird. Das Gefangenendilemma etwa, Ausgangspunkt vieler Überlegungen, kann auch als *Verhandlungsproblem* interpretiert werden. John Nash hat dies bereits in den 1950er Jahren getan und auch eine Lösung für solche Probleme vorgeschlagen, die Morgenstern und von Neumann in ihrem Klassiker, der einige Jahre zuvor erschienen war, noch nicht angehen konnten oder wollten. Während es in der Urversion für die beiden Gefangenen keine Möglichkeit zur Absprache gibt, sollen die beiden in Nashs Modell nun verhandeln können. Beide können dabei als „Angebot" die Strategie *Kooperation* oder die Strategie *Defektion* wählen. John Nash interpretierte die Wahl von Defektion als „Drohgebärde" und nannte die Strategiekombination, bei der beide diese Strategie wählen (also das Nash-Gleichgewicht), auch den *Drohpunkt* des Verhandlungsspiels. Als optimale Lösung hingegen betrachtete er die Strategiekombination, bei der beide *Kooperation* wählen, und führte hierfür die Bezeichnung *pareto-optimales Gleichgewicht* ein.[12] Er stellt in dieser Situation an die Lösung eines solchen Verhandlungsproblems vier Anforderungen, nämlich:

- *Pareto-Optimalität:*
  Keine der beiden Verhandlungsparteien kann sich verbessern, ohne einer anderen zu schaden.
- *Symmetrie:*
  Die Verhandlungslösung muss „bei beliebiger Umnummerierung der Spieler" die gleiche bleiben.
- *Invarianz:*
  Die Verhandlungslösung ändert sich bei monotonen Transformationen der Auszahlungen (also etwa Additionen oder Multiplikationen mit einer positiven Zahl) nicht.
- *Unabhängigkeit der Lösung von irrelevanten Alternativen:*
  Der Ausschluss irrelevanter Alternativen darf keine Änderung der Lösung zur Folge haben.

		B	
		K	D
A	K	(−2/−2)	(−6/0)
	D	(0/−6)	(−4/−4)

Abb. 4.9 Auszahlungsmatrix für das Gefangenendilemma mit Drohpunkt (D/D) und Drohpunktauszahlung $(-4/-4)$

Die wichtigste hiervon ist wohl die *Pareto-Optimalität* des Verhandlungsergebnisses: Dass eine Verbesserung nur auf Kosten anderer möglich ist, garantiert, dass nichts vom Gesamtgewinn „verschwendet" wird. Nash konnte zeigen, dass unter diesen vier vernünftigen Bedingungen genau eine Lösung des Verhandlungsproblems existiert. Diese lässt sich mit Hilfe des sogenannten *Nash-Produktes* bestimmen. Bei einem Zwei-Personen-Spiel zwischen A und B, bei dem (d_A, d_B) den Drohpunkt sowie u_A und u_B die Nutzen- oder Auszahlungsfunktionen bezeichnen, kann man für jede beliebige Strategiekombination (s_A, s_B) das Nash-Produkt definieren, und zwar durch das Produkt der beiden jeweils um die Drohpunktauszahlungen verminderten Gewinne:

$$\mathrm{NP}(s_A, s_B) = \big(u_A(s_A, s_B) - u_A(d_A, d_B)\big) \cdot \big(u_B(s_A, s_B) - u_B(d_A, d_B)\big). \quad (4.4)$$

Dabei können verschiedene Arten von Strategiemengen, endliche, unendliche, stetige, betrachtet werden. Im Fall des Gefangenendilemmas, das den Ausgangspunkt für Nashs Überlegungen bildete, gibt es nur die beiden bekannten Strategien pro Spieler. Legt man die Auszahlungsmatrix in Abb. 4.9 zu Grunde, so ergibt sich beispielsweise für die Strategiekombination (K, K) das Nash-Produkt

$$\begin{aligned}\mathrm{NP}(K, K) &= \big(u_A(K, K) - u_A(D, D)\big) \cdot \big(u_B(K, K) - u_B(D, D)\big) \\ &= (-2 - (-4)) \cdot (-2 - (-4)) = 4 \,. \end{aligned} \quad (4.5)$$

In Abb. 4.10 sind die Werte der vier Nash-Produkte aufgeführt. Das Nash-Produkt für den Drohpunkt selbst ist natürlich hier und immer gleich null, und das maximale Nash-Produkt ergibt sich für den Fall, dass beide kooperieren. Nash konnte nun allgemein zeigen, dass die Strategiekombination *mit dem maximalen Nash-Produkt* die im Sinn der oben aufgeführten Punkte optimale Verhandlungslösung ist. Dieses Resultat gilt im Wesentlichen für alle Zwei-Personen-Spiele, auch für solche mit stetigem Strategieraum. In diesem Fall treten an die Stelle der einzelnen Auszahlungen tatsächlich stetige und meist auch differenzierbare Auszahlungsfunktionen. Man ermittelt dann das maximale Nash-Produkt in der Regel mit Hilfe der Differentialrechnung.

Beispiel 18

In einem Unternehmen müssen in den beiden Abteilungen A und B insgesamt 70.000 € eingespart werden. Eine Einsparung in Höhe von x_A ist für die Abteilung A mit ei-

4.2 Kooperation und Gruppenentscheidungen

		\multicolumn{2}{c}{B}	
		K	D
A	K	4	−8
	D	−8	0

Abb. 4.10 Nash-Produkte beim Gefangenendilemma: KK mit maximalem Nash-Produkt als Verhandlungslösung des kooperativen Spiels

nem Nutzen von $u_A(x_A) = -x_A^2$ verbunden. Für die Abteilung B ist die Nutzenfunktion $u_B(x_B) = -x_B$. Falls sich die Abteilungsleiter nicht auf eine Aufteilung der 70.000 Euro einigen, wird die Unternehmensführung Einsparungen in Höhe von 50.000 € für A und 30.000 € für B festsetzen. Werden die Abteilungsleiter sich einigen?

Will man eine Verhandlungslösung im Sinn von Nash finden, so sollte diese pareto-optimal sein, also nicht mehr als 70.000 € insgesamt eingespart werden. Die Drohung der Unternehmensführung, 50.000 € bzw. 30.000 € in den Abteilungen einzusparen, würde keine pareto-optimale Aufteilung liefern, daher gibt es hier tatsächlich einen „Verhandlungsspielraum". Für die weitere Betrachtung rechnen wir der Einfachheit halber mit 10.000 €-Einheiten, so dass also der Drohpunkt der Unternehmensführung bei (5/3) mit Auszahlung

$$(u_A(5), u_B(3)) = (-25, -3) \tag{4.6}$$

liegt. Die gesuchte pareto-optimale Strategiekombination hat in jedem Fall die Form

$$(x_A, x_B) = (x_A, 7 - x_A), \tag{4.7}$$

denn die Summe von x_A und x_B muss der Gesamteinsparung entsprechen. Für das Nash-Produkt in Abhängigkeit von der Einsparung x_A für Abteilung A ergibt sich

$$\begin{aligned} \text{NP}(x_A) &= (u_A(x_A) - u_A(5)) \cdot (u_B(7 - x_A) - u_B(3)) \\ &= (-x_A^2 + 25) \cdot (-(7 - x_A) + 3) \\ &= -x_A^3 + 4x_A^2 + 25x_A - 100 \,. \end{aligned} \tag{4.8}$$

Die Variable x_A betrachten wir als stetige Variable, die Funktion $\text{NP}(x_A)$ als differenzierbare Funktion, so dass wir das Maximum des Nashprodukts über das Nullsetzen der ersten Ableitung

$$\text{NP}'(x_A) = -3x_A^2 + 8x_A + 25 \tag{4.9}$$

erhalten. Als positive Nullstelle dieser Ableitung und als daraus folgender Wert für x_B ergeben sich

$$x_A \approx 4{,}51313067 \quad \text{und} \quad x_B \approx 2{,}48686933 \,. \tag{4.10}$$

Die Abteilungsleiter werden sich also, sofern sie nach der Nash-Verhandlungslösung vorgehen, darauf einigen, dass in 45.131,31 € in Abteilung A und 24.868,69 € in Abteilung B einzusparen sind.

Verhandeln ist eng verwandt mit Teilen. Wenn es um die Aufteilung eines Gutes geht, gibt es verschiedene Möglichkeiten der Lösung, des Umgangs damit. Einerseits kann man versuchen, eine möglichst gerechte und neidfreie Lösung zu finden; andererseits kann man das betreffende Gut zum Gegenstand einer Verhandlung machen. Beide Aspekte sollen kurz beleuchtet werden, und zwar anhand des praktischen Beispiels einer Torte, die aufgeteilt werden soll. Sind nur zwei Personen beteiligt, so gibt es einen uralten, uns allen seit der Kindheit bekannten Algorithmus. Nehmen wir an, Alice und Bob wollen eine Torte teilen. Sie führen dies in zwei Schritten durch:

- Alice teilt die Torte in zwei ihrer Meinung nach gleich große Stücke.
- Bob wählt aus den zwei Stücken eines aus.

Dieser Algorithmus funktioniert wunderbar. Er ist *gerecht* (in dem Sinne, dass beide glauben, sie haben mindestens das erhalten, was ihnen zusteht) und *neidfrei* (in dem Sinne, dass keiner der beiden mit dem anderen tauschen möchte). Auch wenn verschiedene Einschätzungen und persönliche Bewertungen eine Rolle spielen, bleibt die Lösung vernünftig. Nehmen wir an, Alice und Bob wollen eine „vollkommen homogene" Torte teilen.[13] Dann teilt beispielsweise Alice die Torte in zwei Hälften, von denen sie *annimmt*, dass sie gleich groß sind. Alice muss dies so erledigen, dass sie hinterher mit dem einen wie dem anderen Teil leben kann. Bob wählt dann aus, das ist sein Vorteil. Sollte Alice wirklich (objektiv) ein Stück größer gelassen haben, dann kann Bob ja nun, falls er das merkt bzw. glaubt, diesen Teil wählen. Jeder erhält auf diese Weise mindestens den in seinen Augen verdienten Anteil, und keiner von beiden will hinterher tauschen

Wie sieht das gleiche Problem bei drei Personen aus? Außer Alice und Bob beansprucht nun auch noch Carola ein Stück der Torte. Gibt es einen gerechten und neidfreien Aufteilungsalgorithmus für diesen Fall? Interessanterweise ist dieses Problem deutlich komplexer als der Fall zweier Personen, und wir wollen davon nur kurz eine Ahnung vermitteln. Ein möglicher von Roberton und Webb vorgeschlagener Algorithmus beginnt folgendermaßen:

- Alice teilt die Torte in zwei Stücke, die ihrer Meinung nach ein Drittel bzw. zwei Drittel der Torte ausmachen.
- Bob teilt daraufhin das (nach Meinung von Alice) Zwei-Drittel-Stück in zwei seiner Meinung nach gleich große Stücke.
- Carola wählt aus den drei Stücken eines aus.

Der Algorithmus scheint die Vorgehensweise bei zwei Personen zunächst in einer vernünftigen Art und Weise zu verallgemeinern. Dennoch hat die Sache einen Haken, wie u. A. Ian Stewart feststellte.[14] Bei dem Verfahren ist am Ende Carola sicher zufrieden, da sie als erste wählen darf. Aber egal, wer nun als zweiter die Wahl hat: Es kann Probleme geben. Darf Bob nach Carola wählen und hat diese das von Alice abgeteilte Ein-Drittel-Stück genommen, so bleibt am Ende für Alice vielleicht ein Stück, das sie als weniger als ein Drittel einschätzt. Darf dagegen Alice nach Carola wählen, so wird diese (entweder mit ihrem eigenen Ein-Drittel-Stück vom Beginn oder mit dem ihrer Meinung nach größeren der beiden Zwei-Drittel-Hälften von Bobs Schnitt) zufriedengestellt, aber Bob hat am Ende möglicherweise ein in seinen Augen zu kleines Stück. Damit soll es gut sein, nur so viel noch: Es gibt tatsächlich für jede beliebige Zahl von Personen eine gerechte und neidfreie Aufteilung, die aber unter Umständen eine enorme Zahl an Schritten benötigt.

Anders sieht die Sache aus, wenn über die Torte *verhandelt* wird. Betrachten wir wieder zunächst den Fall zweier Personen. Auf John Nash geht wie schon erwähnt der Begriff des *einfachen Zwei-Personen-Verhandlungsspiels* zurück, das wir beispielhaft am Gefangenendilemma und an der Einsparungsverhandlung gesehen haben. Allgemein versteht man darunter ein Zwei-Personen-Spiel in Extensivform, bei dem eine Runde darin besteht, dass der eine Spieler dem anderen vorschlägt, wie ein gewisses Gut zu teilen sei, und dieser sich darauf einlässt oder nicht. Im ersten Fall endet das Spiel mit der entsprechenden Aufteilung; im zweiten Fall endet die Spielrunde, ohne dass einer der beiden etwas erhält. In der nächsten Spielrunde werden dann die Rollen vertauscht. Über die Anzahl n der zu spielenden Runden muss zuvor Einigung herrschen.

Sehr häufig nimmt übrigens bei solchen Verhandlungen auch der Wert dessen, worüber verhandelt wird, mit der Zeit ab. Das hat zur Folge, dass Diskontierungsaspekte mit zu berücksichtigen sind. Um beim Tortenbeispiel zu bleiben: Alice und Bob verhandeln dann in mehreren Runden um eine Eistorte, die nach jeder Verhandlungsrunde, die nicht zur Einigung führt, in gleich großen Schritten schmilzt.[15] Man kann rational vorgehen und annehmen, das Spiel sei keinerlei persönlichen Einflüssen unterworfen. So wird Alice etwa nicht aus reiner Nettigkeit Bob die Hälfte der Torte überlassen. Außerdem sollen auch eventuelle zukünftige Geschäfte keinen Einfluss auf die Entscheidungen in diesem Spiel haben. Falls es nur eine einzige Verhandlungsrunde gibt und Alice ein Angebot zu machen hat, so muss sie unter diesen Prämissen die gesamte Torte für sich fordern. Wichtig ist für jeden teilnehmenden Spieler schließlich allein der eigene Vorteil; Vor- oder Nachteile des Gegners spielen für die Entscheidungen nicht im Geringsten eine Rolle. Durch die Forderung der ganzen Torte hat Alice demnach nichts zu verlieren. Bob weiß schließlich, dass er so oder so nichts erhält, denn die Torte schmilzt bei einer Nichteinigung komplett. Wegen des lediglich auf sich selbst bezogenen Optimierungswunsches wird Bob Alice auch die Torte durch sein Veto nicht vorenthalten. Alices Position ist somit in diesem Fall die stärkere. Sie hat immerhin die Chance, etwas zu bekommen.

Mit diesem Wissen kann nun der Fall zweier Verhandlungsrunden angegangen werden, und zwar mit dem Prinzip der *Rückwärtsinduktion*, was nichts anderes ist als die Anwendung der Strategieregel (2.27), also vorausschauen und zurückschließen. Alice habe wieder das erste Angebot zu machen, und sie schaut nun voraus. Sie kennt das Ergebnis rationaler Überlegung im Fall einer Runde und weiß: Falls Bob nicht auf ihr Angebot, wie auch immer es aussehen mag, eingehen sollte, dann befindet er sich danach in genau dieser Si-

Tab. 4.4 Bei der rationalen Verhandlung um eine nach jeder Runde ohne Einigung gleichmäßig dahinschmelzenden Eistorte nähern sich die Aufteilungen mit steigender Anzahl der Verhandlungsrunden einer (50 : 50)-Aufteilung

Anzahl der Runden	Anteil Alice	Anteil Bob
1	1	0
2	$\frac{1}{2}$	$\frac{1}{2}$
3	$\frac{2}{3}$	$\frac{1}{3}$
4	$\frac{1}{2}$	$\frac{1}{2}$
5	$\frac{3}{5}$	$\frac{2}{5}$
6	$\frac{1}{2}$	$\frac{1}{2}$
7	$\frac{4}{7}$	$\frac{3}{7}$
⋮	⋮	⋮

tuation, allerdings nur noch mit einer halben Torte. Mehr als diese halbe Torte wird Bob also nicht erwarten können, und diese Torte ist ihm auch sicher. Daher schließt Alice nun zurück und macht Bob den Vorschlag, die Torte zu halbieren. Und Bob nimmt an, denn er weiß, dass er so oder so nur eine halbe Torte bekommen kann.

Der Fall dreier Verhandlungsrunden liefert nun schon ein System. Alice habe wiederum das erste Angebot zu machen. Dabei weiß sie durch Zurückschließen, dass Bob, sollte er nicht auf ihr Angebot eingehen, ihr in der zweiten Verhandlungsrunde *die Hälfte der noch verbliebenen Torte* anbieten wird. Dies ist aber, da ein Drittel wegschmelzen wird, noch eine Zweidritteltorte. Da sich Bob somit nur eines Drittels sicher sein, bietet ihm Alice auch genau das an: ein Drittel. Zwei Drittel fordert sie für sich. Einige weitere Aufteilungen sind Tab. 4.4 zu entnehmen. Soweit zur rationalen Lösung. Sie zeigt erstaunlicherweise ein bei aller theoretischen Überlegung doch durchaus praxisrelevantes Ergebnis. Dass man sich bei Verhandlungen nach einigen Runden, grob gesprochen, in der Mitte trifft, das ist eine Alltagserfahrung.

Man kann solche Verhandlungsspiele theoretisch auch mit einer unendlich langen Laufzeit betrachten und spricht dann von *Superspielen*. Man muss sich nur klar machen, was das bedeuten soll. Immer wenn bei Anwendungen vom Begriff der Unendlichkeit die Rede ist, bedeutet dies keine tatsächlich unendlichen Prozesse, sondern in der Regel „beliebig lange" Prozesse, was wiederum so viel heißt wie: Es ist unbekannt, wie lange der Prozess dauert.[16] Wird etwa ein Zwei-Personen-Spiel wie das Gefangenendilemma eine gewisse, unbekannte Anzahl von Malen hintereinander gespielt, so kann dies folgendermaßen modelliert werden. Die möglichen Spielrunden seien an die Zeitpunkte $t = 0, 1, 2, 3, \ldots$ gebunden, wobei nur zum Zeitpunkt $t = 0$ *mit Sicherheit* gespielt wird. Die Wahrscheinlichkeit dafür, dass auch zum Zeitpunkt $t = 1$ eine Runde stattfindet, betrage $p < 1$. Sind zwei Runden gespielt worden, so beträgt die Wahrscheinlichkeit, dass zum Zeitpunkt $t = 2$ eine weitere

4.2 Kooperation und Gruppenentscheidungen

Runde stattfindet, wiederum p, und so geht es weiter. Die Folge der Spiele kann also zu jedem der Zeitpunkte $t > 0$ mit der gleichen Wahrscheinlichkeit p abgebrochen und damit endgültig beendet werden. Die Zahl p spielt in diesem Zusammenhang die Rolle eines *Diskontierungsfaktors*.

Mit diesem Modell kann man dann tatsächlich vernünftig rechnen, so können etwa zukünftige Gewinne entsprechend aufsummiert werden. Dass dies funktioniert, dass theoretisch beliebig lange etwas ausgezahlt werden kann, ist begründet in der Tatsache, dass unendlich viele Summanden einen endlichen Wert haben können. Gilt beispielsweise $p = 0{,}9$, so lässt sich die Wahrscheinlichkeit berechnen, mit der zum Zeitpunkt $t = 10$ noch eine Runde stattfindet, nämlich

$$P(\text{zum Zeitpunkt } t = 10 \text{ findet noch eine Runde statt}) = 0{,}9^{10} \approx 34{,}868\,\% \,. \tag{4.11}$$

Die Wahrscheinlichkeit, dass zum Zeitpunkt $t = 100$ noch gespielt wird, ist mit $0{,}9^{100} \approx 0{,}00266\,\%$ schon deutlich geringer. Nun können mit dieser Methode tatsächlich zukünftige Gewinne abgeschätzt werden, indem man sie entsprechend diskontiert. Betrachtet man etwa das unendlich (bzw. beliebig oft) iterierte Gefangenendilemma in der normierten Form, also mit Auszahlung $(1, 1)$ im Fall beidseitiger Kooperation, so ergibt sich, falls ständig kooperiert wird, eine Auszahlung von

$$1 + 1 \cdot 0{,}9 + 1 \cdot 0{,}9^2 + 1 \cdot 0{,}9^3 + \ldots = \frac{1}{1 - 0{,}9} = 10 \tag{4.12}$$

an beide Spieler.[17]

4.2.3 Probleme mit der Logik

Manchmal ist bei Entscheidungsprozessen eine Fähigkeit zur Abstraktion erforderlich, die nicht bei jedem im gleichen Maß vorhanden ist. Formal-logische Argumentationen können einigen Menschen ziemliche Schwierigkeiten bereiten. Wie geht man damit um? Ein sehr berühmtes Beispiel aus der Psychologie greift diese Thematik auf eindringliche Weise auf. Es handelt sich um *Wason's Selection Task*, benannt nach Peter Wason, einem englischen Psychologen.[18] Dabei liegen auf einem Tisch vier Karten, von denen bekannt ist, dass jede von ihnen auf einer Seite einen Buchstaben und auf der anderen Seite eine Zahl zeigt. Von allen vier Karten ist aber jeweils nur eine der beiden Seiten sichtbar. Die Situation ist in Abb. 4.11 zu sehen. Nun soll die folgende Behauptung überprüft werden:

> Wenn auf einer Seite der Karte ein Vokal abgebildet ist,
> dann steht auf der anderen Seite eine gerade Zahl. (4.13)

Die konkrete Frage, mit der Versuchspersonen konfrontiert werden, ist: Welche Karten *müssen mindestens umgedreht werden*, damit man sicher sagen kann, ob die Behauptung

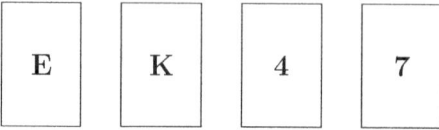

Abb. 4.11 Kartenanordnung in Wason's Selection Task

stimmt oder nicht? Dabei ist von Bedeutung, dass man sich auf die *Mindestzahl der Karten* einigt, denn dreht man alle vier Karten herum, so ist klar, dass man die Regel auf jeden Fall verifizieren oder falsifizieren kann. Aber möglicherweise hat man dann mehr als notwendig getan.

Was ist die richtige Lösung? Es handelt sich um zwei Karten, die umgedreht werden müssen. Im Jahre 1972 zeigten Peter Wason und Philip Johnson-Laird in einer Reihe von Experimenten, dass tatsächlich nur bei wenig mehr als vier Prozent der Versuchspersonen die Wahl auf die korrekten beiden Karten fiel.[19] Fast alle Teilnehmenden sind der (korrekten) Meinung, dass auf jeden Fall die Karte E umgedreht werden muss, denn wäre auf der Rückseite eine ungerade Zahl abgedruckt, wäre gegen die Regel verstoßen worden. Überraschenderweise ist nun ein ebenfalls großer Teil der Meinung, die Karte 4 müsste gewendet werden, was aber vollkommen falsch ist. Es ist tatsächlich irrelevant, ob auf der Rückseite der 4 ein Vokal oder ein Konsonant abgebildet ist. Im ersten Fall hätte man eine Karte, auf die die Regel zutrifft, und im zweiten Fall eine Karte, auf die die Regel *gar nicht anwendbar* ist. Eine Karte, die aber in jedem Fall noch zu wenden ist, ist die 7, weil diese möglicherweise (im Fall eines Vokals auf der Rückseite) einen Regelverstoß darstellt. Die Notwendigkeit, diese Karte zu wenden, übersehen jedoch interessanterweise sehr viele Menschen. Eine mögliche Erklärung liefert Philipp Berger, wobei er sich auf die Aussagen als formal-logische bezieht (so ist hier etwa mit P das Ereignis „Vokal" gemeint etc.):

> Er [Peter Wason] glaubt, dass lange Lernprozesse dazu führen, im Voraus anzunehmen, eine Relation sei wahr. So ist das Nichtzustandekommen der kontrapositiven Inferenz möglich, weil „Nicht-Q" irrelevant scheint. Zudem müsste die Versuchsperson, um etwas im Selection Task als „Nicht-Q" wahrzunehmen, eine gedankliche Transformation vornehmen, bei der sie wahrscheinlich ein Urteil der Falschheit vornimmt, indem sie sich einen versteckten negativen Satz vorspricht. Das geschieht offensichtlich nicht. [...] „Q" wird ausgewählt, um zu sehen, ob es mit „P" zusammen erscheint. „Nicht-P" wird selten gewählt weil es irrelevant ist.[20]

In Tab. 4.5 sind die Häufigkeiten einiger genannten Kombinationen abzulesen. Dies spricht übrigens offenbar dagegen, dass die Probanden schlicht raten. Verführen sie so, müsste die richtige Antwort häufiger genannt werden. Sie scheinen sich also tatsächlich *bewusst für falsche Wahlen* zu entscheiden; die richtige scheint ihnen einfach nicht plausibel genug zu sein. So entscheidet sich fast die Hälfte der getesteten Personen für die beiden Karten E und 4. Die Ergebnisse von Wason und Johnson-Laird wurden mehrfach bestätigt, u. A. von Evans, Newstead und Byrne, wobei wesentlich mehr Personen getestet wurden.[21]

4.2 Kooperation und Gruppenentscheidungen

Tab. 4.5 Anteile der veschiedenen Nennungen im Experiment von Wason und Johnson-Laird. Auffällig ist sowohl der niedrige Anteil der korrekten Antwort sowie der überaus hohe Anteil der falschen Antwort $E, 4$

Gewählte Karten	Anteil der Versuchspersonen
$E, 4$	46 %
E	33 %
$E, 4, 7$	7 %
$E, 7$	4 %
andere Kombinationen	10 %

Warum bereitet *Wason's Selection Task* so vielen Menschen Schwierigkeiten? Hierfür scheint vor allem ein grundsätzliches Problem verantwortlich zu sein, das im Rahmen der Entscheidungstheorie häufig auftritt: Die Art und Weise der Instruktion ist nicht ausreichend. Auch wenn etwa ein Mathematiker oder Informatiker in der Regel überhaupt kein Problem mit der Lösung hat, weil seine Ausbildung eine Schulung in logischem Denken umfasst, tun sich Menschen mit wenig Verständnis für Aussagenlogik sehr schwer damit. Die „Wenn-Dann-Aussagen" werden einfach fehlerhaft verstanden. Das zieht durch viele Bereiche unseres Alltags. So ist etwa unvergessen unlogisch der Slogan für eine bestimmte Sorte Pfefferminzbonbons: „No ..., no kiss!" Hier sollte suggeriert werden, dass das Lutschen eines entsprechenden Bonbons einen Kuss garantiert, aber leider bedeutet der Slogan, dass ein Kuss das Lutschen des Bonbons impliziert. Interessanterweise haben Arbeiten in den 1980er und 1990er Jahren gezeigt, dass eine auf die Probanden zugeschnittene Anleitung den Anteil der korrekten Antworten erhöht. Das Lösen der Aufgabe scheint durch Formulierungen erleichtert werden zu können.[22]

Es gibt einige sehr schöne Übertragungen, in denen das theoretische Umfeld der Karten verlassen und stattdessen eine realistische Situation geschildert wird, die dem Experiment exakt entspricht. Eine der Situationen ist sehr alltäglich; es geht um Alkohol in der Öffentlichkeit.[23] *Wason's Selection Task* kann in folgende zu überprüfende Aussage gekleidet werden:

Wenn jemand in der Öffentlichkeit Alkohol trinkt,

dann muss er mindestens 16 Jahre alt sein. (4.14)

Diese Regel hat die gleiche Struktur wie die Kartenregel (4.13), nämlich die einer „Wenn-Dann-Aussage". Das Trinken von Alkohol in der Öffentlichkeit entspricht hierbei einem Vokal (das Nichttrinken mithin einem Konsonanten), und die Erfüllung des Mindestalters von 16 Jahren entspricht einer geraden Zahl (Jüngere daher einer ungeraden Zahl). Jemand muss nun diese Regel überprüfen und geht dazu in eine Wirtschaft, wo vier Menschen um einen Tisch sitzen. Diese vier Menschen entsprechen der Übersetzung der Karten aus Abb. 4.11 in diesen Kontext in folgender Weise:

E: ein jugendlicher Gast, der ein offensichtlich alkoholhaltiges Getränk konsumiert, dessen Alter aber schwierig zu schätzen ist.
K: ein ebenfalls jugendlicher Gast unbestimmbaren Alters, der Wasser trinkt.
4: der Dorfälteste, dessen Getränk in einem nicht einsehbaren Krug vor ihm steht.
7: ein Kind, das ebenfalls einen solchen Krug vor sich stehen hat.

Welche dieser vier Gäste sind zu überprüfen? Nun, auf jeden Fall derjenige, der E entspricht. Bei diesem Jugendlichen muss man sich den Ausweis zeigen lassen, um zu überprüfen, ob er alt genug ist, um Alkohol trinken zu dürfen. Ebenfalls muss überprüft werden, was für ein Getränk sich in dem Krug des Kindes 7 befindet. Dagegen kann man sich die Überprüfung von K und 4 schenken: Wasser darf jeder trinken, und der Dorfälteste darf trinken, was er will. Und schon wird die Geschichte und damit die Entscheidung äußerst einfach und für uns überschaubar. Bei *Wason's Selection Task* handelt es sich natürlich sowohl bei der ursprünglichen abstrakten als auch bei der in eine Alltagsgeschichte eingekleideten Form um Mathematik. Die logischen Schlüsse, die hier zu ziehen sind, unterscheiden sich in keinster Weise, nur sind sie manchen Menschen in der einen und manchen in der anderen Weise zugänglicher.

In seinem Nachruf auf Peter Wason fasste Philip Johnson-Laird 2003 die nicht im Geringsten verminderte Aktualität des Problems folgendermaßen in Worte:

> This selection task, which Wason tried out during a year at the Harvard centre for cognitive studies in 1963, was not published until three years later. It has launched more investigations than any other cognitive puzzle. To this day – and to Wason's delight – its explanation remains controversial. Its continued popularity among researchers is borne out by its current ban from a major psychological journal.[24]

4.2.4 Entscheidungsprozesse in Gruppen

Innerhalb einer Gruppe auf einen Konsens zu kommen, kann ein schwieriges, oft kaum mögliches Unterfangen sein. Mit *Wason's Selection Task* hat man ein wunderbares Experiment, das mögliche verschiedene Stufen eines solchen Entscheidungsprozesses beleuchtet. Darüber hinaus macht sich die Gruppe auch über Facetten der Logik Gedanken. Neben den bei der bloßen Lösung auftretenden Schwierigkeiten ist es sehr aufschlussreich, die Aufgabe einer Gruppe zur Entscheidung vorzulegen, so etwa in folgendem dreistufigen Experiment: In einem ersten Schritt überlegt jeder Teilnehmer für sich eine Lösung; danach wird dies zusammen getragen und das Ergebnis für alle sichtbar gemacht, etwa durch eine Strichliste. Der zweite Schritt geht dann bereits vom Individuum weg zur Gruppe: Es wird zu einer Wiederholung der Abstimmung aufgefordert. Dabei kann nun jeder für sich entscheiden, ob und in welcher Weise man sich von dem Ergebnis der ersten Abstimmung beeinflussen lässt. Hat man beispielsweise festgestellt, dass man als einziger die Meinung vertritt, es müssten die Karten E, 4 und 7 umgedreht werden, so kann man dies nun noch einmal überdenken. Auch der zweite Schritt endet mit einer erneuten Abstimmung, deren

4.2 Kooperation und Gruppenentscheidungen

Ergebnis für alle sichtbar wird. An dieser Stelle entstehen in der Regel Abweichungen zur ersten Abstimmung, und bei der Durchführung des Experiments mit einer Gruppe merkt man häufig, dass nun eine Diskussion gewünscht wird. Genau dies passiert dann auch in einem dritten Schritt, und hier wird die Sache interessant. Es werden nämlich nun Gruppen geeigneter Größe (vielleicht zwischen vier und sechs Teilnehmenden) gebildet, und es geht nun darum, in der Gruppe eine gemeinschaftliche Entscheidung zu treffen, einen Konsens zu finden. Als Anreiz kann man in der Anleitung des Experiments für die Gruppe, die sich als erste *gemeinschaftlich für das richtige Ergebnis* entscheidet, einen Preis ausloben.

Führt man das Experiment so durch, so spiegeln die drei Schritte im Prinzip die drei Hauptkapitel dieses Buches wider. Zu Beginn wird man mit einem Problem konfrontiert und überlegt für sich allein eine Lösung, ganz individuell-rational. Der zweite Schritt bedeutet eine Öffnung nach außen; es werden nun zwangsläufig die Ergebnisse anderer mit einbezogen in einen erneuten Entscheidungsprozess. Noch ist es keine wirkliche Kooperation, aber die Palette der Wirkungen, die die veröffentlichte Ergebnisliste der ersten Abstimmung haben kann, ist groß: Bestätigung, falls man der gleichen Meinung wie die Mehrheit war; Zweifel, falls andere Meinungen stärker vertreten sind; Bestürzung vielleicht, wenn einem klar wird, dass man mit seiner Meinung allein dasteht. Dies kann eine enorme Dynamik in die Gruppe bringen – die sich dann im dritten Schritt, der Diskussion, auch der Überzeugungsarbeit, äußert.

Auch Gruppenentscheidungen verlaufen nicht immer rational, und häufig gibt es auch keinen festen Weg, zu einer rationalen Entscheidung geleitet zu werden, wie dies etwa bei *Wason's Selection Task* der Fall war. Es ist sogar häufig noch schlimmer, und Entscheidungen einer Gruppe können irrational sein. Ein berühmtes Beispiel, das wir hier in seiner Urversion vorstellen, ist die *Dollar-Auktion*. Sie wurde in dieser Form von Martin Shubik vorgeschlagen.[25] Shubik war ein amerikanischer Wirtschaftswissenschaftler und Mathematiker, den das menschliche Verhalten in Entscheidungssituationen stets faszinierte und der sich im Rahmen der Spieltheorie fragte: Wie abhängig ist menschliches Verhalten von der Situation, und was speziell „passiert" mit uns Menschen im Wettbewerb? Die Dollarauktion ist ein interessantes Beispiel für menschlichen Unverstand, und zwar schon im überschaubarsten Umfeld. Sie folgt einfachen Spielregeln: Es wird ein Dollar versteigert, und zwar so, dass, wie üblich, der Meistbietende den Dollar erhält. Zusätzlich aber muss der Teilnehmende mit dem zweithöchsten Gebot dieses ebenfalls an den Auktionator zahlen. Natürlich sind mindestens zwei Bietende erforderlich. Je mehr aber zu Beginn mit dabei sind, um so einfacher ist es, das Spiel zunächst einmal in Gang zu bekommen. Shubik schlägt hier etwa die aufgelockerte Atmosphäre bei einer Party vor.

Das In-Gang-Kommen ist tatsächlich schon der erste von drei kritischen Punkten. Hier braucht es einen fähigen, motivierenden Spielleiter, der den Dollar gut anzupreisen versteht, als Anfangsgebot etwa den lächerlich geringen Preis von einem Cent fordert. Sind erst einmal zwei Gebote abgegeben worden, kommt das Spiel recht schnell in Schwung. Es gibt einen zweiten kritischen Punkt, und zwar bei der Überschreitung der 50-Cent-Grenze, denn ab diesem Zeitpunkt ist klar, dass der Auktionator mit Gewinn aus dem Spiel geht. Schließlich nähern sich die Bieter der Dollargrenze. In der Praxis zeigt sich übrigens, dass sehr schnell nur noch zwei Bieter übrig bleiben. Sind etwa 99 Cent geboten (die bei Zuschlag noch einen Gewinn von einem Cent versprächen), so bedeutet das Folgegebot von einem Dollar, dass man immerhin noch ohne Verlust aus dem Spiel gehen kann. Der 99-Cent-Bieter aber wird dann erhöhen, beispielsweise auf 1,01 Dollar, denn besser, er zahlt einen Cent drauf, als dass er sein 99-Cent-Gebot für nichts begleichen müsste. Und so fort; beide müssen mittlerweile mehr als einen Dollar bieten, um einen Dollar zu gewinnen.

Die Situation eskaliert also, und den Bietenden geht es nur noch darum, nicht nachzugeben, das Gesicht zu wahren, Stärke zu zeigen, keine Schwäche. Das ursprüngliche Ziel ist aus den Augen verloren. Sozialer Druck, etwa auf einer Party, der Bestrafungswunsch des Konkurrenten, dem sie diese dumme Situation zu verdanken haben, all das verursacht Stress. Nicht selten enden Realisierungen der Dollar-Auktion in Zerwürfnissen, und psychologische Experimente ergeben häufig, dass die Schuld an der Eskalation stets auf den Konkurrenten geschoben wird.

Wo begegnet uns die Dollar-Auktion im Alltag? Das Phänomen, zu einem gewissen Zeitpunkt bereits so viel investiert zu haben, dass eine Umkehr irrational erscheint, während doch eigentlich das Festhalten an der Entscheidung das Irrationale ist, hat viele Realisierungen in der Praxis. Die „Concorde-Falle" etwa: Auf Basis eines Regierungsabkommens wurde seit den 1960er Jahren die Entwicklung der Concorde von der französischen und britischen Luftfahrtindustrie vorangetrieben. Auch wenn bald klar war, dass die Kosten gigantisch würden und nichts mehr mit der ursprünglichen Planung zu tun hatten, ließ man von dem Projekt nicht ab, sondern investierte weiter, ein Vielfaches der geplanten Summe. Auch als die Entwicklung beendet und das Flugzeug gebaut war, hätte man besser daran getan, es gar nicht in Betrieb zu nehmen. Doch wie es so ist mit Prestigeobjekten, niemand wollte die Schuld des Scheiterns tragen. Auch in alltäglicheren Situationen finden wir es wieder, das Phänomen: Wer hat nicht schon an einer Bushaltestelle gestanden und sich, je weiter die Zeit voranschritt, gesagt, dass nun doch wohl endlich der Bus kommen müsse. Die Entscheidung, sich mit der verlorenen Zeit abzufinden und einfach zu Fuß zu gehen oder ein Taxi zu nehmen, fällt unglaublich schwer.

Dass das geschilderte Phänomen mittlerweile bei weitem nicht überwunden ist, sondern sich in das 21. Jahrhundert hinüber gerettet hat und dort Aspekte verschieder Disziplinen miteinander verbindet, zeigt u. A. die Arbeit einer Gruppe an der Rutgers State University New Jersey.[26] Die Forscher führten mit den Versuchspersonen eine Auktion und eine Lotterie durch, also Verfahren mit gruppendynamischen, aber auch individuellen Komponenten. Es konnte nachgewiesen werden, dass das Überbieten bei Auktionen, das mit einem absolut unangemessenen Preis endet, keinesfalls nur auf eine gesteigerte Risikobereitschaft, auf pure Gewinnlust zurückzuführen ist. Vielmehr ist dieses Phänomen, das dem der Dollar-Auktion entspricht, in einer tiefen Versagensangst, einer Angst vor Niederlagen verwurzelt. Die Gruppe in New Jersey konnte dies mit Hilfe moderner bildgebender Verfahren, wie etwa der funktionellen Magnetresonanztomographie, die Hirnaktivitäten sichtbar machen können, nachweisen. Hier wird die Grenze zwischen „harter, rationaler" Risikoanalyse und „weicherer" Verhaltensforschung überschritten.

4.3 Die Auswahl von Wegen

Eines der klassischen Entscheidungsprobleme ist die Auswahl des richtigen Weges, wobei je nach Situation und Anspruch zu klären ist, was „richtig" bedeuten soll. Sehr häufig wird die kürzeste Verbindung zwischen zwei Punkten gesucht sein, was sich auf die Strecke, aber auch auf die zu erwartende Zeit, oder auch auf beides beziehen kann. Bei logistischen Fragen werden darüber hinaus auch häufig die anfallenden Transportkosten berücksichtigt. Der Straßenverkehr ist einer der Orte, an denen Menschen gezwungenermaßen mit ihren verschiedenen Charakteren, Meinungen, Auffassungen aufeinanderprallen. Hier vielleicht weniger als anderswo ist er vernünftigen Argumenten zugänglich. Als Verkehrsteilnehmer schlüpfen nicht wenige von einer Sekunde zur nächsten in eine Rolle, die sie voll und ganz ausfüllen. Da gibt es viel Potential für Missverständnisse.

4.3.1 Egoismus oder Rücksicht

Wir betrachten eine vereinfachte, in ihrem Kern aber nichtsdestoweniger realistische und typische Situation. Zwischen den beiden Orten A und B besteht ein hohes Pendleraufkommen. Es gibt zwei Möglichkeiten, von A nach B zu gelangen, und zwar mit dem Auto über eine Schnellstraße und mit dem öffentlichen Nahverkehr in Form einer Schnellbahn. Diese benötigt für die Strecke konstant 40 Minuten. Die auf der Schnellstraße benötigte Zeit T hängt dagegen, zumindest während der Stoßzeiten, wegen der Fülle der Fahrzeuge viel weniger von der Geschwindigkeit des Einzelnen ab. Da nämlich individuelles Rasen kaum in Frage kommt, ist der ausschlaggebende Faktor hier die Gesamtzahl der Fahrzeuge. Je mehr Pendler auf der Straße unterwegs sind, um so länger benötigt jeder einzelne für die Fahrt.

Wie lässt sich eine solche Abhängigkeit mathematisch modellieren? Da sich eine Steigerung der Verkehrsdichte negativ auf die Zeit auswirkt, ist es sinnvoll, als Variable den Anteil p der Pendler zu nehmen, die die Schnellstraße nutzen, wobei sich p dann zwischen 0 und 1 bewegen kann. Was die genaue Abhängigkeit angeht, so folgen hier einem geläufigen Ansatz und nehmen an, dass die benötigte Zeit T proportional *zum Quadrat des Anteils* p ist.[27] Das ist bei weitem nicht der einzig mögliche Ansatz. Dass $T(p)$ mit wachsendem p zunimmt, ist selbstverständlich, aber für die Art und Weise dieses Wachstums gibt es mehrere Möglichkeiten. Lineares Wachstum wäre zwar besonders einfach, modelliert aber die Realität nicht hinreichend gut. Nominell gleiche Zuwachsraten von p wirken sich nämlich sicher anders aus, je nachdem, wie groß das Verkehrsaufkommen bereits ist. Bei einem quadratischen Wachstum wird dies berücksichtigt. Noch realistischer wäre ein logistisches Wachstum, mit anfänglicher Zunahme und späterer Abnahme der Wachstumsraten. In diesem Modell gäbe es dann auch eine Art „Sättigungswert", eine obere Schranke für die Zeit, die bereits ab einem hinreichend hohen, aber noch deutlich unter 1 liegenden Wert für p erreicht würde. Für solches logistisches Wachstum müsste man mit Exponentialfunktionen arbeiten. Hier wird nun aber für die benötigte Zeit $T(p)$ der Ansatz

$$T(p) = \alpha \cdot p^2 \quad \text{(mit einem positiven Proportionalitätsfaktor } \alpha\text{)} \tag{4.15}$$

gemacht. Nutzen *alle Pendler* die Schnellstraße, so gilt $p = 1$, und somit beträgt die von jedem Einzelnen hierfür benötigte Zeit α Minuten. Ist $\alpha < 40$, ist man damit also schneller als bei Benutzung der Schnellbahn. Nehmen wir etwa

$$\alpha = 35$$

an und gehen davon aus, ein gewisser kleiner Anteil der Pendler, etwa 10 %, sei bereit, auf die Schnellbahn umzusteigen. In diesem Fall verkürzt sich die auf der Schnellstraße benötigte Zeit auf $35 \cdot 0{,}9^2 = 28{,}35$ Minuten. Die *mittlere Fahrzeit aller Pendler* betrüge dann

$$0{,}1 \cdot 40 + 0{,}9 \cdot 28{,}35 = 29{,}515 \text{ Minuten} . \tag{4.16}$$

Es stellt sich heraus, dass die mittlere Fahrzeit von 35 Minuten (im Fall, dass alle die Schnellstraße nutzen) tatsächlich um gute 15 % verkürzt werden kann. Die Frage ist nun: Wird dies auch passieren? Wird ein gewisser Anteil der Pendler sich darauf einlassen, die individuelle Fahrzeit durch den Umstieg auf die Schnellbahn zu verlängern und somit die durchschnittliche Fahrzeit aller zu verkürzen? Wir erkennen hier einen Situationstyp wieder, wie er uns im Alltag sehr häufig begegnet. An einer Kasse im Supermarkt stehen beispielsweise zwei Kunden. Der erste hat einen ziemlich vollen Einkaufswagen, während der zweite nur ein oder zwei Teile zu bezahlen hat. In einer Welt voller Egoisten – voller *homines oeconomici* – wird diese kleine Schlange der Reihe nach abgefertigt. Nehmen wir an, dass die Zeit, die für das Abkassieren des Zweiten benötigt wird, vernachlässigbar ist, so stimmt die durchschnittliche Wartezeit der beiden Kunden mit der Wartezeit des ersten überein, da mit dem ersten auch der zweite Kunde gezwungen ist zu warten. Lässt hingegen der erste den zweiten vor, so wird er selber kaum eine Verschlechterung spüren (in der Praxis wird er häufig ohnehin noch damit beschäftigt sein, seine Ware auf das Band zu legen), während der zweite, glücklich, das Geschäft in kürzester Zeit verlassen kann. Die durchschnittliche Wartezeit in diesem Szenario hat sich quasi halbiert.

Bei der oben beschriebenen Situation der Pendler hätten einige die Möglichkeit, durch ihren Umstieg auf den Nahverkehr den anderen Pendlern eine deutliche Zeiteinsparung zu „schenken". Für die Umsteiger würde dies eine kaum wahrnehmbare Verlängerung ihrer Fahrzeit bedeuten. Die Menschen, die auf den Nahverkehr umsteigen, sind vermutlich auch die Menschen, die anderen Kunden an der Supermarktkasse den Vortritt lassen. Man kann das Szenario als ein Mehr-Personen-Spiel betrachten. Falls alle Pendler mit dem Auto fahren, ist dann in diesem Spiel ein Nash-Gleichgewicht erreicht, denn wer seine Strategie ändert und den Nahverkehr nutzt, verschlechtert sich. In der Tatsache, dass sich die Gemeinschaft der Pendler, was ihre *mittlere Fahrzeit* angeht, verbessern könnte, erkennt man das Gefangenendilemma. Ohne zusätzliche Anreize wird es sehr schwierig sein, einen einzelnen Pendler davon zu überzeugen, eine längere Fahrzeit in Kauf zu nehmen.

Das hier vorgestellte vereinfachte Beispiel der Pendler berücksichtigt zugegebenermaßen einige Aspekte nicht hinreichend. So wird es sicher unter den Pendlern solche geben, die gern ein wenig länger unterwegs sind, wenn sie dafür dem Stress beim Autofahren entgehen können. Neben der Zeit spielen auch die Kosten eine nicht zu unterschätzende Rolle, etwa die Kosten der Fahrkarte für den Nahverkehr oder der aktuelle Benzinpreis. Auch die laufenden Kosten für ein Auto sind zu berücksichtigen. Das Modell kann beliebig komplex ausgestaltet werden, wird etwas schwieriger kalkulierbar, doch der wesentliche Kern bleibt.

4.3.2 Abkürzungen bringen nichts

Seit dem Jahr 1970 wird in den USA der sogenannte *Earth Day* begangen.[28] Anlässlich des 20. Jahrestags wurde am 22. April 1990 nach dem Beschluss des damaligen New Yorker Verkehrsbeauftragten Lucius J. Riccio die 42. Straße in New York gesperrt. Natürlich rechnete jedermann mit einer Katastrophe. Doch entgegen allen Erwartungen gab es keinen Stau historischen Ausmaßes, ganz im Gegenteil: Der Verkehrsfluss *verbesserte sich* sogar. In der New York Times vom 25. Dezember 1990 liest man:

> On Earth Day this year, New York City's Transportation Commissioner decided to close 42d Street, which as every New Yorker knows is always congested. Many predicted it would be doomsday, said the Commissioner, Lucius J. Riccio. You didn't need to be a rocket scientist or have a sophisticated computer queuing model to see that this could have been a major problem. But to everyone's surprise, Earth Day generated no historic traffic jam. Traffic flow actually improved when 42d Street was closed. To mathematicians, this may be a real-world example of Braess's paradox, a statistical theorem that holds that when a network of streets is already jammed with vehicles, adding a new street can make traffic flow even more slowly.[29]

In der Tat war dieses überraschende Ergebnis nichts anderes als eine Realisierung des berühmten *Braess-Paradoxons*, das seinen Namen dem Mathematiker Dietrich Braess verdankt.[30] Die Erkenntnis aus dem Jahr 1990 in New York, dass nämlich das Entfernen zusätzlicher Wege den Verkehrsfluss verbessern kann, ist eine umgekehrte Formulierung des Paradoxons. Positiv formuliert besteht es darin, dass in einem System äußerst belasteter Verkehrswege sich die durch das Hinzufügen eines zusätzlichen Weges beabsichtigte Entlastung ins Gegenteil verkehren kann. Im Prinzip manifestiert es sich also in der umgangssprachlichen Erkenntnis „Abkürzungen bringen nichts". Es kann sogar sein, dass sich die Gesamtsituation verschlimmert. Wer hat nicht schon einmal den Wunsch gehabt, durch eine Abkürzung schneller voranzukommen, musste aber dann erkennen, dass es stattdessen eine Verzögerung gab? Das Braess-Paradoxon bietet eine quantitative Konsolidierung dieses vagen Gefühls. Die hier vorgestellte Fassung ist gegenüber dem Original leicht variiert.

Die vier Städte A, B, C und D, von denen je zwei auf den beiden Seiten eines Flusses liegen, sind bereits durch vier Straßen miteinander verbunden, und zwar durch zwei Autobahnen und zwei Landstraßen, in der Weise, wie es der obere Teil der Abb. 4.12 zeigt. Die beiden Autobahnen, die A mit C bzw. B mit D verbinden, führen bereits auf großen

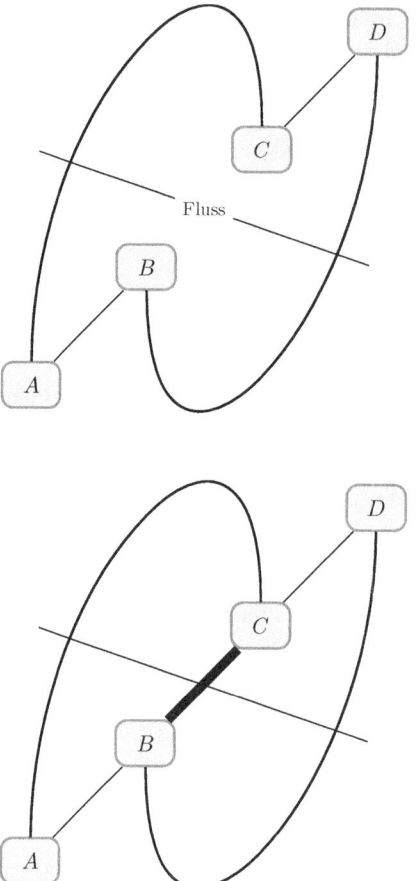

Abb. 4.12 Die Verbindungen AC und BD sind Autobahnen; die Verbindungen AB und CD sind schlecht befahrbare Landstraßen. Über den Fluss soll nun eine Brücke BC errichtet und so eine zusätzliche Strecke ermöglicht werden

Brücken über den Fluss. Die Verbindungen zwischen A und B bzw. zwischen C und D sind durch zwei nicht mehr ganz gut erhaltene Landstraßen gegeben. Zwischen den Städten A und D herrscht nun täglich ein großes Pendleraufkommen, und bislang haben die Pendler die Wahl zwischen zwei Strecken, bei denen jeweils ein Teil über die Autobahn und ein Teil über die Landstraße führt, nämlich ABD und ACD.

Ähnlich wie in dem Beispiel aus dem vorhergehenden Abschnitt hängen hier die Fahrzeiten für jede Strecke von der Anzahl der insgesamt auf dieser Strecke fahrenden Autos bzw. vom Anteil der Pendler, die die Strecke wählen, ab. Bei der Modellierung machen wir erneut den Ansatz, dass die benötigte Zeit in quadratischer Weise vom Anteil p der Pendler abhängt. Diesmal jedoch muss die unterschiedliche Beschaffenheit der Autobahnen (AC und BD) und der schlechter befahrbaren Landstraßen (AB und CD) durch verschiedene

4.3 Die Auswahl von Wegen

Werte für den Proportionalitätsfaktor α modelliert werden. Eine vernünftige Annahme ist etwa, den Wert für die Autobahn auf $\alpha_A = 10$ und den Wert für die Landstraße auf $\alpha_L = 50$ festzusetzen. Außerdem gehen wir hier davon aus, dass bei absolut freier Fahrt (also für $p = 0$) für beide Strecken die gleiche Zeit benötigt werde, sagen wir 30 Minuten. Die unterschiedlichen Geschwindigkeiten stellen wir uns als durch unterschiedliche Streckenlängen ausgeglichen vor. Mit diesen Annahmen können wir die Zeitfunktionen

$$T_{\text{Autobahn}}(p) = 30 + 10p^2 \qquad (4.17)$$

und

$$T_{\text{Landstraße}}(p) = 30 + 50p^2 \qquad (4.18)$$

ansetzen. Beide möglichen Strecken, also ABD und ACD, setzen sich aus einem Stück Autobahn und einem Stück Landstraße zusammen, und die gesamte Fahrzeit ergibt sich durch Addition. Spielen wir ein extremes Szenario durch und nehmen an, dass sich *alle Pendler* für die Route ABD entscheiden. Das Landstraßenteilstück AB ist demnach überfüllt, und es ergibt sich hierfür mit $p = 1$ eine Fahrzeit von 80 Minuten. Zu diesen 80 Minuten kämen in diesem Szenario noch 40 Minuten für das ebenfalls überfüllte Autobahnteilstück BD, so dass mit einer Gesamtzeit von 120 Minuten zu rechnen wäre. Glücklich wäre hier jemand, der den anderen Weg wählt, denn seine Fahrzeit dauert wegen $p \approx 0$ insgesamt nur etwa 60 Minuten.

Nun wird sich dies natürlich in der Praxis nicht so einstellen. Man wird davon ausgehen können (und nichts spräche dagegen, dies zu tun), dass sich die Pendler ziemlich genau aufteilen, so dass man sowohl für die Autobahn als auch für die Landstraße den Wert $p = 0{,}5$ ansetzen kann. So ergibt sich eine Fahrzeit von

$$T_{\text{gesamt}} = T_{\text{Autobahn}}(0{,}5) + T_{\text{Landstraße}}(0{,}5) = 75 \text{ Minuten}. \qquad (4.19)$$

Auf die Situation kann man auch aus spieltheoretischer Sicht blicken: Die Aufteilung mit $p = 0{,}5$ ist dann stabil, ein Nash-Gleichgewicht. Das Abweichen einzelner Pendler von einer Strecke zur anderen hat zunächst keinen großen Einfluss, weil die Änderung des Wertes für p kaum spürbar wäre. Erst bei der Abweichung vieler würde sich eine Änderung bemerkbar machen, dann allerdings zum Schlechten, wie wir oben bei der Betrachtung des Extrem-Szenarios gesehen haben.

Um den Pendlern entgegenzukommen, haben sich die verantwortlichen Kommunalpolitiker der Städte A und D nun in den Kopf gesetzt, dass zwischen B und C eine weitere Brücke über den Fluss errichtet werden soll. Die Durchfahrtzeit bei freier Strecke über diese Brücke betrüge nur 10 Minuten, und als Wert für α kann man hier einen ähnlichen wie bei den Autobahnen ansetzen, denn die Brücke ist neu, die Straße in hervorragendem Zustand, breit ausgebaut. Es kann daher folgendermaßen modelliert werden:

$$T_{\text{Brücke}}(p) = 10 + 10p^2. \qquad (4.20)$$

Den Bewohnern von B und C wird eingeredet, dass sie ja von einer direkten Verbindung zwischen ihren Städten profitieren würden, doch möchten die Bewohner von B und C nicht zu Durchfahrtsorten werden. Daher überlegen sie sich folgende kluge Argumentation gegen die Brücke: In einem möglichen Szenario teilen sich die Pendler wiederum gleichmäßig auf die nun drei möglichen Strecken (ABD, ACD und $ABCD$) auf. Zwei Drittel fahren nun also eine der beiden alten Strecken, während ein Drittel die neue Strecke über die Brücke nutzt. Dabei ist allerdings zu beachten, dass beispielsweise das Teilstück AB sowohl von den Pendlern, die sich für ABD, als auch von denen, die sich für $ABCD$ entschieden haben, genutzt wird. Daher muss bei der Kalkulation der benötigten Gesamtzeit für diese Abschnitte der Wert für p auf zwei Drittel gesetzt werden. Es ergeben sich dann die Zeiten

$$T_{ABD} = T_{ACD} = T_{\text{Autobahn}}\left(\frac{1}{3}\right) + T_{\text{Landstraße}}\left(\frac{2}{3}\right) = 83{,}33 \text{ Minuten} \qquad (4.21)$$

und

$$T_{ABCD} = T_{\text{Landstraße}}\left(\frac{2}{3}\right) + T_{\text{Brücke}}\left(\frac{1}{3}\right) + T_{\text{Landstraße}}\left(\frac{2}{3}\right) = 115{,}56 \text{ Minuten} , \qquad (4.22)$$

ein verblüffendes Ergebnis, denn sämtliche Pendler in diesem Szenario benötigen *mehr Zeit* als vor der Bereitstellung der dritten Strecke. Was also bringt dann der Bau der Brücke? Es verhält sich sogar so, dass diejenigen Pendler, die konkret die neue Brücke benutzen, sich sogar extrem verschlechtern. Der offenkundige Grund hierfür ist, dass sie *beide Landstraßenteilstücke* befahren müssen.

So wie bei der gleichmäßigen Aufteilung der Pendler auf die drei Strecken argumentiert wurde, kann man auch bei anderen Werten argumentieren. Im Fall etwa, dass alle die neue Strecke benutzen, einem weiteren Extrem-Szenario also, ergäbe sich eine Gesamtzeit von sogar 180 Minuten. Nutzt nur ein Fünftel die neue Strecke und je zwei Fünftel die beiden alten Strecken, so ergeben sich die Zeiten

$$T_{ABD} = T_{ACD} = T_{\text{Autobahn}}\left(\frac{2}{5}\right) + T_{\text{Landstraße}}\left(\frac{3}{5}\right) = 79{,}6 \text{ Minuten}$$

und

$$T_{ABCD} = T_{\text{Landstraße}}\left(\frac{3}{5}\right) + T_{\text{Brücke}}\left(\frac{1}{5}\right) + T_{\text{Landstraße}}\left(\frac{3}{5}\right) = 106{,}4 \text{ Minuten} ,$$

was gegenüber den obigen Werten zwar eine geringfügige Verbesserung bedeutet, jedoch noch immer schlechter ist als die ursprüngliche Situation. Die mittlere Fahrzeit ist in dem neuen Szenario immer größer als 75 Minuten. Somit ergibt sich das erstaunliche Resultat: Der Bau der Brücke würde – zumindest, was die *durchschnittliche Fahrzeit* der Pendler bedeutet – keine Verbesserung bedeuten. Die Gegner der neuen Verbindung haben somit ein gutes Argument auf ihrer Seite.

Man mache sich nun durchaus noch einmal Folgendes klar: Falls niemand die neue Verbindung nutzt und sich die Pendler wie zuvor gleichmäßig auf die beiden alten Strecken aufteilen, so würde auch ein einzelner Autofahrer bei Nutzung der neuen Strecke *keine erhebliche Verbesserung* erzielen, denn in diesem Fall könnte man $p = 0$ für das neue Stück ansetzen und erhielte für diesen einzelnen Fahrer eine Zeit von

$$T_{ABCD} = T_{\text{Landstraße}}\left(\frac{1}{2}\right) + T_{\text{Brücke}}(0) + T_{\text{Landstraße}}\left(\frac{1}{2}\right) = 95 \text{ Minuten} . \quad (4.23)$$

Praktische Realisierungen dieses zunächst theoretischen Braess-Paradoxons gibt es neben dem eingangs erwähnten Earth-Day-Phänomen auch in Deutschland zuhauf. So waren etwa die Verantwortlichen der Stuttgarter Verkehrsplanung im Jahre 1969 sehr überrascht, als rund um den Schlossplatz trotz enormer Investitionen ins Straßennetz der Verkehrsfluss ins Stocken kam. Nachdem ein Teil der betroffenen Straßen zur Fußgängerzone erklärt worden war, entspannte sich die Situation wieder. Ein weiteres Beispiel liefert das prestigeträchtige Tunnelprojekt *Mittlerer Ring Ost* in München. Im Juli 2009 wurde es nach rund sechs Jahren Bauzeit und für rund 320 Millionen € Gesamtkosten abgeschlossen. Am 24. April 2002 hatte der Stadtrat das Projekt genehmigt, und die Arbeiten zur Untertunnelung der Richard-Strauß-Straße begannen im Sommer 2003. Das Hauptstück des dreigeteilten Tunnels ist etwa 1,5 Kilometer lang und somit Münchens längster Verkehrstunnel. Zusätzlich wurde mit einem 400 Meter langen Seitentunnel unter der Einsteinstraße die Autobahn A 94 München-Passau direkt an den Haupttunnel unter der Richard-Strauss-Straße angebunden. Die Gesamtkosten lagen bei rund 320 Millionen €, von denen die Stadt München knappe zwei Drittel selber trug. Da die Oberfläche der Richard-Strauss-Straße nach Beendigung der Tunnelarbeiten ebenfalls wieder für den Verkehr freigegeben werden wurde – wenn auch verkehrsberuhigt durch Verbreiterung der Gehwege und Reduzierung der Fahrspuren von vier auf zwei – hatten die Autofahrer nun grundsätzlich zwei Möglichkeiten, das Stück vom Effnerplatz bis zum Leuchtenbergring zu befahren: oberirdisch oder unterirdisch. Nach einer Pressemeldung aus dem Jahre 2009 rechnete die Stadt München mit künftig knapp 100.000 Autos, die täglich den Tunnel nutzen würden. An der Oberfläche würde mit 6000 Autos täglich gerechnet. Doch erste Erfahrungswerte zeigten, dass alles nicht so wie geplant funktioniert. Die Autofahrer beklagten sich über „Staus, wo vorher keine waren", und der Vorteil der neuen Strecke schien sich zunächst, was durchschnittliche Fahrzeiten angeht, ins Braess-Paradoxon zu kehren.

4.3.3 Die Wahl des kürzesten Weges

Ein in den letzten Jahren bei zunehmender Anzahl der Verkehrswege immer akuter gewordenes Problem, das sich nun vielleicht auch nach den oben besprochenen Szenarien aufdrängt, ist die Frage nach dem „richtigen" Weg, dem kürzesten, dem schnellsten. Wer sagt denn nun, welche Route man nehmen sollte? Eine moderne und nicht unumstrittene Antwort auf diese Frage bieten die heute üblichen Navigationssysteme, die mittlerweile zum Alltag vieler Autofahrer gehören. Was hat man von diesen Geräten zu halten, die doch die Fahrer in zwei Lager zu spalten scheinen? Von einer segensreichen Erfindung, ohne die man aufgeschmissen sei, reden da die einen, und die anderen sind der Überzeugung, jeder Mensch, der sein Geschick dermaßen in die Hand einer Technologie legt, könne doch nur verblöden. Gewiss, es klingt verlockend: Kein mühseliges Herumsuchen mehr auf zerknitternden Straßenkarten, statt dessen einfach eine Eingabe des Ziels ins System, und schon wird man dorthin geleitet, wohin man will. Warum dann eine offenbar so gut geplante Tour nicht selten dennoch im Stau endet, lässt viele ratlos zurück. Das Entstehen eines Staus ist ein zwar in den vergangenen Jahren reichlich erforschtes Phänomen, doch sind wir noch weit davon entfernt, die Problematik als gelöst zu betrachten.

Der Grundgedanke solcher Systeme ist ein uraltes Problem aus der Graphentheorie, nämlich das Finden des kürzesten Weges in einem Netzwerk. Ein System von Straßen kann durch einen Graphen modelliert werden, dessen Kanten mit Zahlen versehen sind. Diese Zahlen, Bewertungen genannt, sind ein Maß für die Entfernung zwischen den beiden Knoten, die sie verbindet. Die Begriffe „Entfernung" und „kürzester Weg" beziehen sich dann auf diese Zahlen, und bei der Festsetzung dieser Zahlen fließen in der Regel sowohl die durchschnittliche zeitliche als auch die räumliche Entfernung mit ein. Ein kürzester Weg zwischen A und B bedeutet also immer einen Weg von A nach B, der über Kanten mit minimaler Bewertungssumme führt.

Nun ergibt sich ein natürliches, aber gar nicht einfaches Problem, nämlich die Bestimmung der Entfernung zweier Knoten in einem beliebigen Graphen voneinander, mit anderen Worten also die Bestimmung eines kürzesten Weges zwischen diesen Knoten. Solche Entfernungsprobleme sind in der Praxis unglaublich wichtig. Ein Unternehmen etwa will vom Produktionsstandort aus eine Zahl von Auslieferungslagern beliefern, und dies möglichst ohne Umwege. Das komplexe System des Internets ist ebenfalls auf Algorithmen zur Längenoptimierung angewiesen. Man denke nur an die enorme Zahl lokaler Netzwerke, bei denen für je zwei Rechner eine direkte Verbindung ermöglicht werden soll. Rechner aus verschiedenen Netzwerken tun dies mit Hilfe sogenannter Router, deren Aufgabe darin besteht, die zu übertragenden Daten an den Router des Zielnetzwerkes zu übermitteln. Jeder Router hat dabei zu den anderen eine direkte Verbindung und „kennt" die (zeitliche) Entfernung zu allen anderen Routern. Im Laufe der Zeit entsteht durch den ständigen Datenaustausch nach und nach ein Überblick über den dem Netzwerk zugrunde liegenden Gesamtgraphen. Da sich die Übertragungszeiten, etwa belastungsbedingt, auch ändern können, müssen die Daten stets aktualisiert werden. Und schließlich taucht das Problem eben auch bei der Routenplanung auf.

Den berühmtesten Algorithmus zur Bestimmung eines kürzesten Weges, den Dijkstra-Algorithmus, stellen wir hier in aller Kürze vor.[31] Die Grundidee dieses Algorithmus besteht darin, von einer gegebenen Startecke v_0 aus die kürzestmöglichen Wege weiter zu verfolgen und längere Kanten beim sogenannten „Updaten" auszuschließen. Dieses Updaten berücksichtigt, kurz gesagt, mögliche Abkürzungen im Graphen und wird im rechten Teil von Abb. 4.13 verdeutlicht. Dort wird der Weg von v_0 nach v_4 durch den „Umweg"

4.3 Die Auswahl von Wegen

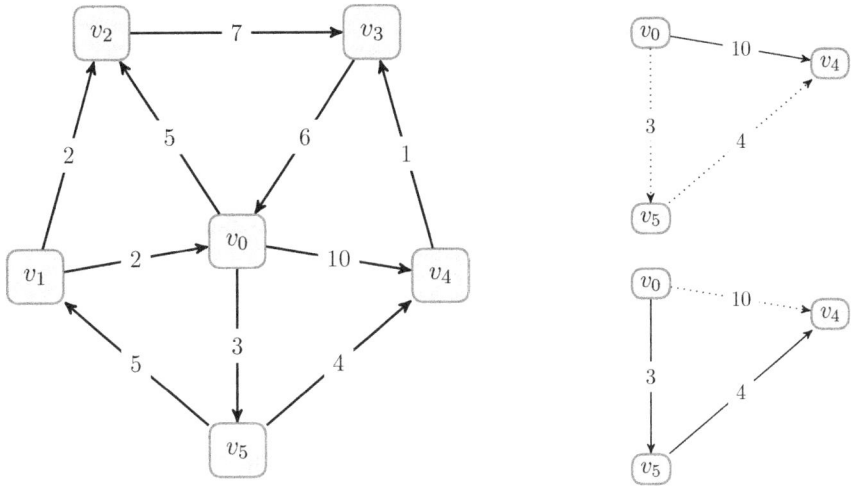

Abb. 4.13 *Links*: Beispielgraph zum Dijkstra-Algorithmus mit Startecke v_0. *Rechts*: Illustration eines „Updates", bei dem die Entfernung zwischen v_4 und Startpunkt v_0 von 10 auf 7 verbessert wird, da der „Umweg" über v_5 kürzer ist

über v_5 kürzer. Solche Update-Schritte werden mehrfach durchgeführt, bis nichts mehr zu verbessern ist.

Der Dijkstra-Algorithmus soll kurz an dem in Abb. 4.13 links abgebildeten Graphen verdeutlicht werden. Die folgenden Tabellen zeigen jeweils die Entfernungen aller Knoten zu einem festen Startknoten, hier v_0. Von diesem Startknoten aus gehen Pfeile zu den drei Ecken v_2, v_4 und v_5, so dass man in einem ersten Schritt die Tabelle

Knoten	v_0	v_1	v_2	v_3	v_4	v_5
Entfernung zu v_0	0		5		10	3

erhält. Die Entfernung zu v_5 ist minimal, daher überprüft der Algorithmus nun zunächst die von dort ausgehenden Pfeile. Neu hinzu kommt damit v_1, und was v_4 angeht, so ergibt ein Update, dass der Umweg über v_5 kürzer ist:

Knoten	v_0	v_1	v_2	v_3	v_4	v_5
Entfernung zu v_0	0	8	5		7	3

Nach einigen weiteren Updates ergibt sich schließlich die Schlusstabelle mit den Entfernungen vom Startknoten v_0 zu allen anderen Knoten:

Knoten	v_0	v_1	v_2	v_3	v_4	v_5
Entfernung zu v_0	0	8	5	8	7	3

Der Dijkstra-Algorithmus und verschiedenste Varianten, die aber im Kern auf der gleichen simplen Idee des Updates basieren, sind sehr leistungsstark. Warum aber entstehen dennoch Staus, wenn so viele Menschen Navigationssystem benutzen, die an sich gut funktionieren? Eine mögliche Antwort mag überraschen: Weil so viele Menschen sie nutzen. Bei sehr beliebten Zielen nämlich ist es kaum verwunderlich, wenn eine große Anzahl von Fahrern von ihren Systemen auf gleiche Strecken oder Teilstrecken gelotst werden. Im Rahmen einer Studie, die vom Bundesministerium für Bildung und Foschung unterstützt wurde, wurde an der Technischen Universität Berlin untersucht, inwiefern Navigationssysteme intelligenter oder, wie man heute sagt, „smarter" gemacht werden können. Die Aufteilung auf unterschiedliche Wege, dieser so einfache und doch so schwierig umzusetzende Gedanke, setzt eine Kommunikationsfähigkeit der Systeme untereinander, ja, in gewisser Weise noch mehr voraus. Um nämlich Staus zu vermeiden, muss Rücksicht geübt werden. Einige Fahrer müssen sich mit längeren Routen zufriedengeben.

Auch hier spielt also erneut das Gemeinwohl eine wesentliche Rolle. In der Tat nimmt die Anzahl der Resultate, die diese altruistische Grundhaltung auch quantitativ belegen, immer mehr zu. Navigationssysteme, die weniger egoistisch-rational rechnen würden, wären eine große Hilfe zur Vermeidung von Staus. Könnten solche Systeme aber Erfolg haben? Mathematische Methoden zur Berechnung kürzester Wege in Netzwerken gibt es, auch schnelle und effiziente. Die individuelle Toleranzgrenze der Fahrer, die ein sensibleres Navigationssystem mit einkalkulieren müsste, oder auch die Miteinbeziehung aktueller Staumeldungen stellen neue Herausforderungen dar. Mathematisch fließen diese Größen in neue Nebenbedingungen des Optimierungsproblems ein. So werden Umwege für einzelne Autofahrer erlaubt, aber nur in verträglichen Maßen, was durch die Toleranzgrenze garantiert würde.

4.4 Selbstbezüglichkeit

Entscheidungen stehen auch an, wenn Personen oder Institutionen wechselweise miteinander in Interaktion oder gar in einen Wettkampf treten und aus diesem ein gewisses Ranking hervorgehen soll. Wenn die Beteiligten beispielsweise in „Zweikämpfen" aufeinander treffen, ist ein herkömmlicher und sehr häufig angewendeter Weg die Bepunktung nach einem speziellen System. Das kann bei der Bewertung von Internetseiten auf Grundlage ihrer Verlinkung der Fall sein, aber auch bei Fußballturnieren. Während die Methode, die wir gleich vorstellen werden, bei Suchmaschinen-Algorithmen in der Tat Anwendung findet, ist sie bei der Bewertung im Fußball eine Alternative, die so noch nicht eingesetzt wird. Der Aspekt, dem wir uns in diesem Abschnitt widmen werden, erfordert zumindest eine Ahnung dessen, was Eigenwerte von Matrizen sind und welche Aussagekraft sie in verschiedenen Kontexten haben können. Daher steht ausnahmsweise etwas Theorie am Beginn.

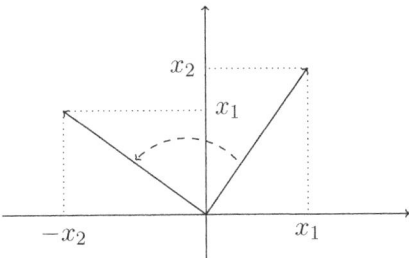

Abb. 4.14 Die Wirkung der Matrix D ist eine Linksdrehung um 90 Grad

4.4.1 Eigenwertprobleme

Eigenwertprobleme spielen in vielen Anwendungen der Mathematik eine große Rolle, und zwar immer dann, wenn es um Aspekte der Selbstbezüglichkeit geht. Viele solche Szenarien sind mit Hilfe von Matrizen gut darstellbar. Diese sind uns bisher überwiegend in der Form von Auszahlungsmatrizen bei Zwei-Personen-Spielen begegnet. In diesem Zusammenhang dienen sie im Prinzip lediglich der anschaulichen Darstellung der Auszahlungen. Sie sind aber darüber hinaus ein kraftvolles Instrument, wenn es darum geht, komplexe Zusammenhänge kompakt darzustellen, und das liegt daran, dass man mit ihnen auch wirklich rechnen kann.[32] Die für Eigenwerte wesentliche Operation ist die *Multiplikation von Matrizen*.[33]

Man geht von einer Matrix aus, deren Zeilen- und Spaltenzahl übereinstimmen, also etwa gleich n ist. Nach den Regeln der Matrizenmultiplikation kann A dann mit einem Spaltenvektor der Länge n multipliziert werden, und das Resultat dieser Multiplikation ist wiederum ein Spaltenvektor der Länge n. Die Multiplikation mit der Matrix A führt also Spaltenvektoren in andere Spaltenvektoren über, und man kann sie daher als eine „Transformation" des n-dimensionalen Raums $\mathbb{R}^n$ auffassen, was nichts anderes heißt, als dass A die Vektoren in einer systematischen Weise „verändert". Solche Transformationen nennt man auch *lineare Abbildungen*. Für $n = 2$ oder $n = 3$ lassen sich diese Multiplikationen tatsächlich auch geometrisch deuten, als Drehungen oder Spiegelungen. Die Matrix

$$D = \begin{pmatrix} 0 & -1 \\ 1 & 0 \end{pmatrix} \qquad (4.24)$$

beispielsweise bewirkt eine Linksdrehung von Vektoren in der x_1-x_2-Ebene um 90 Grad. Es gilt nämlich

$$D \cdot x = D \cdot \begin{pmatrix} x_1 \\ x_2 \end{pmatrix} = \begin{pmatrix} -x_2 \\ x_1 \end{pmatrix}, \qquad (4.25)$$

und wie aus Abb. 4.14 ersichtlich wird, entspricht dieses Ergebnis gerade dem gedrehten Vektor.

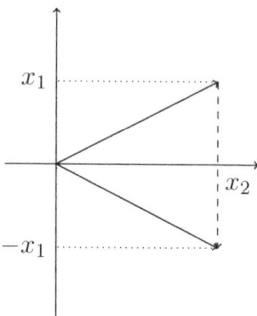

Abb. 4.15 Die Wirkung der Matrix S ist eine Spiegelung an der x_1-Achse

Ein anderes Beispiel ist die Matrix

$$S = \begin{pmatrix} 1 & 0 \\ 0 & -1 \end{pmatrix}, \tag{4.26}$$

die wegen

$$S \cdot x = S \cdot \begin{pmatrix} x_1 \\ x_2 \end{pmatrix} = \begin{pmatrix} x_1 \\ -x_2 \end{pmatrix} \tag{4.27}$$

eine Spiegelung an der x_1-Achse bewirkt, was in Abb. 4.15 dargestellt ist.

Bei der Veränderung mancher Vektoren x durch Multiplikation mit einer Matrix A kann es nun vorkommen, dass ein Vektor seine grundsätzliche Richtung (also eine seiner wesentlichen Eigenschaften) nicht verändert, sondern auf ein eigenes Vielfaches, sagen wir $\alpha \cdot x$ abgebildet wird. In diesem Fall ist also die Gleichung

$$A \cdot x = \alpha \cdot x \tag{4.28}$$

für geeignete Werte von α und x erfüllt. Je nach Wert von α „staucht" bzw. „streckt" die Matrix A den Vektor dann (falls $0 < |\alpha| < 1$ bzw. $|\alpha| > 1$), kehrt vielleicht seine Orientierung um (falls $\alpha < 0$) oder verändert ihn in einem sehr speziellen Fall auch überhaupt nicht ($\alpha = 1$). Der Ergebnisvektor ist aber in jedem Fall *proportional* zu dem ursprünglichen Vektor. Gibt es eine solche Zahl α, also einen Proportionalitätsfaktor, so heißt α ein *Eigenwert* der Matrix, und der zugehörige Vektor, der auf ein Vielfaches seiner selbst abgebildet wird, heißt *Eigenvektor*. Mit einem solchen Eigenvektor x hat man übrigens automatisch unendlich viele gefunden. Auch jedes Vielfache $r \cdot x$ dieses Vektors erfüllt nämlich die Matrixgleichung (4.28), denn es gilt

$$A \cdot (r \cdot x) = \alpha \cdot (r \cdot x). \tag{4.29}$$

Hat beispielsweise die Matrix D einen Eigenwert? Jeder Vektor, auf den D angewendet wird, verändert seine Richtung, denn er wird ja um 90 Grad gedreht. Hier gibt es also solche

4.4 Selbstbezüglichkeit

Eigenwerte nicht. Bei der Spiegelung mit S an der x_1-Achse dagegen gibt es so etwas gleich in zweifacher Hinsicht, denn es gilt einerseits

$$S \cdot \begin{pmatrix} 1 \\ 0 \end{pmatrix} = \begin{pmatrix} 1 \\ 0 \end{pmatrix} = 1 \cdot \begin{pmatrix} 1 \\ 0 \end{pmatrix}, \tag{4.30}$$

was dem Eigenwert 1 entspricht, und andererseits

$$S \cdot \begin{pmatrix} 0 \\ 1 \end{pmatrix} = \begin{pmatrix} 0 \\ -1 \end{pmatrix} = -1 \cdot \begin{pmatrix} 0 \\ 1 \end{pmatrix}, \tag{4.31}$$

was dem Eigenwert −1 entspricht. Die Spiegelungsmatrix S hat demnach zwei Eigenwerte, 1 und −1. Die zugehörigen Eigenvektoren sind Vektoren in Richtung der beiden Achsen.

Bei diesen einfachen geometrischen Beispielen liegt die Existenz bzw. die Nichtexistenz von Eigenwerten auf der Hand und ergibt sich aus der Anschauung, aber wie geht man im Allgemeinen vor? Dies soll nur kurz erwähnt werden, um deutlich zu machen, dass es sich hierbei um kein besonders komplexes mathematisches Problem handelt. In der Praxis werden (vor allem große) Eigenwertprobleme selbstverständlich mit entsprechender Software gelöst. Es läuft stets auf das Lösen eines linearen Gleichungssystems heraus, was am Beispiel der Spiegelung kurz verdeutlicht werden soll.

Damit α ein Eigenwert der Spiegelung S ist, muss es einen Vektor x geben, für den die Gleichung $S \cdot x = \alpha \cdot x$ erfüllt ist. Es ergibt sich also das Gleichungssystem

$$\begin{aligned} x_1 &= \alpha \cdot x_1 \\ -x_2 &= \alpha \cdot x_2 \,. \end{aligned} \tag{4.32}$$

Für $\alpha \neq 1$ und $\alpha \neq -1$ hat das System nur den Nullvektor als Lösung, während sich für die beiden speziellen Fälle nichttriviale Lösungsvektoren ergeben. Ist nämlich $\alpha = 1$, so ist x_1 beliebig und $x_2 = 0$. Für $\alpha = -1$ ist dies gerade umgekehrt.

Geometrisch bedeutet die Existenz von Eigenwerten einer Matrix, dass die zugehörige lineare Abbildung in zentrische Streckungen gewisser linearer Unterräume zerlegt werden kann. So sind etwa die „relevanten Richtungen" der Spiegelung S durch die Eigenvektoren

$$\begin{pmatrix} 1 \\ 0 \end{pmatrix} \quad \text{und} \quad \begin{pmatrix} 0 \\ 1 \end{pmatrix} \tag{4.33}$$

gegeben, deren Richtungen durch die Achse, an der gespiegelt wird, und die Achse, die dazu senkrecht steht, gegeben sind. Auf diese Weise erhält man tiefe Einsicht in die tatsächliche, nicht immer auf den ersten Blick offenbare Struktur einer linearen Transformation. Strukturell, und damit in einem mathematisch sehr wichtigen Sinn, ist der Theorie der Eigenwerte also äußerst wichtig. Interessanterweise gibt es aber auch zahlreiche praktische Anwendungen.

4.4.2 Anwendung im Fußball

Beim Fußball wird in der Regel ein Sieg mit drei Punkten, eine Niederlage mit null Punkten und ein Unentschieden mit einem Punkt bewertet. Bei vier Mannschaften in einem Turnier etwa ergeben sich sechs mögliche Spielpaarungen, wenn man ohne „Rückspiele" rechnet, und danach eine Abschlusstabelle, in der die Mannschaften absteigend nach ihren insgesamt erreichten Punkten sortiert sind. Diese kann etwas präzisiert werden, indem man die Differenz zwischen den insgesamt geschossenen und kassierten Toren einer Mannschaft mit einbezieht.

Ein interessanter alternativer Ansatz wird durch eine Methode gegeben, in die die Spielstärken der einzelnen Mannschaften einfließen.[34] Das Motto „Es ist stark, wer starke Gegner schlägt!" dürfte hinlänglich bekannt sein, und es konfrontiert uns mit einem vermeintlichen Widerspruch: Hier wird „stark" mit Hilfe des Begriffs „stark" definiert – eine Endlosschleife? Kann es dann eine sinnvolle Definition des Stärkebegriffs in diesem Sinn überhaupt geben? Solche Phänomene bekommt man mit Hilfe von Eigenwerten in den Griff. Ausgehen wollen wir von folgendem Beispiel:

Beispiel 19

Bei der Endrunde der Fußball-Weltmeisterschaft 2010 in Südafrika trafen in der Gruppenphase Australien, Deutschland, Ghana und Serbien in der Gruppe D aufeinander. Tabelle 4.6 zeigt die Ergebnisse der sechs Spiele. Wenn man auf die Ergebnisse schaut, erkennt man, dass die Stärken der einzelnen Mannschaften relativ dicht beieinander zu liegen scheinen. Jede der vier Mannschaften konnte in dieser Gruppe mindestens ein Spiel gewinnen, was übrigens in keiner der anderen sieben Gruppen der Fall war. Die Abschlusstabelle der Gruppenphase zeigt Tab. 4.7.

Der eben erwähnte Ansatz wird hier leicht modifiziert ausgearbeitet. Stark ist, wer starke Gegner schlägt – man kann der Spielstärke tatsächlich ein quantitatives Maß zuzuordnen, das dieser Selbstbezüglichkeit Rechnung trägt. Wertet man lediglich die bloßen Punkte der Spielpaarungen, so erhält man zwar eine Tabelle, unterscheidet dabei aber die Gegner nicht nach ihrer Stärke. Ob dies nun wünschenswert ist, sei dahingestellt; wir nutzen das Beispiel der Weltmeisterschaft zunächst einfach dazu, den erwähnten Ansatz auszuarbeiten.

Dazu empfiehlt es sich, sinnfällige Bezeichnungen für die erzielten Punkte einzuführen, etwa p_{AD} für die Punkte, die Australien gegen Deutschland erzielt (das sind 0), oder p_{DG} für Deutschlands Punkte aus dem Spiel gegen Ghana (das sind 3). Gewichtet man dann die erzielten Punkte einer Mannschaft jeweils mit der Stärke des entsprechenden Gegners, so könnte dies selber ein Maß für die eigene Stärke sein, das berücksichtigt, dass drei Punkte gegen einen starken Gegner „mehr" sind als drei Punkte gegen einen schwachen Gegner. Ist etwa s_A die Spielstärke der australischen Mannschaft, dann gilt bei einem solchen Ansatz

$$s_A = p_{AD} \cdot s_D + p_{AG} \cdot s_G + p_{AS} \cdot s_S = 0 \cdot s_D + 1 \cdot s_G + 3 \cdot s_S \,. \tag{4.34}$$

4.4 Selbstbezüglichkeit

Tab. 4.6 Ergebnisse der sechs Spiele der Gruppe D bei der Endrunde der Fußball-Weltmeisterschaft 2010 in Südafrika

Spielpaarung	Ergebnis
Serbien – Ghana	0 : 1
Deutschland – Australien	4 : 0
Deutschland – Serbien	0 : 1
Ghana – Australien	1 : 1
Australien – Serbien	2 : 1
Ghana – Deutschland	0 : 1

Tab. 4.7 Abschlusstabelle der Gruppe D bei der Endrunde der Fußball-Weltmeisterschaft 2010 in Südafrika

Mannschaft	Punkte	Tore	Differenz
Deutschland	6	5 : 1	+4
Ghana	4	2 : 2	0
Australien	4	3 : 6	−3
Serbien	3	2 : 3	−1

Es ergibt sich also eine lineare Gleichung in den vier Variablen s_A, s_D, s_G und s_S. Für die Spielstärken der anderen Mannschaften gilt Entsprechendes, und man erhält ein lineares Gleichungssystem:

$$s_A = 0 \cdot s_D + 1 \cdot s_G + 3 \cdot s_S$$
$$s_D = 3 \cdot s_A + 3 \cdot s_G + 0 \cdot s_S$$
$$s_G = 1 \cdot s_A + 0 \cdot s_D + 3 \cdot s_S$$
$$s_S = 0 \cdot s_A + 3 \cdot s_D + 0 \cdot s_G \,. \tag{4.35}$$

Trägt man die errungenen Punkte folgendermaßen in eine quadratische Matrix P ein

$$P = \begin{pmatrix} 0 & p_{AD} & p_{AG} & p_{AS} \\ p_{DA} & 0 & p_{DG} & p_{DS} \\ p_{GA} & p_{GD} & 0 & p_{GS} \\ p_{SA} & p_{SD} & p_{SG} & 0 \end{pmatrix} = \begin{pmatrix} 0 & 0 & 1 & 3 \\ 3 & 0 & 3 & 0 \\ 1 & 0 & 0 & 3 \\ 0 & 3 & 0 & 0 \end{pmatrix} \tag{4.36}$$

und fasst man die vier Variablen s_A, s_D, s_G und s_S im Spaltenvektor s zusammen, so lässt sich das lineare Gleichungssystem (4.35) kurz und knapp in Matrixform darstellen:

$$P \cdot s = s \,. \tag{4.37}$$

Die Gleichung (4.37) bedeutet anschaulich, dass mit dem Vektor s durch die „Anwendung" der Matrix P überhaupt nichts passiert, er bleibt unverändert. Dies ist eine sehr rigide Eigenschaft, und in den meisten Fällen gibt es solche Vektoren nicht: Das Gleichungssystem hat in der Regel keine Lösung außer $s = 0$. Geht man jedoch in den Gleichungen (4.35) von der strengen Gleichheit zu einer Proportionalität über, so sieht dies schon ganz anders aus. Aus der Matrixgleichung (4.37) wird nämlich dann die Gleichung

$$P \cdot s = \alpha \cdot s \qquad (4.38)$$

mit einem Proportionalitätsfaktor α, und somit ein Eigenwertproblem. Häufig findet man nämlich Vektoren, die durch die „Anwendung" von P ihre Richtung beibehalten, Eigenvektoren eben. Solche Vektoren sucht man mit einer Gleichung der Form (4.38). Der zugehörige Proportionalitätsfaktor α ist dann ein *Eigenwert*. Wie bereits erwähnt hat man mit einem Eigenvektor automatisch unendlich viele gefunden, und unter diesen kann man sich für einen entscheiden. Zu Vergleichszwecken könnte man nun in dem Beispiel der Fußballtabelle aus den unendlich vielen Lösungsvektoren s denjenigen auszuwählen, bei dem die Summe der Einträge ebenfalls 17 ergibt. Dies ist nämlich die Punktesumme bei der herkömmlichen Abrechnung, die zur Tab. 4.7 führt.

Die Suche nach Eigenwerten, die dem Lösen eines linearen Gleichungssystems entspricht, überlässt man einem Programm. Die Matrix P aus dem Beispiel, wie überhaupt alle Matrizen, die man auf vergleichbare Weise aus Fußballergebnissen erhält, ist so beschaffen, dass stets ein reeller Eigenwert α existiert. Für das konkrete System der Gruppenphase der Weltmeisterschaft ist dieser Eigenwert

$$\alpha \approx 4{,}1442\,, \qquad (4.39)$$

und der zugehörige Eigenvektor, der „normierte Spielstärkenvektor", ist (auf drei Dezimalstellen gerundet)

$$s = \begin{pmatrix} 5{,}475 \\ 3{,}781 \\ 3{,}781 \\ 3{,}963 \end{pmatrix} \qquad (4.40)$$

Mit ihm ergibt sich dann die alternative Abschlusstabelle in Tab. 4.8. Das dort dargestellte Ergebnis überrascht auf den ersten Blick, denn hier schiebt sich Serbien auf den zweiten Platz der Abschlusstabelle, während die Mannschaft nach herkömmlicher Abrechnung nur den vierten und letzten Platz belegt. Der Grund für diesen Unterschied ist der Sieg Serbiens über den „starken" Gruppengegner Deutschland, den Gruppensieger. Hier also zeigt das alternative Abrechnungssystem tatsächlich Auswirkungen.

4.4.3 Anwendung auf Suchmaschinen

Die Anwendung im Fußballbereich mag amüsant sein, aber es gibt tatsächlich auch ernsthafte Bereiche, in denen die vorgestellten Prinzipien genutzt werden, so etwa bei Suchma-

Tab. 4.8 Modifizierte Abschlusstabelle der Gruppe D bei Wertung gemäß „Stark ist, wer starke Gegner schlägt."

Mannschaft	Punkte
Deutschland	5,475
Serbien	3,963
Ghana	3,781
Australien	3,781

schinen im Internet. Diese sind für viele Menschen kaum mehr aus ihrem Alltag wegzudenken, und mittlerweile ist es auch nicht mehr anstößig, wenn man auch im akademischen Umfeld zugibt, solche Suchmaschinen oder auch Online-Enzyklopädien zu nutzen. Die kaum mehr vorstellbare Menge an Informationen, die das Internet zu allen Bereichen bereithält, ist auch eigentlich nur noch so zu händeln. Wie aber sortieren diese Suchmaschinen die gefundenen Seiten Informationen nach Relevanz? Bei der Unmenge an Seiten und auch an Anfragen ist es wahrhaftig erstaunlich, dass das gelingt. In der Regel nutzen Betreiber von Suchmaschinen hierzu eine „automatische Surfsoftware", die unaufhörlich, kontinuierlich das gesamte Netz durchsucht und Änderungen registriert. Dabei spielen die Links zwischen den einzelnen Webseiten eine große Rolle. Die bei diesem Prozess angesteuerten Seiten werden nummeriert, als Kopie gespeichert sowie analysiert und archiviert.

Mit Hilfe eines sogenannten *Page Rankings* fließt die in diesem Abschnitt vorgestellte Idee der Selbstbezüglichkeit über die Linkstruktur des Internets auch in die Bewertung von Webseiten ein, die für Suchmaschinen so entscheidend ist. Ein Link, der auf eine bestimmte Seite gesetzt wird, „stärkt" diese Seite in gewissem Sinn, denn wer den Link setzt, dem scheint diese Seite wichtig zu sein und er drückt damit ein subjektives Wohlwollen aus. Sieht man all diese Links in ihrer Gesamtheit, so kann man sie in gewisser Weise als ein Maß für die globale Wichtigkeit der Seite auffassen. Man kann dies wie zuvor in eine mathematische Sprache übersetzen. Dazu bezeichne s_k die Stärke der Webseite k. Ebenfalls wie zuvor spielt die Qualität der Seiten, von denen aus Links gesetzt werden, eine Rolle. Da jeder Webautor im Prinzip beliebig viele solcher Links setzen kann, ist hier eine gewisse Limitierung oder Normierung erforderlich, die durch die Menge der ausgehenden Links erreicht werden kann. Bezeichnen wir etwa mit l_k die Menge der von der Webseite k ausgehenden Links, so kann man die Wichtigkeiten verweisender Seiten durch die Anzahl der überhaupt von der Seite ausgehenden Links gewichten. Es ist also mit anderen Worten

$$s_k = \sum_{j \text{ verweist auf } k} \frac{s_j}{l_j} \qquad (4.41)$$

ein sinnvoller Ansatz für die Wichtigkeit der Webseite k. Er bewertet die Wichtigkeit einer Seite nach der Wichtigkeit der auf diese verweisenden Seiten und berücksichtigt dabei auch, dass Seiten, die „wahllos verlinken", wenig Aussagekraft haben. Betrachten wir ein kleines Beispiel. In Abb. 4.16 ist das Verlinkungsschema von vier Webseiten dargestellt. Werten wir für alle vier Seiten die Gleichung (4.41) aus, so erhalten wir das lineare Gleichungssystem

$$s_1 = \frac{1}{3}s_4$$
$$s_2 = \frac{1}{2}s_1 + \frac{1}{2}s_3 + \frac{1}{3}s_4$$
$$s_3 = s_2 + \frac{1}{3}s_4$$
$$s_4 = \frac{1}{2}s_1 + \frac{1}{2}s_3 \,. \tag{4.42}$$

Man kann nun in völliger Analogie zu dem Vorgehen bei den Fußball-Punkten die Gewichtungen der Webseiten in eine quadratische Matrix P eintragen:

$$P = \begin{pmatrix} 0 & 0 & 0 & \frac{1}{3} \\ \frac{1}{2} & 0 & \frac{1}{2} & \frac{1}{3} \\ 0 & 1 & 0 & \frac{1}{3} \\ \frac{1}{2} & 0 & \frac{1}{2} & 0 \end{pmatrix} \,. \tag{4.43}$$

Bei P handelt es sich um eine sehr spezielle Matrix, nämlich um eine sogenannte *stochastische Matrix*. Solche haben keine negativen Einträge und überall die Spaltensumme 1. Die Art und Weise, wie die Matrix P hier konstruiert wurde, garantiert, dass sich bei solchen Problemen stets eine stochastische Matrix ergibt. Dass solche Matrizen „stochastisch" genannt werden, kommt nicht von ungefähr, denn die Einträge von P können tatsächlich als Wahrscheinlichkeiten interpretiert werden. Nehmen wir an, ein Internetuser folgt beim Surfen völlig zufällig den Links, die er vorfindet, und zwar jedem Link auf einer Seite mit der gleichen Wahrscheinlichkeit. Das Surfen wird also hier als Laplace-Experiment aufgefasst. In diesem Fall entspricht der Eintrag p_{ij} in der Matrix P genau der Wahrscheinlichkeit, dass man von Webseite j zu Webseite i gelangt, wenn man zufällig einem Link folgt. Beispielsweise gehen von Webseite 1 zwei Links aus, nämlich zu den Seiten 2 und 4, daher gilt $p_{21} = p_{41} = 0{,}5$.

Nun verhält es sich so, dass stochastische Matrizen stets den Eigenwert 1 haben. Dies hat eine unmittelbare Konsequenz für die Praxis: Fasst man die vier Variablen s_1, s_2, s_3 und s_4 wieder in einem Spaltenvektor s zusammen und betrachtet das die Matrixform, in die das lineare Gleichungssystem (4.42) übergeht, nämlich

$$P \cdot s = s \,, \tag{4.44}$$

so existieren zu dieser Gleichung (4.44) tatsächlich Lösungsvektoren s, und zwar, wie immer bei Eigenwertproblemen, unendlich viele. Von diesen kann man einen in der Hinsicht normierten auswählen, dass die Summe der Einträge gleich 1 ist. Im konkreten Beispiel

4.4 Selbstbezüglichkeit

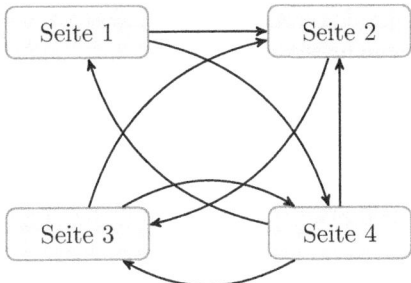

Abb. 4.16 Kleines Netzwerk von vier Webseiten und ihren Links

ergibt sich etwa

$$s = \begin{pmatrix} 0{,}0769 \\ 0{,}3077 \\ 0{,}3846 \\ 0{,}2308 \end{pmatrix}. \tag{4.45}$$

Auf diese Methode kann man also den vier Webseiten ihre Stärken, ihre Bedeutungen zuordnen. Webseite 1 erweist sich in diesem kleinen Modell als die schwächste, was daran liegt, dass auf sie nur von einer Webseite verwiesen wird, und diese, Webseite 4, ist auch noch die zweitschwächste. Die Eigenvektor-Berechnung für Matrizen, die tatsächlich realistische Linksituationen im Internet modellieren, ist ein hartes Problem und kann eigentlich kaum noch mit herkömmlichen Programmen erfolgen. Eine viel bessere Methode hierfür ist die *Potenz-Methode*, die auf die oben erwähnte Interpretation der Einträge als Wahrscheinlichkeiten zurückgreift. Die Frage, mit welcher Wahrscheinlichkeit man *durch zwei Links* von Webseite 1 zu Webseite 3 gelangt, lässt sich folgendermaßen beantworten. Entweder man geht dabei den „Umweg" über Webseite 2 oder den über Webseite 4. Nach den Pfadregeln für Wahrscheinlichkeiten (in einem Diagramm, das wir hier nicht zeigen) ergibt sich für die gesuchte Wahrscheinlichkeit

$$\frac{1}{2} \cdot 1 + \frac{1}{2} \cdot \frac{1}{3} = \frac{2}{3}. \tag{4.46}$$

Nun ist dies aber gerade der Eintrag der Matrix P^2 an der Stelle $(3,1)$. In der Tat kann man die Einträge des Matrizenprodukts

$$P^2 = \begin{pmatrix} \frac{1}{6} & 0 & \frac{1}{6} & 0 \\ \frac{1}{6} & \frac{1}{2} & \frac{1}{6} & \frac{1}{3} \\ \frac{2}{3} & 0 & \frac{2}{3} & \frac{1}{3} \\ 0 & \frac{1}{2} & 0 & \frac{1}{3} \end{pmatrix} \tag{4.47}$$

als Wahrscheinlichkeiten dafür interpretieren, durch *zwei Links* von der einen zur anderen Seite zu gelangen. Entsprechend finden sich in

$$P^{10} = \begin{pmatrix} 0{,}0919 & 0{,}0579 & 0{,}0919 & 0{,}0723 \\ 0{,}2872 & 0{,}3337 & 0{,}2872 & 0{,}3140 \\ 0{,}4257 & 0{,}3326 & 0{,}4257 & 0{,}3719 \\ 0{,}1952 & 0{,}2758 & 0{,}1952 & 0{,}2418 \end{pmatrix} \quad (4.48)$$

die Wahrscheinlichkeiten dafür, durch *zehn Links* von der einen zur anderen Seite zu gelangen, und so weiter. Die höheren Potenzen von P, so etwa

$$P^{20} = \begin{pmatrix} 0{,}0783 & 0{,}0751 & 0{,}0783 & 0{,}0765 \\ 0{,}3058 & 0{,}3101 & 0{,}3058 & 0{,}3083 \\ 0{,}3884 & 0{,}3798 & 0{,}3884 & 0{,}3834 \\ 0{,}2275 & 0{,}2350 & 0{,}2275 & 0{,}2318 \end{pmatrix} \quad (4.49)$$

oder

$$P^{100} = \begin{pmatrix} 0{,}0769 & 0{,}0769 & 0{,}0769 & 0{,}0769 \\ 0{,}3077 & 0{,}3077 & 0{,}3077 & 0{,}3077 \\ 0{,}3846 & 0{,}3846 & 0{,}3846 & 0{,}3846 \\ 0{,}2308 & 0{,}2308 & 0{,}2308 & 0{,}2308 \end{pmatrix} \quad (4.50)$$

scheinen mit wachsendem Exponenten gegen eine feste Matrix zu konvergieren, sie scheinen sich zu „stabilisieren". Und in der Tat ist dies so, und noch mehr: Der Stabilitätszustand, der erreicht wird, ist eine Matrix mit konstanten Zeilen, deren Einträge genau den oben berechneten Eigenvektor (4.44) ergeben.

In diesem kleinen Beispiel ist die eine wie die andere Methode gut. Bei realistischen Netzwerkgrößen zieht man der Eigenwert-Methode in der Regel die Potenz-Methode vor, wenn diese überhaupt reibungslos funktioniert. Das ist nämlich unter Umständen bei den enormen Anforderungen der Praxis nicht immer garantiert. Hier müssen wiederum andere Verfahren ergänzend mit eingesetzt werden. Das Problem „wirklich großer" Linkmatrizen ist nicht zu unterschätzen.

4.5 Verweise auf weiterführende Literatur

Die Theorie der Verhandlungen und der Kooperation geht im Wesentlichen auf John Nash zurück, der sich ab den 1950er Jahren mit diesem Gegenstand beschäftigte, und ein Blick in seine Arbeit *The Bargaining Problem* lohnt sich in jedem Fall [55]. Eine lesbarere und noch immer aktuelle Übersicht, die sich als Einstieg allerdings auch eher für Mathematiker eignet, bietet Manfred Holler mit seiner *Ökonomischen Theorie der Verhandlungen* [41]. Er beschäftigt sich hier mit den Grundlagen und weiterführenden Anwendungen von Verhandlungsspielen, und zwar einfachen wie verallgemeinerten. Modernere Literatur gibt es aber

4.5 Verweise auf weiterführende Literatur

auch zu dem Thema, so etwa *Spieltheorie und ökonomische (Bei)Spiele* von Güth [36] oder die entsprechenden Kapitel in den bereits erwähnten Büchern von Holler und Illing [42], Gillenkirch, Laux und Schenk-Mathes [31] oder Berninghaus, Ehrhart und Güth [7].

Ein wesentliches Modell, das *Rubinstein-Stahl-Modell*, haben wir hier nur andeuten können. Es erweist sich als sehr nützlich, wenn man, über Rationalität hinaus, andere Aspekte mit in Zwei-Personen-Spiele einfließen lassen will, so etwa die „Ungeduld der Spieler". Ariel Rubinstein gelang dies, obwohl auf Grund der Schwierigkeit empirischer Überprüfbarkeit der Realitätsgrad noch nicht sehr hoch war. Dennoch, es war ein erster Schritt getan, und Rubinstein hatte die Verhandlungstheorie um einen hilfreichen Aspekt erweitert. Sein Modell entwickelte er ausgehend von einem auf Ingolf Stahl zurückgehenden Modell eines zweistufigen Zwei-Personen-Spiels weiter, indem er einen theoretisch unendlichen Zeithorizont betrachtete. Dass auch unter diesen Umständen teilspielperfekte Gleichgewichte existieren, ist eine wichtige Tatsache der kooperativen Spieltheorie. Hier empfiehlt sich *Game Theory in Economics* von Rubinstein [64].

Asymmetrische Information ist ein wichtiger Aspekt im Rahmen der Entscheidungstheorie. Modelle, die sich damit auseinandersetzen, müssen zu einem großen Teil Vertrauen und Misstrauen der Beteiligten mit einbeziehen. Die Zahl der verschiedenen Verhandlungsmodelle, ob sie nun auf vollständiger oder unvollständiger Information basieren, ist enorm. Es kann sich durchaus lohnen, einen theoretischeren Standpunkt einzunehmen, als wir dies hier getan haben, und davon ausgehend, Schlussfolgerungen für die Praxis zu ziehen. Dieser Zugang, die axiomatische Verhandlungstheorie, ist ein spannendes Feld, und eine kompakte Darstellung findet sich etwa in *Bargaining and Markets* von Osborne und Rubinstein [47].

Das Verkehrswesen ist ein spannendes Feld, das wir hier auch nur ansatzweise ansprechen konnten. Ein sehr wichtiger Aspekt, die Entstehung von Staus und das Verhalten der Menschen, wenn sie in Staus geraten, ist in den vergangenen Jahren intensiv untersucht worden, teilweise mit erstaunlichen Ergebnissen. Die Entscheidungen, die hier zu treffen sind, bewegen sich nur sehr selten im Bereich der Rationalität und viel zu sehr im Bereich der Intuition. Was andernorts wünschenswert ist, hat aber hier ärgerliche, auch gefährliche Konsequenzen. Ein deutlich besseres Verständnis dafür, was eigentlich bei Staus passiert, täte dem gesamten Verkehrswesen gut. Es gibt leider wenig lesbare Literatur zu diesem Thema. Einige Aspekte in *Verkehr in der Forschung: Beiträge zur Verkehrsforschung* von Klühspies und Mager sind empfehlenswert [48].

Im Rahmen dieses Buchs waren weitere Abstriche zu machen. So wird den aufmerksamen Leserinnen und Lesern nicht entgangen sein, dass die Theorie der *Auktionen* nicht behandelt wurde. Hierzu ein kurzes Wort. In den letzten Jahren sind Auktionen im Alltagsleben immer präsenter geworden; durch Onlineportale sind sie heute für jedermann erreichbar. Die zu Grunde liegenden Modelle sind natürlich Modelle der Verhandlungstheorie und daher, wenn auch vielleicht versteckt, in der entsprechenden Fachliteratur zu finden. Bei Auktionen einigen sich zwei Parteien auf eine spezielle Methode auf einen Verkaufspreis einer Ware, und zwar durch die Abgabe sogenannter „Gebote". Der spiel- und verhandlungstheoretische Hintergrund dabei ist die Situation asymmetrischer Information: Der Anbieter kennt in der Regel die Zahlungsbereitschaft der potentiellen Kunden nicht, was zu verschiedenen Szenarien führen kann. Eine gute praxisorientierte Einführung bietet Eichstädt mit *Einsatz von Auktionen im Beschaffungsmanagement* [25]. Mit spieltheoretischen Aspekten wie dem „Fluch des Gewiners" beschäftigt sich *Experimentelle Auktionen: Der Winner's Curse: Experimente und Erklärungsansätze* von N. Lo Vecchio [74]. Es gibt speziellere Literatur, die sich mit der Online-Variante (wie *Erfolgsfaktoren bei Online-Auktionen: Eine empirische Analyse* von Gärtner [34]) oder auch deren rechtlichen Hintergründen (wie *Internet-Auktionen: Gewerberecht – Zivilrecht – Strafrecht* von S. Gurmann [33]). Zur entscheidungstheoretisch interessanten Seite der Auktionen findet man in den meisten Standardwerken gute Kapitel, so etwa in *Strategische Spiele* von Berninghaus, Ehrhart und Güth [7].

4.6 Anregungen zum Weiterdenken

1. Auf Peter Wason geht neben der *Selection Task* eine weitere Aufgabe zurück, das sogenannte *THOG-Problem*. Dabei liegen wieder vier Karten vor Ihnen, die ein weißes und ein schwarzes Quadrat und einen weißen und einen schwarzen Kreis zeigen:

    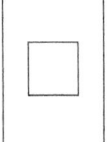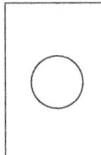

    Nun wird eine Farbe und eine Form ausgewählt, wobei Sie diese Information aber nicht erhalten. Eine Karte, die genau eine dieser Eigenschaften hat, aber nicht beide, ist ein THOG. Man sagt Ihnen nun, dass das schwarze Quadrat ein THOG ist. Welche der Eigenschaften

    (a) THOG
    (b) kein THOG
    (c) unentscheidbar, ob THOG oder nicht

    treffen dann auf die anderen drei Karten zu? Was sind die Schwierigkeiten bei diesem Problem? Finden Sie hier auch Formulierungen in einem praktischen Kontext, die die Lösung des theoretischen Problems erleichtern?
2. Finden Sie Situationen aus Ihrem Alltag, die der Dollarauktion entsprechen. Mit welchen Methoden könnten Sie jeweils verhindern, in die Falle zu gehen? Diskutieren Sie die Problematik mit anderen.

4.6 Anregungen zum Weiterdenken

3. Es soll für die drei Gemeinden A, B und C eine neue Wasserversorgung errichtet werden, und zwar durch Errichtung eines Netzwerks von Pipelines, das die Gemeinden mit einem Wasserwerk verbindet. Die Kosten für die Leitungen vom Werk zu A bzw. B bzw. C betragen 60.000 bzw. 70.000 bzw. 90.000 €. Die Verbindung zwischen A und B kostet 50.000, die zwischen A und C kostet 40.000 und die zwischen B und C 80.000 €. Finden Sie die billigste Variante für das Netzwerk und ermitteln Sie mit Hilfe der Shapley-Werte eine gerechte Aufteilung der Kosten für diese Variante.
4. In einem Parlament gibt es eine Partei mit $n-1$ Sitzen und n Parteien mit je einem Sitz. Der Koalitionswert für eine Koalition K beträgt $v(K) = 1$, falls sie die Mehrheit der Gesamtsitze hat. Ansonsten gelte $v(K) = 0$. Bestimmen Sie die Shapley-Werte.
5. Untersuchen Sie weitere Macht-Indizes und vergleichen Sie deren Berechnungsweise mit der des Shapley-Wertes. Untersuchen Sie Beispiele, die Sie bereits mit dem Shapley-Wert behandelt haben, mit den anderen Indizes. Inwiefern ändern sich die Resultate?
6. Untersuchen Sie das Pendlerproblem und das Braess-Paradoxon mit anderen Arten von Ansätzen für $T(p)$. So könnten Sie beispielsweise den einfacheren, aber eher unrealistischen Ansatz einer linearen Funktion wählen oder es mit einem logistischen Wachstum versuchen.
7. Untersuchen Sie das Verhandlungsproblem aus Beispiel 18 noch einmal für den Fall, dass die Nutzenfunktion die Formen

$$u_A(x) = -0{,}5x^2 \quad \text{und} \quad u_B(x) = -0{,}5x$$

haben. Behandeln Sie auch selbst gewählte andere Arten von Nutzenfunktionen.
8. Zwischen den beiden Personen A und B soll über die Aufteilung eines Geldbetrages von 1000 € verhandelt werden. Falls sie sich nicht einigen können, erhalten beide nichts. Nehmen Sie für die beiden Nutzenfunktionen

$$u_A(x) = \alpha x \quad \text{und} \quad u_B(x) = \beta x$$

an, wobei α und β positive reelle Zahlen sind. Im Fall der Nichteinigung sollen 100 € an A und 50 € an B gehen. Wie sieht die Verhandlungslösung nach Nash aus?
9. Es gibt das klassische Problem des *Schönheitswettbewerbs*, bei dem alle Beteiligten aus einer Anzahl von Portrait-Fotos dasjenige auszuwählen haben, von dem sie annehmen, das es *die meisten anderen* für das schönste halten. Martin Shubik hat folgende etwas abstraktere Variante vorgestellt, die Sie in der Vorlesung ausprobieren können. Aus den ganzen Zahlen $0, 1, 2, \ldots, 100$ muss jeder Beteiligte eine Zahl auszuwählen. Es gewinnt, wer mit seiner gewählten Zahl am nächsten an *zwei Drittel des Durchschnitts* aller gewählten Zahlen liegt. Diskutieren Sie mögliche Verläufe, wenn mehrere Runden durchgeführt werden. Variieren Sie evtl. auch den Bruchteil zwei Drittel. Gibt es stabile Situationen?

10. Bei der Endrunde der Fußball-Europameisterschaft 2008 ergaben sich in der Gruppenphase für Gruppe B die Ergebnisse

Spielpaarung	Ergebnis
Österreich – Kroatien	0 : 1
Deutschland – Polen	2 : 0
Kroatien – Deutschland	2 : 1
Österreich – Polen	1 : 1
Polen – Kroatien	0 : 1
Österreich – Deutschland	0 : 1

Dies führte zu folgender Abschlusstabelle:

Mannschaft	Punkte	Tore	Differenz
Kroatien	9	4 : 1	+3
Deutschland	6	4 : 2	+2
Österreich	1	1 : 3	−2
Polen	1	1 : 4	−3

Ermitteln Sie die Punkte, wenn Sie nach der Devise „Stark ist, wer starke Gegner schlägt" vorgehen.

11. Verfeinern Sie die Methode des „Stark ist, wer starke Gegner schlägt" dahingehend, dass Sie auch für die geschossenen Tore eine Gewichtung einführen. Finden Sie außerhalb der Sportwelt und der Untersuchung von Linkstrukturen Anwendungsmöglichkeiten für die Methode?

4.7 Anmerkungen zu Kapitel 4

[1] So heißt es in der berühmten Biographie *Wallenstein. Sein Leben erzählt von Golo Mann*. Die brillanten Analysen Golo Manns, die strategischen, diplomatischen, politischen Wirrnisse während des dreißigjährigen Kriegs betreffend, machen ihn im Nachhinein zu einem Meister spieltheoretischen Gedankenguts. Ein anderer Autor, der sich an mehreren Stellen in seinem Werk in spieltheoretischer Hinsicht äußert, ist Hans Fallada, so etwa in *Ein Mann will nach oben*: „Großmütig darf man nur zu einem großmütigen Feind sein, ein kleinlicher Feind hält Großmut immer für Schwäche."

[2] Eine Liste dieser 14 Programme anzugeben, erwies sich in der Tat als schwierig. Auch Winfried Eggebrecht und Klaus Manhart äußern sich in der 2009er Überarbeitung eines im Jahr 1991 erschienen Artikels in der c't dazu folgendermaßen:

> Wenn man versucht, Axelrods Strategien nachzuprogrammieren, steht man vor einem Dilemma. Zum einen beschreibt Axelrod in seinem Buch nur etwa ein Viertel der eingereichten Entscheidungsregeln, und auch diese sind nicht immer ganz klar dargestellt. Zum anderen sind manche beschriebenen Regeln so komplex, dass es sehr aufwändig wäre, diese nachzuprogrammieren [24].

4.7 Anmerkungen zu Kapitel 4

Eggebrecht und Manhart geben aber eine aussagekräftige Liste von 14 „zentralen Strategien" der beiden Turniere Axelrods an, die hier, in alphabetischer Reihenfolge, übernommen werden soll:

- *Always Cooperate* kooperiert unabhängig von der Wahl des Gegners in jeder Runde.
- *Always Defect* defektiert unabhängig von der Wahl des Gegners in jeder Runde.
- *Champion* kooperiert in den ersten zehn Runden und spielt in den nächsten 15 Runden *Tit-For-Tat*. Nach 25 Runden kooperiert das Programm, es sei denn, der Gegner hat zuvor defektiert, hat bei weniger als 60 % der Fälle kooperiert und eine gewisse Zufallszahl zwischen 0 und 1 ist größer als die Kooperationsrate des Gegners bis zur letzten Runde.
- *Eatherley* achtet darauf, wie oft der andere im bisherigen Spielverlauf kooperiert hat. Bei Defektion des Gegners defektiert es mit einer Wahrscheinlichkeit, die dem Verhältnis zwischen der Defektionszahl des Mitspielers und der Rundenzahl entspricht.
- *Feld* beginnt mit *Tit-For-Tat* und verringert die Kooperationswahrscheinlichkeit nach einer Kooperation des Mitspielers graduell von 100 % in Runde 1 bis 50 % in der letzten Runde. Nach einer Defektion des Mitspielers wird immer defektiert.
- *France* defektiert unabhängig vom Gegner im 4., 7., 10., 13. . . . Zug und kooperiert sonst.
- *Grim* von Friedman kooperiert solange, bis der Gegner zum erstenmal defektiert und defektiert dann für immer.
- *Joss* spielt im Prinzip *Tit-For-Tat*, defektiert aber bei Kooperation des Gegners mit einer Wahrscheinlichkeit von 10 %.
- *Random* entscheidet zufällig auf Grund eines simulierten Münzwurfes.
- *Shubik* beginnt kooperativ, defektiert, wenn der andere erstmals defektiert und erhöht mit jeder Defektion des anderen die Zahl der eigenen Defektionen um 1.
- *Tester* defektiert bereits beim ersten Zug, um die Reaktion des Gegners zu testen. Defektiert dieser anschließend, kooperiert *Tester* und spielt dann für den Rest der Zeit *Tit-For-Tat*. Andernfalls kooperiert es beim zweiten und dritten Zug, defektiert aber danach bei jedem zweiten Zug.
- *Tit-For-Tat* von Anatol Rapoport
- *Tit-For-Tat-K* spielt *Tit-For-Tat*, aber nach jedem zehnten Zug unabhängig vom Zug des Gegners zwei kooperative Züge.
- *Tit-For-Two-Tats* defektiert erst nach zwei Defektionen des Gegners.

Bemerkenswert sind einige der Platzierungen dieser Programme. So scheint *Random* völlig ungeeignet zu sein, denn es konnte nur einen letzten Platz in Axelrods erstem und einen vorletzten im zweiten Turnier erreichen. Dies scheint ein Hinweis darauf zu sein, dass Strategien auf jeden Fall *reagieren* sollten. Recht erfolgreich war auch *Shubik* mit einem fünften Platz im ersten Turnier. Dagegen konnte *Grim*, zu deutsch *Ewige Verdammnis*, mit einem 52. Platz nicht überzeugen.

[3] In der damals gängigen Programmiersprache BASIC hatte das kürzeste Programm einen Code von vier Zeilen, das längste bestand aus 77 Zeilen.

[4] Douglas Hofstadter, Autor des Klassikers *Gödel, Escher, Bach*, veröffentlichte im Jahr 1983 einen lesenswerten Beitrag im Spektrum der Wissenschaft, nämlich *Kann sich in einer Welt voller Egoisten kooperatives Verhalten entwickeln?* [40]. Diesem Artikel, in dem Hofstadter eine Analyse der Strategien aus Axelrods Wettbewerb gibt, ist das Zitat entnommen.

[5] So schreibt Axelrod in seinem Buch *Die Evolution der Kooperation* [4].

[6] Auch dieses Zitat stammt aus [40].

[7] Dieses Beispiel wurde aus [18] übernommen.
[8] Das Zitat stammt aus der *Einführung in die Theorie der Spiele* von Ewald Burger [11].
[9] Hier sei auf das Buch *Spieltheorie und Sozialwissenschaften* von Shubik verwiesen [66].
[10] Dieses Beispiel ist etwas ausführlicher in [57] beschrieben.
[11] Um die charakteristische Funktion v in diesem Fall zu definieren, müssen die drei Bedingungen in mathematische Sprache übersetzt werden. Hierzu bedient man sich, nachdem man eine Nummerierung der Staaten festgelegt hat, wieder binärer Variablen $x_1, \ldots, x_{27}$, wobei x_i den Wert 1 annimmt, falls der Staat i zur Koalition K gehört, und 0, falls dies nicht der Fall ist. Ist dann s der Vektor der Stimmen und b der Vektor der Bevölkerungszahlen der 27 Staaten, so gilt $v(K) = 1$, falls

- $x_1 + \ldots + x_{27} \geq 14$,
- $s_1 \cdot x_1 + \ldots + s_{27} \cdot x_{27} \geq 258$,
- $b_1 \cdot x_1 + \ldots + b_{27} \cdot x_{27} \geq 0{,}62 \cdot (b_1 + \ldots + b_{27})$.

[12] Nach Vilfredo Pareto wird eine solche Kombination auch *pareto-optimal* genannt: Keiner der beiden kann sich verbessern, ohne dem anderen zu schaden.
[13] Dies soll Aufteilungen der Art ausschließen, dass einer mehr Boden und einer mehr Füllung etc. bekommt, auch wenn dies vielleicht sogar gewünscht ist.
[14] In seinem amüsanten Buch *How to cut a cake – and other mathematical conundrums* gibt Stewart eine Analyse einiger Kuchenteil-Algorithmen [70]. Er zeigt unter Anderem, dass der Algorithmus von Robertson und Webb [61] nicht allen Anforderungen entspricht.
[15] Dieses vereinfachende, aber sehr plastische Beispiel findet sich beispielsweise in *Spieltheorie für Anfänger* von Dixit und Nalebuff [22]. Es ist eine plakative Version des *Rubinstein-Stahl-Modells* [63]. Dieses Modell basiert auf einem von Ingolf Stahl im Jahre 1972 entwickelten Zwei-Personen-Spiel in zwei Runden, das Ariel Rubinstein dann dahingehend modifizierte, dass er einen theoretisch unendlichen Zeithorizont zuließ. Er konnte nachweisen, dass selbst unter diesen Umständen teilspielperfekte Gleichgewichte existieren.
[16] Ein einfaches Beispiel sind Stiftungsfonds, wie etwa die Nobelpreise. Der schwedische Unternehmer Alfred Nobel verfügte in seinem Testament die Gründung einer Stiftung, deren Zinsen „als Preis denen zugeteilt werden soll, die im verflossenen Jahr der Menschheit den größten Nutzen geleistet haben". In der Tat werden hier und in vergleichbaren Fällen die Zinsen ausgezahlt, was theoretisch unendlich lange möglich ist, sofern sich nicht äußere Umstände dramatisch ändern.
[17] Hierbei greift man auf das Konzept der *geometrischen Reihe* zurück. Ist q eine beliebige Zahl, deren Betrag $|q|$ kleiner als 1 ist, so hat die unendliche Reihe

$$Q = 1 + q + q^2 + q^3 + \ldots \tag{4.51}$$

einen endlichen Wert. Dies ist mit Hilfe eines Konvergenzprozesses nicht allzu schwer zu sehen, und in allen Standardwerken der Mathematik, in denen Grenzwerte behandelt werden, kann man dies nachlesen. Man kann auch ein sehr plausibles und anschauliches Argument geben, wenn man die mathematische Strenge der Konvergenz einmal außer Acht lässt. Multipliziert man die Gleichung (4.51) nämlich mit q und addiert anschließend 1 auf beiden Seiten, so ergibt sich

$$1 + q \cdot Q = 1 + q + q^2 + q^3 + \ldots,$$

also

$$1 + q \cdot Q = Q.$$

4.7 Anmerkungen zu Kapitel 4

Auflösen nach Q ergibt dann

$$Q = \frac{1}{1-q}.$$

[18] Peter Wason entwickelte maßgeblich die Richtung der „experimentellen Denkpsychologie" und bleibt vor allem mit seinen Experimenten in Erinnerung, von denen *Wason's Selection Task* wohl das berühmteste sein dürfte. Ein weiteres ist die sogenannte „2-4-6-Aufgabe".

[19] Genaueres hierzu ist in *Psychology of Reasoning: Structure and Content* von den beiden Autoren nachzulesen [75].

[20] Das Zitat ist *Irrtümer im deduktiven Hypothesentesten I: Die Forschungsarbeit von P. N. Johnson-Laird und P. C. Wason* entnommen [5].

[21] Hierzu vergleiche man *Human Reasoning: The Psychology of Deduction* [12].

[22] In ihren Arbeiten zeigten Griggs [32] sowie Hoch und Tschirgi [39], dass bei den dort beschriebenen Experimenten der Prozentsatz der richtigen Antworten teilweise auf über 80 % gesteigert werden konnte.

[23] Die Idee wurde dem Buch „Das Mathe-Gen" von Keith Devlin entnommen, in dem er der *Wason's Selection Task* einen ähnlichen praxisnahen Rahmen gibt [20].

[24] Dies ist ein Auszug aus Philip Johnson-Lairds Nachruf, erschienen in *The Guardian* am 25. April 2003.

[25] Shubik veröffentlichte dazu die Arbeit *The Dollar Auction Game: A Paradox in Noncooperative Behavior and Escalation* [67]. Eine ausführliche und amüsante Diskussion der Dollarauktion findet sich in dem Buch von Laszlo Merö [53].

[26] Die Studie *Understanding overbidding: Using the neural circuitry of reward to design economic auctions* von Delgado, Ozbay, Phelps und Schotter wurde 2008 publiziert [17].

[27] Dieser Ansatz ist nach Aussage des Mathematikers Rolf Möhring, der Mathematik an der TU Berlin lehrt und sich mit Simulierung, Steuerung und Optimierung von Verkehrsflüssen beschäftigt, noch immer vernünftig. Dahingehend äußerte er sich während des zweiten „Lounge-Gesprächs" des DFG-Forschungszentrums *Mathematik für Schlüsseltechnologien* im Jahre 2005, das er mit dem Numeriker Christof Schütte führte.

[28] US-Senator Gaylord Nelson hatte 1970 die Idee: einen Aktionstag für die Erde an Universitäten und in Schulen. Sein Mitarbeiter Denis Hayes machte aus der Idee ein Weltereignis: Am 22. April 1970 feierten über 20 Millionen Menschen mit Aktionen den 1. Earth Day.

[29] Der Artikel *What if they closed 42nd Street and nobody noticed?* von G. Kolata, dem dieses Zitat entnommen ist, erschien in der New York Times vom 25.12.1990.

[30] Dietrich Braess publizierte das berühmte Ergebnis im Jahr 1968 [10]. Seit den frühen 1960er Jahren hatte er sich am Institut für Numerische und Angewandte Mathematik der Universität Münster mit Phänomenen der Verkehrsforschung und Verkehrssimulationen beschäftigt.

[31] Die Idee dazu geht auf den niederländischen Mathematiker und Informatiker Edsger Wybe Dijkstra zurück. Es gibt eine schöne Illustration des Algorithmus, bei dem man sich einen gewichteten Graphen als eine Menge von Kugeln (die Knoten) vorstellt, die mit Hilfe von Bindfäden (den Kanten) miteinander verbunden sind; dabei soll die Länge der Fäden exakt der Bewertung der Kanten entsprechen. Will man nun von einer Ecke aus zu einer anderen den kürzesten Weg wissen, so hebt man das ganze aus Kugeln und Fäden bestehende Gebilde an eben dieser Kugel hoch und betrachtet dann diejenigen Fäden zwischen den Kugeln, die straff gespannt sind: der kürzeste Weg!

[32] Unter einer Matrix verstehen wir schlicht gesagt ein „rechteckig angeordnetes Zahlenschema". Erfolgt die Anordnung in m Zeilen und in n Spalten, so redet man von einer $(m \times n)$-Matrix, und die Zahlen nennt man in diesem Zusammenhang *Einträge* oder *Komponenten* der Matrix. Die Position eines Matrixeintrags kann über die Zeilennummer i und die Spaltennummer j eindeutig festgelegt werden. Hierfür werden in der Regel Doppelindizes benutzt; so ist also etwa a_{23} der Eintrag in der

zweiten Zeile und dritten Spalte. Im Allgemeinen sieht eine $(m \times n)$-Matrix A so aus:

$$A = \begin{pmatrix} a_{11} & a_{12} & \cdots & a_{1n} \\ a_{21} & a_{22} & \cdots & a_{2n} \\ \vdots & \vdots & & \vdots \\ a_{m1} & a_{m2} & \cdots & a_{mn} \end{pmatrix}. \tag{4.52}$$

Manchmal schreibt man auch kurz: $A = (a_{ij})$. Spezielle Fälle sind $m = 1$ (eine solche Matrix nennt man dann auch einen *Zeilenvektor* und $n = 1$ (dies ist entsprechend ein *Spaltenvektor*. Mit Matrizen kann man zunächst einmal „formal rechnen". Hierbei erfolgt die Addition komponentenweise:

$$\begin{pmatrix} 4 & 1 & 0 \\ -3 & 5 & 2 \end{pmatrix} + \begin{pmatrix} -2 & 0 & 3 \\ -1 & 6 & 1 \end{pmatrix} = \begin{pmatrix} 2 & 1 & 3 \\ -4 & 11 & 3 \end{pmatrix}, \tag{4.53}$$

Für die Subtraktion gilt Entsprechendes. Man kann eine Matrix auch mit einer reellen Zahl α multiplizieren, was ebenfalls komponentenweise erfolgt:

$$2 \cdot \begin{pmatrix} 4 & 1 & 0 \\ -3 & 5 & 2 \end{pmatrix} = \begin{pmatrix} 8 & 2 & 0 \\ -6 & 10 & 4 \end{pmatrix}. \tag{4.54}$$

Matrizen sind Hilfsmittel, schematische Darstellungen, aber „an sich nichts". Wenn in der Literatur häufig von einer „Theorie der Matrizen" die Rede ist, dann verschiebt sich ein wenig der Fokus. Man kann Matrizen *benutzen*, um auf elegante Weise lineare Abbildungen zu behandeln; man kann durch ihre Multiplikation Produktionsschritte zusammenfassen; mit Matrizen können Netzwerke und Graphen losgelöst von ihrer graphischen Darstellung beschrieben werden. Aber bei all diesen Anwendungen stehen nicht die Matrizen selbst im Mittelpunkt.

[33] Die Multiplikation von Matrizen funktioniert nicht komponentenweise wie die Addition, sondern geht nach einem auf den ersten Blick komplizierten Schema vor sich. Dieses Schema aber hat eine tiefe praktische Bedeutung und kann tatsächlich auch aus der Praxis heraus motiviert werden. Werden etwa für die Herstellung dreier Erzeugnisse E_1, E_2, E_3 die beiden Rohstoffe R_1 und R_2 benötigt, so lassen sich die erforderlichen Produktionskoeffizienten, die angeben, wieviele Einheiten eines Rohstoffs zur Produktion einer Einheit eines bestimmten Endprodukts erforderlich sind, übersichtlich in einer Matrix zusammenfassen:

	E_1	E_2	E_3
R_1	2	4	3
R_2	3	2	4

$$\longrightarrow \quad P = \begin{pmatrix} 2 & 4 & 3 \\ 3 & 2 & 4 \end{pmatrix} \tag{4.55}$$

Der Eintrag 2 oben links in (4.55) bedeutet, dass pro Einheit des Produkts E_1 genau 2 Einheiten des Rohstoffs R_1 erforderlich sind. Sollen nun etwa 5 Einheiten des Endprodukts E_1 sowie 3 Einheiten von E_2 und 6 Einheiten von E_3 hergestellt werden, so kann man die hierfür erforderlichen Rohstoffmengen mit Hilfe der Koeffizienten von P berechnen. Von Rohstoff R_1 sind nämlich insgesamt

$$2 \cdot 5 + 4 \cdot 3 + 3 \cdot 6 = 40 \text{ ME} \tag{4.56}$$

erforderlich. Entsprechend werden 45 Einheiten von R_2 benötigt, und wir erhalten den Rohstoffvektor

$$r = \begin{pmatrix} 40 \\ 45 \end{pmatrix}.$$

4.7 Anmerkungen zu Kapitel 4

Die Summe von Produkten wie (4.56) motiviert nun die Definition der Matrizenmultiplikation. Fasst man nämlich die gewünschten Einheiten der Endprodukte in dem *Anforderungsvektor*

$$x = \begin{pmatrix} 5 \\ 3 \\ 6 \end{pmatrix}$$

zusammen, so kann man die praxismotivierte Verflechtung der Produktionskoeffizientenmatrix P und des Anforderungsvektors x als formale *Multiplikation* von P und x definieren:

$$r = P \cdot x \ .$$

Anschaulich passiert bei dieser Multiplikation Folgendes: Man geht die Zeilen von P und zeitgleich den Spaltenvektor x durch und bildet die Produkte der entsprechenden Komponenten; diese Produkte werden dann insgesamt addiert, so wie in (4.56). Das Ergebnis ist der Spaltenvektor r mit zwei Einträgen – einer für jede Zeile von P. Damit ist auch klar, welche Bedingung formal erfüllt sein muss, damit eine Matrix mit einem Vektor multipliziert werden kann. Die Zahl der Matrixspalten muss mit der Länge des Vektors (also der Zahl seiner Zeilen) übereinstimmen.

Nun kann man dies verallgemeinern: Sollen zwei Matrizen P und Q miteinander multipliziert werden, so multipliziert man nach oben beschriebenem Schema P mit jeder der Spalten von Q und schreibt die Ergebnisse wieder in eine Matrix, die Produktmatrix. Die hierfür notwendige Bedingung ist dann klarerweise, dass die *Anzahl der Spalten der ersten Matrix P gleich der Anzahl der Zeilen der zweiten Matrix Q ist*. Sind dann beispielsweise eine $l \times m$-Matrix P und eine $m \times n$-Matrix Q gegeben, so ergibt sich der Eintrag r_{ij} der Produktmatrix $R = P \cdot Q$ durch

$$r_{ij} = p_{i1} \cdot q_{1j} + p_{i2} \cdot q_{2j} + \cdots + p_{im} \cdot q_{mj} \ ,$$

also durch Produktbildung „entlang der i-ten Zeile von P und der j-ten Spalte von Q und anschließende Summation. Die Frage nach der Umkehrbarkeit dieser Multiplikation (also, salopp gesagt, nach der „Dividierbarkeit" von Matrizen) hängt eng mit der Theorie der Linearen Gleichungssysteme zusammen, und hier verweisen wir auf Bücher wie *Lineare Algebra* von Gerd Fischer [28].

[34] Dieser Ansatz, der in der Praxis vielfach genutzt wird, wurde von James P. Keener entwickelt [45].

Exkurs: Intuitive Entscheidungen, kritisch betrachtet

5

Der Mensch ist bei den meisten seiner Entscheidungsprozesse nicht allein. Beeinflusst durch Umwelt, Mitmenschen, Erfahrungen kann er sich so gut wie überhaupt nicht als isolierte Einheit verstehen und nur auf Grundlage von Kalkulationen seine Entscheidungen treffen. Die rein-rationale Seite der Spieltheorie musste sich, von einem praktischen Standpunkt aus gesehen, streng genommen als eine Utopie erweisen. Dies hatte bereits John Nash erkannt, als er mit seiner Theorie der Verhandlungsspiele die Entwicklung vorantrieb. Doch auch dies reicht noch nicht, wie der Alltag zeigt. Betrachten wir etwa noch einmal die Verhandlung zwischen den beiden Abteilungsleitern in Beispiel 18. Ihre Gedankengänge vollziehen sich, so liegt es jedenfalls nahe, in mehreren Schritten. Rein rational kommen sie nicht weiter, da die Lösung, die ihnen seitens der Unternehmensführung angeboten wird, nicht befriedigend sein kann. Die Summe der vorgeschlagenen Einsparungen übertrifft nämlich die insgesamt notwendigen Einsparungen, beide Abteilungen würden sich – in der Summe – verschlechtern gegenüber der eigentlich nur geforderten kleineren Einsparungssumme. Dies deutet man im Sinn von Nash als einen Drohpunkt, und beide werden bestrebt sein, eine pareto-optimale, von Drohpunkt unterschiedliche Lösung zu finden. Das ist sicher bereits ein Schritt in die richtige Richtung, aber noch gibt es Aspekte, die hier ausgeblendet werden, so etwa die sicher nicht vollkommen identische Persönlichkeit der beiden Verhandelnden. Ihre unterschiedliche Einschätzung der Situation wird durch die unterschiedlichen Nutzenfunktionen modelliert, aber völlig außen vor bleiben Aspekte wie Sympathie, Charakter usw.

Es stellen sich bei Entscheidungsprozessen eben auch andere Fragen, Intuition und Verantwortung betreffend. Wie viel Intuition und Einfühlungsvermögen sind erforderlich, um die „richtigen" Entscheidungen zu treffen, richtig nicht nur in Bezug auf das bloße Ergebnis, das man anhand einer Nutzenfunktion auswerten kann, sondern richtig auch in Bezug auf den Entscheidungsweg, auf die Auswirkungen der Entscheidung. Wir sind auf unserem Weg, ausgehend von der Rationalität der Spieltheorie, nahe bei dem anderen Pol angekommen, der Intuition. Dass sie wichtig ist, steht außer Frage, doch wie viel Intuition ist vertretbar; gibt es Grenzen? Was ist, wenn sich Intuition ungewollt in vermeintlich rationale Entscheidungen einmischt – oder was, wenn auf Intuition, das „Bauchgefühl" nicht gehört wird, wenn man dies besser täte? Im Rahmen einer verantwortungsvollen, ethisch vertretbaren Entscheidungstheorie müssen andere Überlegungen angestellt werden, wobei man schnell in einem ziemlichen Dilemma steckt, eben weil solche Aspekte kaum quantifizierbar sind.

Bei allem sicher notwendigen, erforderlichen Umdenken dürfte evident sein, dass rein intuitiv gesteuerte Entscheidungsprozesse auch nicht funktionieren können. Es gibt zu viele Beispiele, die zeigen, dass das gehörig schief gehen kann. Stellen wir uns die zentrale Frage:

Wie viel Intuition ist erlaubt?

Beispiele dafür, dass unserer Intuition nicht grenzenlos zu trauen ist, haben wir bereits gesehen. Denken Sie etwa an die *Wason's Selection Task*, bei der rund die Hälfte der Testpersonen die falsche Kartenkombination wählte. Die Hälfte, das ist ein Anteil, der nicht mehr durch statistische Ausreißer erklärbar ist, sondern hier handelt es sich um die wirklich beobachtbare Tatsache, dass Menschen sich durch Intuition irreleiten lassen. Ein weiteres sehr prominentes Beispiel in diesem Zusammenhang, wenn nicht gar das bekannteste, ist das *Ziegenproblem*: Als Kandidat einer Gameshow wird Ihnen die Wahl zwischen drei Toren (*A*, *B* und *C*) überlassen. Hinter einem davon ist der Hauptgewinn, ein Auto, verborgen, und hinter den beiden anderen befindet sich je eine Niete in Form einer Ziege. Sie entscheiden sich für eines der drei Tore, das jedoch nicht sofort geöffnet wird. Der Moderator (der natürlich weiß, was sich hinter welchem Tor befindet) öffnet nämlich zunächst eines der beiden anderen Tore und präsentiert Ihnen eine Ziege. Nun kommt die entscheidende Frage: Ihnen wird die Möglichkeit angeboten, auf das noch verbleibende dritte Tor, also das noch verschlossene, das Sie nicht ausgewählt haben, zu wechseln. Sollten Sie das tun?

Für dieses berühmte Problem, das in Anlehnung an die tatsächlich existierende amerikanische Gameshow *Let's Make a Deal*, die von Monty Hall in den 1960er und 1970er Jahren moderiert wurde, auch *Monty Hall-Problem* genannt wird, wurde im Jahre 1990 von der Kolumnistin Marilyn vos Savant eine Lösung vorgeschlagen. Ja, so ihre Empfehlung, es sollte gewechselt werden, weil damit die Erfolgschance verdoppelt wird. Es brach ein Sturm der Entrüstung los, quer durch alle Bevölkerungs- und Bildungsschichten. Der überwiegende Teil der Reaktionen ging in diese Richtung: Das Auto steht hinter der gewählten oder hinter der anderen Tür. Damit haben Sie mit einer Wahrscheinlichkeit von eins zu zwei die richtige Wahl getroffen, und es ist gleichgültig, ob Sie wechseln – die Gewinnchance bleibt die gleiche.

Die Diskussion darum soll hier nicht erneut vom Zaun gebrochen werden; das ist ausführlich gemacht worden, und es gibt Unmengen an Literatur darüber, darunter überraschend gute. Das Problem sei hier vielmehr aus dem Grunde erwähnt, weil es so symptomatisch ist für die menschlichen Schwierigkeiten, mit etwas vermeintlich „Logischem", dann aber doch, wie sich zeigt, nicht hinreichend Durchdrungenem wie dem Wahrscheinlichkeitsbegriff umzugehen. Weit verbreitet ist die Argumentation, es blieben doch nur noch zwei Tore, hinter denen das Auto sich befinden könne, und es spiele überhaupt keine Rolle, welches dieser beiden Tore man wähle. Ob man also wechselt oder nicht, das scheint nach dieser Argumentation unerheblich zu sein! Die Behauptung von der gleichen Wahrscheinlichkeit ist aber schlicht falsch. Sie berücksichtigt in keinster Weise die Information, die der Moderator durch das Öffnen des einen Tors übermittelt hat. Dass dies überhaupt so sein kann, dass sich tatsächlich Wahrscheinlichkeiten „a posteriori" ändern können, ist für viele Menschen schwierig einzusehen. Doch die meisten zeigen sich einsichtig, wenn ihnen das Problem auf andere Weise nahegebracht wird. *Wason's Selection Task* wird auch deutlich klarer, wenn man sie mit Praxisrelevanz, mit Leben füllt, so wie dies in Abschn. 4.2.3 geschehen ist. Und auch beim Ziegenproblem gibt es zahlreiche Entscheidungshilfen, hier zwei davon:

- Stellen Sie sich nicht nur drei Tore, sondern 1000 Tore vor, von denen eines das Auto verbirgt, während hinter den 999 anderen nur Ziegen warten. Stellen Sie sich weiterhin vor, der Moderator öffnet, nachdem Sie sich für eines der Tore entschieden haben, 998 Tore mit einer Ziege dahinter. Ein einziges Tor außer dem von Ihnen gewählten bleibt geschlossen. Sollten Sie auf dieses Tor wechseln?
- Stellen Sie sich vor, Sie würden sehr oft hintereinander vor die Auswahl eines Tores gestellt und niemals wechseln. Stellen Sie sich außerdem vor, es gebe einen virtuellen Mitspieler, der jeweils auf das Ihnen vom Moderator angebotene Tor setzt. Das Auto wird damit auf jeden Fall entweder von Ihnen oder von Ihrem virtuellen Mitspieler gewonnen. In wie vielen Fällen gewinnen Sie? In wie vielen Fällen gewinnt der Mitspieler? Sollten Sie also wechseln?

Betrachtet man den Sachverhalt also anders, wird plötzlich viel klarer, dass man wechseln sollte. Die Intuition trügt den Menschen beim Ziegenproblem, aber das Problem lässt sich lösen. Es gibt subtilere Fälle, vor denen wirklich viele uneinsichtig stehen, für deren durchdringendes Verständnis aber auch tatsächlich etwas Mathematik erforderlich ist, so etwa ein Verständnis für einen so wichtigen Begriff wie den des *Erwartungswertes*. Berühmtberüchtigt ist das Beispiel zweier Umschläge mit jeweils einem Zettel darin, auf dem ein unbekannter Geldbetrag notiert ist. Bekannt ist lediglich, dass der Betrag auf dem einen Zettel doppelt so hoch ist wie der auf dem anderen Zettel. Sobald Sie einen Umschlag ausgewählt haben, wird Ihnen mit folgendem Argument ein Tausch schmackhaft gemacht: In dem Umschlag, den Sie gewählt haben, steckt ein Zettel mit einem Geldbetrag X. In dem Umschlag, den Sie *nicht* gewählt haben, steckt daher entweder ein Zettel mit dem Geldbetrag $2X$ oder ein Zettel mit dem Geldbetrag $0{,}5X$ – beides mit der gleichen Wahrscheinlichkeit, nämlich 0,5. Falls Sie also tauschen, können Sie erwarten, in dem anderen Umschlag einen Zettel mit dem Betrag

$$0{,}5 \cdot 2X + 0{,}5 \cdot 0{,}5X = 1{,}25X \tag{5.1}$$

zu finden. Dieser Erwartungswert übersteigt den Ihnen derzeitig sicheren Geldbetrag X, also lohnt sich der Tausch doch ganz offenbar für Sie. Tut er dies? Kaum haben Sie sich auf den Tausch eingelassen, bietet man Ihnen mit dem gleichen Argument den Rücktausch an: In dem Umschlag, den Sie gewählt haben, steckt ein Zettel mit einem Geldbetrag X. In dem Umschlag, den Sie *nicht* gewählt haben – usw.

Solche kleinen Beispiele mögen den Menschen verwirren, aber sie machen schon sehr deutlich, dass Intuition *grundsätzlich* nur in Verbindung mit gesundem Menschenverstand, auch mit einem Minimum an mathematischem Verständnis, erfolgversprechend sein kann. Vor dem Übergang in das letzte Kapitel ist diese Einsicht wesentlich: Der Homo Oeconomicus soll nicht durch einen „Homo Cooperativus" ersetzt werden. Auch wenn reine Rationalität in vielfacher Hinsicht heutigen Ansprüchen nicht gerecht wird, so darf sie doch in Form von gesundem Menschenverstand und, ja, Logik nicht ganz vernachlässigt werden. Daher ist eine weitere Frage ebenso zentral:

Wie viel Intuition ist erforderlich?

Jemand bietet Ihnen die Wahl zwischen den folgenden beiden Alternativen an:

A: Sie erhalten mit einer Wahrscheinlichkeit von 85 % einen Betrag von 100.000 €.
B: Sie erhalten mit einer Wahrscheinlichkeit von 100 % einen Betrag von 80.000 €.

Führt man hier als rationales Argument den Erwartungswert an, so müsste man sich für die Alternative A entscheiden. Diese bietet nämlich einen *erwarteten Gewinn* von 85.000 €, während Sie bei Alternative B nur 80.000 € erwarten. Doch wird hier die Rationalität schlicht ausgehebelt, denn vermutlich würden Sie trotzdem die Alternative B wählen. Der Spatz in der Hand ist hier allemal besser als die Taube auf dem Dach. Das Rechnen mit Erwartungswerten scheint hier einfach nicht angebracht zu sein; etwas in uns weigert sich, die beiden Beträge auf dieser Ebene zu vergleichen. Das Beispiel ist altbekannt und stammt von den beiden Psychologen Daniel Kahnemann und Amos Tversky.[1] Die negativ formulierte Variante bietet Ihnen die Wahl zwischen diesen beiden Alternativen:

A: Sie müssen mit einer Wahrscheinlichkeit von 85 % einen Betrag von 100.000 € zahlen.
B: Sie müssen mit einer Wahrscheinlichkeit von 100 % einen Betrag von 80.000 € zahlen.

Wofür würden Sie sich hier entscheiden? Die meisten Menschen wählen hier Alternative A. Es scheint die kleine Hoffnung darauf zu sein, nichts zahlen zu müssen, die sie zu dieser Entscheidung veranlasst. Auch hier wird also die Variante mit dem schlechteren Erwartungswert, nämlich −85.000 €, gewählt. Solches irrationales Handeln gibt es in vielen Situationen. Bekannt sind auch die verschiedensten „Eintrittskarten-Paradoxien". Eintrittskarten, die bereits bezahlt sind, müssen auch genutzt werden, egal ob man nun an dem betreffenden Abend selbst Lust hat oder nicht. Karten werden unterschiedlich bewertet, und zwar abhängig davon, ob man sie selbst gekauft hat oder ob man sie geschenkt bekommen hat. Berühmt ist auch das Beispiel, in dem der Verlust einer Konzertkarte unterschiedlich bewertet wird, je nachdem, ob auf dem Weg zum Konzert der Geldwert für die Karte oder die bereits gekaufte Karte selbst verloren wird. Das überraschende Ergebnis von Tversky und Kahnemann: Bei verlorenem Geld kaufen 88 % der Befragten trotzdem eine Karte; bei verlorener Karte kaufen nur 46 % eine neue Karte. Auch hier klafft eine intuitive Lücke zwischen den beiden rational identischen Szenarien.

So gibt es in vielen Fällen eine mehr oder weniger bewusste Vermischung von Intuition und Rationalität, und man mag eine Ahnung haben, wann rational argumentiert werden sollte und wann nicht. Dies ist ein Problem. Manchmal *glauben* wir auch, rational zu argumentieren, und sitzen stattdessen doch einem Irrtum auf. Das ist interessanterweise häufig der Fall, wenn es um Wahrscheinlichkeiten geht, und aus diesem Grund beginnt auch das letzte Kapitel mit einem Abschnitt zu diesem Thema. Ein weiterer wichtiger Punkt ist die *Kreativität* bei Entscheidungen. Diese Eigenschaft kommt in der Praxis sehr häufig zu kurz, und sie ist auch schwierig zu handhaben, das muss man fairerweise sagen. Es ist nicht einfach, Kreativität zu „erlernen". Und doch erleichtert sie vieles, gerade bei Gruppenentscheidungen. Vielleicht kennen Sie das *Weinproblem*, ein klassisches Knobelproblem: Zwei Gläser, eines mit Rotwein und eines mit Weißwein, sind jeweils mit der gleichen Menge gefüllt. Von dem Rotwein wird mit einem Löffel eine gewisse Menge entnommen und in das Weißweinglas entleert. Nachdem sich der Rotwein im Weißwein verteilt hat, entnehmen Sie der Mischung mit dem gleichen Löffel die gleiche Menge und entleeren diese in das Weißweinglas. Die Frage ist nun: Ist mehr Rotwein im Weißweinglas oder mehr Weißwein im Rotweinglas? Man kommt mit Rechnen weiter, aber ein erstaunlich einfacher Weg, der unten verraten wird, macht deutlich, wie klar und einfach Entscheidungstheorie in manchen Fällen sein kann, wenn man sich von den erlernten Mustern löst.

Intuition hängt auch mit Verantwortung eng zusammen. Die Grenzen zwischen berechenbaren und un- oder nicht berechenbaren Aspekten verschwimmen, und diesem Umstand muss der moderne Mensch in seinen Entscheidungsprozessen gerecht werden. Die Bedeutung von Information und deren Austausch, vor allem aber auch deren pure Menge nimmt rapide zu. So vermutet der Internet-Unternehmer Steve Rosenbaum:

> Wir ertrinken bald alle in einem „Daten-Tsunami". Von Beginn der Zivilisation an bis zum Jahr 2003 wurden etwa fünf Exabyte Information produziert. So viel entsteht heute alle zwei Tage. Und die Geschwindigkeit nimmt weiter zu.[2]

Fünf Exabyte an Information, das sind eine Trillion, also eine Milliarde Milliarden Bytes. Der Mensch scheint aber nach allem, was wir wissen, nur mit einer beschränkten Fähigkeit zur Informationsverarbeitung ausgestattet zu sein, was eine systematischere Nutzung geeigneter Instrumente erfordert, um der stetig anwachsenden Komplexität von Entscheidungen noch gerecht zu werden. Das erfordert ganz neue Formen von Entscheidung, Schwarmintelligenz etwa. Die Strukturen, die Entscheidungsmethoden, die Ideen, sie dürfen nicht mehr nur linear gedacht werden, wie dies so oft in der Spieltheorie der Fall war, sie müssen „vernetzt" gedacht werden. Ein adäquates mathematisches Mittel hierfür sind etwa Matrizen. Das Miteinander-Leben muss der wachsenden Komplexität gerecht werden. Neue Modelle werden Einzug halten in unseren Alltag, auch in unsere Mobilität. Das Braess-Paradoxon wird vielleicht im Lauf der Zeit weniger häufig realisiert werden, wenn, wie dies bereits vielerorts geschieht, das *Open Space*-Konzept aus der Moderationstechnik auch auf Bereiche des menschlichen Miteinander ausgedehnt wird. Auf Konferenzen wie

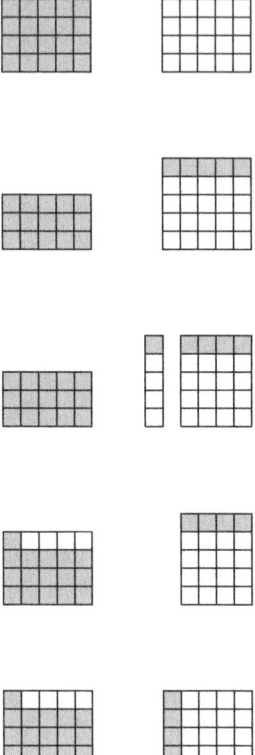

Abb. 5.1 Graphische Veranschaulichung des Umfüllproblems

Falling Walls kommen Wissenschaftler aus dem verschiedensten Bereichen und Ländern zusammen und fügen ihr Wissen zusammen, vernetzen sich.

Kehren wir noch zurück zum Problem der beiden Weingläser; haben Sie eine Lösung gefunden? Vielleicht denken Sie rational, und Ihr Zugang war konkret-rechnerischer Art. Dann haben Sie vielleicht so argumentiert: Beide Gläser enthalten zu Beginn vielleicht 20 Milliliter Flüssigkeit, der Löffel fasse, sagen wir, 5 Milliliter Flüssigkeit. Nach dem Umfüllen eines Löffels voll Rotwein befinden sich im Weißweinglas 25 Milliliter Flüssigkeit, und zwar Rot- zu Weißwein im Verhältnis 1 : 4. Dieses Mischungsverhältnis gilt auch für den Löffel, der anschließend vom Weißweinglas zum Rotweinglas zurücktransportiert wird, so dass also von den fünf Millilitern ein Milliliter Rotwein in das Rotweinglas zurückwandert. Es verbleiben somit vier Milliliter Rotwein im Weißweinglas; ebenso viel Weißwein wandert aber beim zweiten Umfüllen in das Rotweinglas – in beiden Gläsern befindet sich also zum Schluss die gleiche „Fremdmenge" an Wein, nämlich vier Milliliter. Abbildung 5.1 verdeutlicht diese Lösung. Zu kompliziert? Hier hätte ein intuitiver Ansatz, der auf die Art der Fragestellung Bezug nimmt, schneller zum Ziel geführt: In der Problemformulierung ist nirgendwo von der *Größe des Löffels* die Rede. Daher muss, sofern es eine vernünftige Lösung gibt, diese *unabhängig von der Löffelgröße* sein. Und daher kann man auch gleich annehmen, der Löffel umfasse die gesamte Weinmenge, die sich zu Beginn in einem Glas befindet. Dann wird beim ersten Umfüllen der komplette Rotwein in den Weißwein gekippt und beim zweiten Umfüllen die Fifty-Fifty-Mischung halbiert. Hier ist augenblicklich ersichtlich, dass sich in beiden Gläsern am Ende die gleiche Menge Fremdwein befindet. Auch ein anderer extremer Fall könnte jemandem einfallen, der in „intuitiver Argumentation" geschult ist. Der Löffel könnte nämlich beliebig klein sein und im Grenzfall gar kein Volumen fassen. In dem Fall befände sich ebenfalls nach der Umfüllaktion dieselbe Menge Fremdwein in beiden Gläsern, nämlich gar keiner. Diese Art von Argumentation mag ungewöhnlich sein und viele erschrecken. Sie funktioniert auch nicht immer, das ist offensichtlich. Doch manche Fragen lassen sich mit gesundem Menschenverstand, mit Um-die-Ecke-Denken deutlich schneller lösen als mit einer rationalen Herangehensweise.

Ein letzter, wichtiger Aspekt, den die rationalen Theorien nicht berücksichtigen, ist, dass neben Fragen nach der Intuition auch Fragen nach der Ethik treten, nach einem verantwortungsvollen Umgang mit unseren Entscheidungen. Hier zeigen sich, mehr noch als in dem zuvor Geschilderten, die Unsicherheiten, denen wir uns stellen müssen, den Fragen nach Werten. Friedrich Dürrenmatt hat einmal gesagt, dass eine Gesellschaft, die nur noch Waren und keine Werte zu produzieren weiß, unglaubwürdig wirkt, wenn sie an Werte appelliert. Mit diesen Worten, die auf unheimliche Weise aktuell klingen, schließen wir diesen Exkurs.

5.1 Anmerkungen zu Kapitel 5

[1]Kahnemann und Tversky entwickelten die sogenannte *Prospect Theory* [44]. In ihren Arbeiten beschäftigten sie sich schon vor über 30 Jahren mit Fragestellungen, wie sie heute wieder sehr aktuell zu sein scheinen: Inwiefern können menschliche Entscheidungen und Beurteilungen, gerade im Bereich der Ökonomie, realistischer gestaltet werden, als es die herkömmlichen Modelle schaffen?

[2]So zitiert Rosenbaum in seinem Buch *Curation Nation* [62] den CEO von Google, Eric Schmidt.

Intuition und Verantwortung: Alternative Entscheidungsaspekte

6

Wird der Mensch vor eine konkrete Entscheidung gestellt, so kann er zwar auf ein umfassendes Instrumentarium zurückgreifen, das in vielen Standardwerken über Entscheidungstheorie, darüber hinaus auch über andere Bereiche wie etwa Risikotheorie, bereitgestellt wird. Aber tut er dies im Ernstfall auch? Der Mensch entscheidet nun einmal in vielen Situationen nicht rational. Menschen mit den unterschiedlichsten Präferenzen treffen aufeinander, schätzen vielleicht Wahrscheinlichkeiten für bestimmte Ereignisse unterschiedlich ein. Was ist gerecht, was ist ungerecht – eine letztlich nicht objektiv zu klärende Frage. Erst langsam finden in der Literatur alternative Entscheidungsszenarien Zugang. Von Schwarmintelligenz ist viel die Rede, und in der Spieltheorie gibt es mit der evolutionären Spieltheorie einen Zweig, der immer mehr Beachtung findet. Solchen und ähnlichen Verfahren wollen wir uns nun zuwenden.

Wir beginnen dieses letzte Kapitel mit einem Ausflug in die Wahrscheinlichkeitstheorie, da gerade hier erstaunlich viele Irrtümer vorliegen und Fehler gemacht werden. Es werden Problemstellungen behandelt, die im vorangehenden Exkurs bereits teilweise angesprochen wurden. Wie lernt der Mensch auf Grundlage wahrscheinlichkeitstheoretischer Erkenntnisse und Erfahrungen; da ist die Bayes-Regel. Die Bewertungen und Einschätzungen reeller Situationen sind nicht absolut, und ob wir etwas als gerecht oder als ungerecht beurteilen, kann sich im Laufe der Zeit ändern. Dann wird es wichtig, dass die Beteiligten, die Entscheidenden miteinander in einen Dialog treten.

6.1 Der Umgang mit der Wahrscheinlichkeit

Bei anstehenden Entscheidungsprozessen, vielleicht gerade bei unliebsamen, ist der Mensch für jede Unterstützung dankbar, und seit jeher glaubt er, solche in statistischen Aussagen zu finden. Interessanterweise wird gerade in den sensibelsten Bereichen häufig auf Wahrscheinlichkeits-Aussagen vertraut. Das kann sehr heikel sein. Allgemein gilt:

Will man Entscheidungstheorie mit stochastischen Elementen betreiben, so ist es unerlässlich, einige der Begriffe klar voneinander abzugrenzen. Viele Menschen, so zeigt die Erfahrung, neigen dazu, bei Ereignissen, die einander bedingen, Ursache und Wirkung zu verwechseln. Leider geschieht dies auch immer häufiger ganz unverhohlen im Licht der Öffentlichkeit. Bei manchen Zeitungsredaktionen scheint es überhaupt niemanden mehr zu geben, der Artikel auf mathematische oder stochastische Richtigkeit überprüft, bevor diese in Druck gehen. Auch eine Vermutung, die viele an Hochschulen lehrende Mathematiker subjektiv schon lange hegen, hat sich nun bei einer Befragung von 400 Allgemeinärzten durch das Harding-Zentrum für Risiko-Kompetenz am Berliner Max-Planck-Institut für Bildungsforschung bestätigt.[1] Das niederschmetternde Ergebnis war, dass der größte Teil der Befragten Krebsstatistiken nicht versteht bzw. nicht richtig deuten kann. In der Öffentlichkeit wurde über solche Zustände lange nicht oder nur selten gesprochen, doch die Tatsache, dass viele Mediziner mit Mathematik, insbesondere mit Statistik, Schwierigkeiten haben, ist nun nicht mehr zu leugnen. Sie verunsichern dadurch ihre Patienten und deren Angehörige. Hier kommt man in höchst sensible Bereiche, die den Menschen berühren.

Was macht das Verständnis aber so schwer? Warum, um das klassische Problem der Diagnosetests an dieser Stelle aufzugreifen, verfällt der Mensch so schnell in Panik, wenn ein Test, der bei der Diagnose einer bestimmten Krankheit eine „sehr hohe Sicherheit" (diese Formulierung wird in dem Zusammenhang gern umgangssprachlich für „sehr hohe Wahrscheinlichkeit" genutzt) verspricht, ein positives Ergebnis erhält? Nicht das Ereignis *Krankheit bei positiver Diagnose*, sondern vielmehr das Ereignis *positive Diagnose bei Krankheit* ist es doch, das so hochwahrscheinlich ist. Und, um dies in aller Deutlichkeit festzuhalten, hierbei handelt es sich keineswegs um Spitzfindigkeiten von Mathematikern oder Statistikern, sondern es geht um die Erkenntnis, in welch hohem Maße eine Sensibilisierung für Fragen in diesem Bereich notwendig ist.

6.1.1 Der Begriff der bedingten Wahrscheinlichkeit

Mit den elementaren Begriffen der Wahrscheinlichkeitstheorie sollten Sie ein wenig vertraut sein. An einigen Stellen in diesem Buch wurden einige davon auch schon angerissen, so etwa die Begriffe Ereignis, Ergebnis, Wahrscheinlichkeit, Zufallsexperiment. Der Statistiker greift, um Zufallsexperimente auf eine objektiv vergleichbare Ebene zu heben, gern auf das Urnenmodell zurück. Bei solchen Modellen werden Kugeln oder sonstige Objekte aus Urnen gezogen. Kennt man die Inhalte der Urnen, so kann man über die Wahrscheinlichkeit, dass bestimmte Objekte gezogen werden, Aussagen treffen. Das ist Gegenstand der *deskriptiven Statistik*. Weiß man etwa, dass sich in einer Urne gleich viele weiße und schwarze Kugeln befinden, so beträgt die Wahrscheinlichkeit, dass man eine weiße zieht, genau 0,5. Kennt man die Verteilung in der Urne nicht, so kann man im Rahmen einer gewissen Toleranz Aussagen über die Verteilung treffen, wenn man aus der Urne eine Stichprobe zieht. Das ist Gegenstand der *induktiven Statistik*. Hat man etwa zehn Kugeln aus einer Ur-

6.1 Der Umgang mit der Wahrscheinlichkeit

ne mit weißen und schwarzen Kugeln unbekannter Verteilung gezogen, so kann man aus der Verteilung der gezogenen Stichprobe in gewissem Rahmen auf die Verteilung in der Urne schließen. Sind unter den zehn Kugeln beispielsweise fünf weiße, so könnte man vermuten, dass die Farben gleichverteilt sind. Sind unter 100 gezogenen Kugeln 50 weiße, so gäbe es noch mehr Evidenz für diese Vermutung.

Beispiel 20
In einer Urne befinden sich zehn Münzen, von denen neun „fair" sind, also Kopf auf der einen Seite und Zahl auf der anderen Seite zeigen, wobei beide Ergebnisse bei einem Wurf mit der gleichen Wahrscheinlichkeit von 0,5 auftreten. Die zehnte Münze aber ist gefälscht und zeigt auf beiden Seiten Zahl. Es wird folgendes Zufallsexperiment durchgeführt: Eine Münze wird gezogen, nicht näher betrachtet, sondern sofort geworfen und als Ergebnis des Experiments die oben liegende Seite notiert.

Bei diesem Experiment spielen also zwei unterschiedliche und auch gut unterscheidbare Eigenschaften von Münzen eine Rolle: die Eigenschaft, fair oder gefälscht zu sein, und die Eigenschaft, beim Wurf Kopf oder Zahl zu zeigen. Wir möchten hier klar herausarbeiten, wie diese beiden Eigenschaften einander bedingen, und daraus den formalen Begriff der bedingten Wahrscheinlichkeit entwickeln. Entsprechend den beiden oben genannten Eigenschaften lassen sich beispielsweise die folgenden zwei Fragen formulieren:

1. Mit welcher Wahrscheinlichkeit zeigt die geworfene Münze Zahl, wenn es sich um eine faire handelt?
2. Mit welcher Wahrscheinlichkeit ist die geworfene Münze fair, wenn sie nach dem Wurf Zahl zeigt?

Die Fragen beziehen sich auf die beiden unterschiedlichen möglichen „Bedingungsweisen", wenn wir dies einmal so nennen dürfen: Inwiefern bedingt Fairness Zahl, und inwiefern bedingt Zahl Fairness? Sind Sie in der Lage, diese Fragen richtig zu verstehen und spontan zu beantworten? Ein möglicherweise verwirrender Aspekt mag sein, dass man – trotz eindeutiger zeitlicher Abfolge – beide Fragen stellen kann. Wir können wahrscheinlichkeitstheoretisch die sinnvolle Frage stellen, inwieweit ein zeitlich späteres Ereignis (nämlich die Beobachtung „Zahl liegt nach dem Wurf oben") ein zeitlich früheres Ereignis (nämlich „gezogene Münze ist gefälscht") bedingen kann. Dies erinnert an das Ziegenproblem, bei dem ebenfalls das spätere Ereignis (Öffnen eines Tores) die Wahrscheinlichkeit des früheren Ereignisses (Wahl des richtigen Tores) bedingt. Das ist natürlich nur möglich, wenn man das *Ergebnis des zeitlich früheren Experiments nicht kennt* und stellt daher keineswegs das gut abgesicherte physikalische Prinzip von Ursache und Wirkung auf den Kopf. Es ergibt sich einfach aus einem anderen, stochastischen Blickwinkel heraus.

Die erste der beiden oben genannten Fragen wird sicher kaum Schwierigkeiten bereiten – natürlich hat die fragliche Wahrscheinlichkeit den Wert 0,5, denn die Münze ist fair.

Die Lage bei der zweiten Frage ist zumindest nicht ganz so eindeutig und verlangt nach einer etwas eingehenderen Betrachtung. Halten Sie gern einen Moment inne und überlegen oder rechnen Sie. – Die Frage lässt sich sicher auf viele Weisen lösen, insbesondere, wenn Sie bereits mit dem Prinzip der bedingten Wahrscheinlichkeit vertraut sind. Wir gehen sie hier mit „gesundem Menschenverstand" an, genauer gesagt mit einem kleinen Kniff, der das Problem plötzlich sehr einfach erscheinen lässt: Löst man in dem Experiment den Blick von den zehn verschiedenen Münzen und betrachtet stattdessen die *zwanzig verschiedenen Seiten* der Münzen, so eröffnet sich eine neue, klärende Sicht: Elf dieser zwanzig verschiedenen Seiten zeigen Zahl, und zwei dieser elf Seiten gehören zu der gefälschten Münze. Die Frage nach der Wahrscheinlichkeit also, mit der die geworfene Münze fair ist, wenn sie nach dem Wurf Zahl zeigt, kann augenblicklich beantwortet werden – sie beträgt $\frac{9}{11}$, also etwa 81,81 %. Dies ist nun ein Wert, den man auf den allerersten Blick vielleicht nicht erwartet hätte – doch ist es ohnehin im stochastischen Umfeld immer schwierig, wenn nicht gefährlich zu spekulieren, was man „erwarten würde".

Genau dieser Sichtwechsel mag es sein, der vielen Menschen schwer fällt. Gibt es sogar viele mögliche Sichtweisen auf einen Sachverhalt und ist es einfach eine persönliche Entscheidung, welchen Standpunkt man einnimmt, so lehrt die Beobachtung, gerade an Hochschulen, dass Menschen hiermit überfordert sein können. Die vermeintliche Freiheit in der Wahl, wie Probleme angegangen werden können, wird völlig falsch als eine Beliebigkeit gedeutet, die nur noch mehr Verwirrung stiftet. Das ist natürlich äußerst schade, und solchen Problemen muss man sich im Hochschulalltag immer wieder neu stellen. Für den Fall, dass Sie sich lieber auf eine handfeste Rechnung verlassen, so wird diese natürlich nun auch geliefert. Der Zusammenhang zu dem „eleganten" Lösungsweg wird dabei aber auch herausgearbeitet werden. Um eine formalere Sprache zu ermöglichen, führen wir die folgenden Bezeichnungen für die schon erwähnten Ereignisse ein:

F : Gezogene Münze ist fair

Z : Gezogene Münze zeigt nach dem Wurf Zahl

Verwenden wir die übliche Bezeichnung für die Wahrscheinlichkeit eines Ereignisses, so gilt schon einmal

$$P(F) = \frac{9}{10} \ . \tag{6.1}$$

Dies folgt unmittelbar aus der Beschreibung des Experiments. Der Wert $P(Z)$ ist ein wenig unhandlicher, und eine Methode, um ihn zu berechnen, besteht darin, die zeitliche Zweischrittigkeit auszunutzen und wieder mit Hilfe eines Baumdiagramms zu argumentieren. Das Baumdiagramm in Abb. 6.1 gibt die zeitliche Abfolge der beiden Teilschritte wieder: Ziehen und Werfen. Das Experiment resultiert in vier möglichen kombinierten Ergebnissen, die durch *Pfade* in diesem Diagramm repräsentiert werden. Auf den Pfeilen stehen die entsprechenden Wahrscheinlichkeiten, so etwa $P(F) = \frac{9}{10}$ auf dem ersten. Gehen wir nun im Diagramm weiter, und zwar auf dem oberen Pfad, so muss der entsprechende zweite Pfeil mit der Wahrscheinlichkeit dafür beschriftet werden, dass *Zahl geworfen wird*,

6.1 Der Umgang mit der Wahrscheinlichkeit

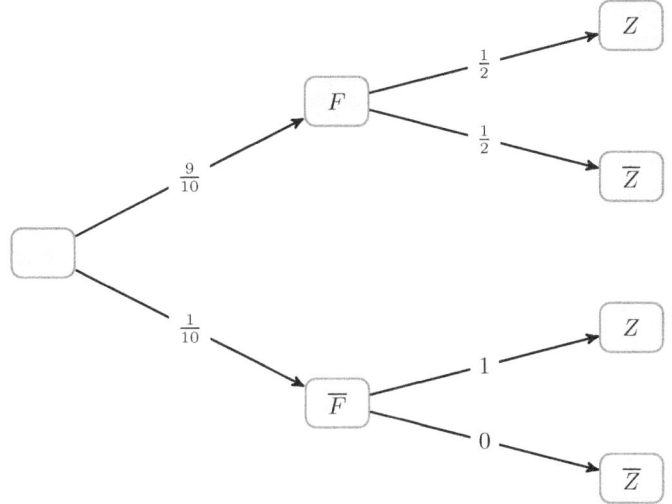

Abb. 6.1 Baum zum Zufallsexperiment aus Beispiel 20

unter der Voraussetzung, dass die gezogene Münze fair ist. Hier haben wir nun ein erstes Beispiel für eine *bedingte Wahrscheinlichkeit*: Noch wissen wir nicht, was die Wahrscheinlichkeit dafür ist, Zahl zu werfen, aber wir wissen, was die Wahrscheinlichkeit dafür ist, *mit einer fairen Münze Zahl zu werfen*. Man schreibt dafür

$$P(Z|F) = \frac{1}{2} \tag{6.2}$$

und spricht von der „Wahrscheinlichkeit für das Ereignis Z unter der Bedingung, dass das Ereignis F eingetreten ist" oder kürzer auch von der Wahrscheinlichkeit für Z gegeben F. Sehr häufig sind es solche bedingten Wahrscheinlichkeiten, die einfacher zu berechnen sind als unbedingte.

Der oberste Pfad in Abb. 6.1 (bestehend aus beiden Pfeilen) gehört dann zu dem Ereignis, dass eine faire Münze gezogen wurde *und* mit dieser dann Zahl geworfen wurde. Wir bezeichnen dieses Ereignis mit $F \cap Z$ und können wieder mit der „ersten Pfadregel" (vgl. Abschn. 2.1.2) die Wahrscheinlichkeit für $F \cap Z$ berechnen, indem wir das *Produkt der beiden Einzelwahrscheinlichkeiten* bilden:

$$P(F \cap Z) = \frac{9}{10} \cdot \frac{1}{2} = \frac{9}{20} \, . \tag{6.3}$$

So kann nun auch der Begriff der bedingten Wahrscheinlichkeit formal definiert werden. Sind zwei Ereignisse A und B gegeben, wobei $P(B) > 0$ gilt (also B nicht das unmögliche Ereignis ist), so ist die *Wahrscheinlichkeit für das Ereignis A unter der Bedingung, dass das*

Ereignis B eingetreten ist, durch

$$P(A|B) = \frac{P(A \cap B)}{P(B)} \tag{6.4}$$

definiert. Man spricht hier auch von der *Wahrscheinlichkeit für A gegeben B*.

6.1.2 Die Regel von Bayes

Die Regel von Bayes spielt im Zusammenhang mit Entscheidungen eine wesentliche Rolle. So ist sie beispielsweise eine mögliche Grundlage für Lernprozesse. Auf Grund von neuer Information, die über bedingte Wahrscheinlichkeiten erhalten werden, sind die Menschen in der Lage, bislang getroffene Entscheidungen zu überdenken, vielleicht zu früh gefasste Meinungen über ihr Umfeld zu revidieren, Situationen neu einzuschätzen. Die Wahrnehmungen können sich tatsächlich verändern.

Bleiben wir zunächst wieder bei dem oben beschriebenen Experiment. Soll die Frage nach der (unbedingten) Wahrscheinlichkeit für Z beantwortet werden, so liefert wiederum ein Blick auf das Diagramm das Gewünschte. Hierzu betrachtet man *alle Pfade des Diagramms, die im Ereignis Z enden*. Dies sind, von oben gezählt, der erste und der dritte Pfad. Man betrachtet hier also die beiden Ereignisse $F \cap Z$ und $\overline{F} \cap Z$. Es sind dies die beiden Fälle, in denen Zahl geworfen wird (ob nun mit einer fairen oder mit einer unfairen Münze). Da die beiden Ereignisse aber sicher disjunkt sind, können wir, um ihre Gesamtwahrscheinlichkeit zu erhalten, die beiden einzelnen Wahrscheinlichkeiten *addieren* und erhalten somit die (insgesamt unbedingte) Wahrscheinlichkeit für einen Zahlwurf:

$$P(Z) = P(F \cap Z) + P(\overline{F} \cap Z) = \frac{9}{20} + \frac{1}{10} = \frac{11}{20}. \tag{6.5}$$

Plötzlich erkennen wir den intuitiven Ansatz deutlich wieder: In 11 von 20 Fällen wird Zahl geworfen; das ist die Betrachtung der zehn Münzen als *zwanzig Seiten, von denen elf Zahl zeigen*. Wir haben also mit Hilfe des Diagramms (und so mit Hilfe einiger bedingter Wahrscheinlichkeiten) die unbedingte Wahrscheinlichkeit des Zahlwurfs berechnet und können nun schließlich die ursprünglich einmal gestellte Frage beantworten: Mit welcher Wahrscheinlichkeit ist die geworfene Münze gefälscht, wenn sie nach dem Wurf Zahl zeigt? Mit Hilfe von (6.4) ergibt sich nun schnell der zuvor bereits „mit gesundem Menschenverstand" erhaltene Wert:

$$P(F|Z) = \frac{P(F \cap Z)}{P(Z)} = \frac{\frac{9}{20}}{\frac{11}{20}} = \frac{9}{11}. \tag{6.6}$$

Die beiden Gleichungen (6.5) und (6.6) bilden im Prinzip bereits den Kern der *Bayes-Regel*, die wir anhand des Beispiels mehr oder weniger nebenbei hergeleitet oder zumindest plausibel gemacht haben. Sie nutzt in dieser Version eine Zerlegung des Wahrscheinlichkeitsraums in zwei disjunkte Ereignisse aus, nämlich F und $\overline{F}$. Dies kann man verallgemeinern, indem man einen Wahrscheinlichkeitsraum Ω in beliebig viele disjunkte Teilmengen zerlegt. Zerfällt nämlich Ω etwa in die n Ereignisse $A_1, A_2, \ldots, A_n$, dann kann man diese Zerlegung nutzen, um die Wahrscheinlichkeit eines Ereignisses B anhand bedingter Wahrscheinlichkeiten zu berechnen. Gleichung (6.5) geht dann über in den allgemeinen *Satz von der totalen Wahrscheinlichkeit*:

$$\begin{aligned} P(B) &= P(B \cap A_1) + \ldots + P(B \cap A_n) \\ &= P(B|A_1) \cdot P(A_1) + \ldots + P(B|A_n) \cdot P(A_n) \,. \end{aligned} \quad (6.7)$$

Gilt im obigen Fall außerdem $P(B) > 0$, so kann man die Bayes-Regel so formulieren, dass sie einen unmittelbaren Zusammenhang zwischen den beiden bedingten Wahrscheinlichkeiten $P(A|B)$ und $P(B|A)$ angibt:

$$\begin{aligned} P(A|B) &= P(B|A) \cdot \frac{P(A)}{P(B)} \\ &= P(B|A) \cdot \frac{P(A)}{P(B|A_1) \cdot P(A_1) + \ldots + P(B|A_n) \cdot P(A_n)} \,. \end{aligned} \quad (6.8)$$

An dieser Stelle sei noch einmal auf die eingangs erwähnten Gefahren hingewiesen. Umgangssprachlich sind sehr schnell die Wahrscheinlichkeiten $P(A \cap B)$, $P(A|B)$ oder auch $P(B|A)$ verwechselt. Wie sich die beiden bedingten Wahrscheinlichkeiten $P(A|B)$ und $P(B|A)$ unterscheiden, macht die Bayes-Regel klar, nämlich genau um das Verhältnis der entsprechenden unbedingten Wahrscheinlichkeiten. Noch symmetrischer lässt sich das Verhältnis so notieren:

$$\frac{P(A|B)}{P(B|A)} = \frac{P(A)}{P(B)} \,. \quad (6.9)$$

Die unbedingten Wahrscheinlichkeiten werden dabei jeweils mit Hilfe der Formel von der totalen Wahrscheinlichkeit berechnet.

Ein weiteres prominentes Beispiel in diesem Zusammenhang ist das der Diagnosetests, die mit besonders hohen Prozentzahlen, was die Zuverlässigkeit angeht, häufig auf den ersten Blick Vertrauen auslösen wollen. Ein zweiter Blick jedoch lohnt sich immer, wie das folgende Beispiel zeigt.

Beispiel 21

Von einem Test für einen seltenen genetischen Defekt wird behauptet, er sei „zu 99 % zuverlässig". Das bedeutet, dass der Test in 99 % aller Fälle, in denen der Defekt vorliegt, dies auch positiv diagnostiziert. Liegt der Defekt nicht vor, so zeigt der Test auch dies in 99 % aller Fälle korrekt an. Man geht nun davon aus, dass der Defekt im Durchschnitt unter 10.000 Personen einmal auftritt. Wie groß ist dann bei einem positiven Testergebnis die Wahrscheinlichkeit dafür, dass der Defekt vorliegt?

Dieses noch immer erstaunlich wenig bekannte Phänomen kann mit Hilfe der eben angestellten Überlegungen rechnerisch komplett durchleuchtet werden. Vielen Menschen ist es aber dennoch nicht zugänglich, weil sich hier die menschliche Intuition einfach gegen die stochastische Erkenntnis wendet. Wir bezeichnen mit G das Ereignis, dass der genetische Defekt bei einem Patienten vorhanden ist und mit D das Ereignis einer positiven Diagnose. Mit diesen Bezeichnungen und den Zahlenwerten aus Beispiel 21 erhält man:

$P(G) = 0,0001$ \qquad (Prozentsatz der Menschen mit Defekt)
$P(\overline{G}) = 0,9999$ \qquad (Prozentsatz der Menschen ohne Defekt)
$P(D|G) = 0,99$ \qquad (Treffsicherheit des Tests)
$P(\overline{D}|\overline{G}) = 0,99$ \qquad (Treffsicherheit des Tests)
$P(D|\overline{G}) = 0,01$ \qquad (Fehlerquote des Tests) .

Nun ist die Wahrscheinlichkeit für das Vorliegen des Defekts bei positiver Diagnose gesucht, also $P(G|D)$. Nutzt man die disjunkte Zerlegung in G und $\overline{G}$, so ergibt der Satz von der totalen Wahrscheinlichkeit (6.7)

$$P(D) = P(D|G) \cdot P(G) + P(D|\overline{G}) \cdot P(\overline{G})$$
$$= 0,99 \cdot 0,0001 + 0,01 \cdot 0,9999 = 0,010098 . \qquad (6.10)$$

Dieser Wert für $P(D)$ ist auch aus dem Baum in Abb. 6.2 ablesbar. Dort enden zwei Wege bei dem Ereignis D, und die Gesamtwahrscheinlichkeit ergibt sich gerade als die Summe der Einzelwahrscheinlichkeiten für diese beiden Pfade, und man erhält so den Wert (6.10). Wendet man nun die Formel von Bayes an, so ergibt sich

$$P(G|D) = P(D|G) \cdot \frac{P(G)}{P(D)} = 0,0098 . \qquad (6.11)$$

Mit nicht einmal einem Prozent erhält man so in der Tat ein erstaunlich geringes Ergebnis für die Wahrscheinlichkeit dafür, bei einem positiven Testergebnis tatsächlich erkrankt zu sein. Die Unterscheidung zwischen den Ereignissen *Krankheit bei positiver Diagnose* und *positive Diagnose bei Krankheit* ist hier nun wirklich keine mathematische Erbsenzählerei. Der Spaß hört auf, wenn es um Menschen geht, die von Verantwortlichen – sei es bewusst oder unbewusst, durch böswillige Täuschung oder blanke Dummheit – in einer solchen Weise zum Narren gehalten werden.

Interessanterweise gelingt hier selbst ohne die Kenntnis des bedingten Wahrscheinlichkeitsbegriffs eine überzeugende Argumentation, die auf gesunden Menschenverstand baut. Sie ersetzt dabei aber nicht die mathematische Argumentation oder macht diese überflüssig, sondern gibt die zu Grunde liegende Mathematik lediglich in einer etwas anderen Sprache wieder. Anhand praktischer Zahlen, losgelöst von den Prozentsätzen, wird das Thema greifbarer. Angenommen, es werde eine Million Menschen getestet. Dann überlege man sich Folgendes:

- Bei einer Million Menschen kann man von 100 Erkrankten ausgehen, und bei 99 von diesen 100 wird die Krankheit korrekt diagnostiziert.

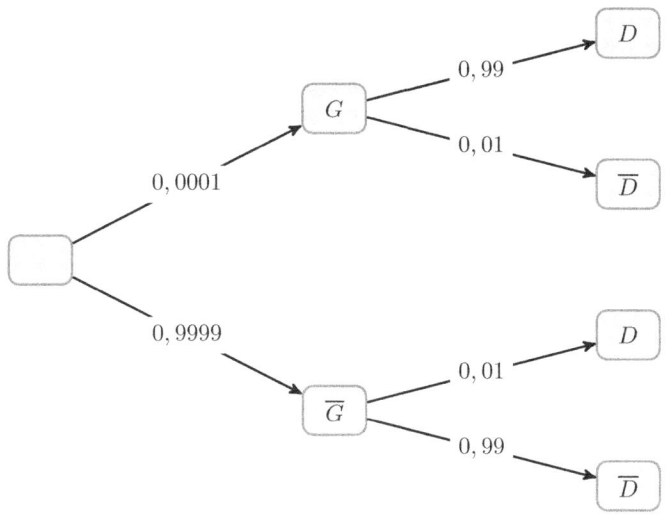

Abb. 6.2 Baum zum Diagnosetest aus Beispiel 21

- Außerdem wird bei einem Prozent der 999.900 Nichterkrankten, also bei 9999 Menschen ebenfalls (fälschlicherweise) die Krankheit diagnostiziert.
- Insgesamt wird also 9999 + 99 = 10.098 Menschen die Krankheit diagnostiziert.

Bei nur 100 Erkrankten wird also sage und schreibe 10.098 Menschen die Krankheit diagnostiziert. Das oben berechnete Ergebnis erhält man also auch so, es war keine Zauberei mit Wahrscheinlichkeiten. Es sei angemerkt, dass die quantitative Argumentation nur möglich ist, falls genaue Zahlen bekannt sind, und hier haben wir eine Schwachstelle identifiziert. Woher sollte die exakte „Treffsicherheit" eines Tests bekannt sein? Nun, von hinreichend vielen Erfahrungswerten. Aber wie viele sind das? Auch der genaue Bevölkerungsanteil der Erkrankten ist in der Praxis häufig nicht bekannt. Dennoch, die Argumentation funktioniert qualitativ und ist dadurch nicht weniger brisant: Bei einem „geringen" Anteil an Erkrankten und einer „hohen" Treffsicherheit des Tests wird die Wahrscheinlichkeit, trotz Diagnose *nicht erkrankt* zu sein, immer sehr gering sein.

6.1.3 Unerwartete Erwartungswerte

Soeben wurde gezeigt, wie die Intuition dem Menschen einen Streich spielen kann. Manchmal muss er sich dann mit Hilfe einer Rechnung davon überzeugen (und ist häufig auch dann noch nicht tief im Innern überzeugt), dass ein Sachverhalt nicht so ist, wie er vermutet hat. Ein weiteres solches Alltagsbeispiel ist das sogenannte *Wartezeit-Paradoxon*. Stellen Sie sich vor, Sie warten an einer Bushaltestelle. Je länger Sie warten, um so mehr steigt Ihre

Ungeduld und vielleicht auch der Wunsch, einfach zu gehen und sich ein alternatives Transportmittel zu suchen. Dass man irgendwann den Zeitpunkt verpasst, an dem die Wartezeit noch keine große Investition ist, und dass man dann entgegen aller Vernunft weiter wartet, ist das Phänomen der Dollarauktion, mit dem wir uns bereits beschäftigt haben. Hier soll nun ein anderer interessanter Aspekt behandelt werden:

Wie lang ist die *durchschnittliche* Wartezeit?

Wie lange also muss man durchschnittlich warten, wenn man etwa jeden Tag zur selben Uhrzeit zu der Bushaltestelle geht? Dieser Durchschnittswert berechnet sich sehr einfach, wenn die Busse *absolut zuverlässig*, also in einem festen Zeitabstand, fahren. In diesem Fall nämlich beträgt die durchschnittliche Wartezeit genau die Hälfte des Abstands der Abfahrtszeiten. Hier also entspricht der tatsächliche dem wohl auch intuitiv erwarteten Wert. Dass dies auch wirklich so ist, wird in Kürze als Spezialfall der allgemeinen Betrachtung mit abfallen. Für diesen allgemeinen Fall muss man sich die Frage stellen, was passiert, wenn – so, wie es realistischerweise der Fall ist – die Ankunftszeiten stärker variieren? Tatsächlich, und dies mag vielleicht überraschend sein, steigt dann die durchschnittliche Wartezeit.

Dieses Phänomen – der Intuition widersprechend – soll nun genauer untersucht und rechnerisch begründet werden. Für die konkrete Rechnung werde zunächst angenommen, dass die Abstände $t_1, t_2, t_3, \ldots$ zwischen den Busankünften unabhängig seien. Nun stimmt diese Annahme nicht ganz mit der Realität überein, aber vereinfacht die Rechnung enorm. Es sei zudem T die Zufallsvariable, die diese Abstände angibt. Für den Erwartungswert von T gelte $E(T) = \mu$ und für die Varianz $V(T) = \sigma^2$. Die ersten n Busse benötigen also insgesamt

$$t_1 + t_2 + \ldots + t_n \tag{6.12}$$

Minuten. Da die Wartezeit zwischen den Bussen jeweils linear auf 0 abfällt, ergibt sich für den Erwartungswert der Wartezeit W:

$$E(W) = \frac{\frac{1}{2}t_1^2 + \frac{1}{2}t_2^2 + \ldots + \frac{1}{2}t_n^2}{t_1 + t_2 + \ldots + t_n} = \frac{1}{2} \cdot \frac{\frac{t_1^2 + t_2^2 + \ldots + t_n^2}{n}}{\frac{t_1 + t_2 + \ldots + t_n}{n}} . \tag{6.13}$$

Das Erweitern des Bruches in (6.13) mit $\frac{1}{n}$ ist ein häufig angewendeter Trick, wenn man Grenzübergänge betrachten will. Lässt man nämlich nun n immer größer werden, so konvergiert bei diesem Grenzübergang $n \to \infty$ der Zähler in (6.13) gegen den Erwartungswert $E(T^2)$ und der Nenner gegen den Erwartungswert $E(T)$. Somit erhalten wir

$$E(W) = \frac{1}{2} \cdot \frac{E(T^2)}{E(T)} = \frac{1}{2} \cdot \frac{E(T)^2 + V(T)}{E(T)} = \frac{\mu^2 + \sigma^2}{2\mu} , \tag{6.14}$$

wobei das zweite Gleichheitszeichen aus der Verschiebungsformel folgt.[2] Mit Hilfe von (6.14) erkennt man die oben erwähnte Tatsache wieder, dass bei absolut zuverlässigem

6.1 Der Umgang mit der Wahrscheinlichkeit

Busverkehr, also bei einer Varianz von $\sigma^2 = 0$, die durchschnittliche Wartezeit $\frac{\mu}{2}$ beträgt. Darüber hinaus ergibt sich die erstaunliche Tatsache, dass bei gleichbleibendem Wert für μ die erwartete Wartezeit mit wachsendem σ ebenfalls wächst. Theoretisch kann die durchschnittliche Wartezeit sogar beliebig groß werden.

Welches sind realistische Annahmen in der Praxis? Sicher gilt $\sigma = 0$ in der Regel nicht, so sehr sich die Verkehrsbetriebe auch Mühe geben. Betrachten wir etwa die folgenden Beispielwerte.

Beispiel 22

An einer Haltestelle werden die Abstände der Abfahrtszeiten gemessen, und es ergibt sich die folgende Liste:

$$A = \{12, 9, 14, 12, 5, 18, 4, 6, 9, 7, 13, 8\}. \tag{6.15}$$

Legt man diese Stichprobe zu Grunde, so können auf deren Grundlage Erwartungswert und Varianz der Zufallsvariablen geschätzt werden.[3] Als Schätzwert für den Erwartungswert nimmt man das arithmetische Mittel der Stichprobenwerte, also

$$\bar{t} = \frac{12 + 9 + 14 + 12 + 5 + 18 + 4 + 6 + 9 + 7 + 13 + 8}{12} = 9{,}75. \tag{6.16}$$

Als Schätzwert für die Varianz der Zufallsvariablen wird die Varianz der Stichprobe, also

$$s^2 = \frac{1}{11} \sum_{t \in A} (t - 9{,}75)^2 \approx 17{,}1136 \tag{6.17}$$

gewählt. Hier ist darauf zu achten, dass der Nenner in der geschätzten Varianz dem um 1 verminderten Stichprobenumfang entspricht, da ansonsten die Schätzung nicht erwartungstreu ist.[4] Mit $\bar{t} = 9{,}75$ als Schätzwert für μ und $s^2 \approx 17{,}1136$ als Schätzwert für σ^2 ergibt sich damit für die erwartete durchschnittliche Wartezeit

$$E(W) = \frac{9{,}75^2 + 17{,}1136}{19{,}5} \approx 5{,}7526. \tag{6.18}$$

Etwas Vorsicht ist geboten, wenn man in diesem Zusammenhang von „Erwartungswert" spricht, denn neben dem durch $\bar{t}$ gegebenen Mittel als Schätzer für diesen Erwartungswert gibt es ja auch noch den laut Fahrplan „erwarteten" Abstand, der in diesem Beispiel möglicherweise $\mu = 10$ ist. Mit diesem Wert für μ schätzt man auch einen geringfügig anderen Wert für σ^2, nämlich

$$s^2 = \frac{1}{11} \sum_{t \in A} (t - 10)^2 \approx 17{,}1818. \tag{6.19}$$

und erhält schließlich einen leicht veränderten Erwartungswert für die durchschnittliche Wartezeit, nämlich

$$E(W) = \frac{\mu^2 + \sigma^2}{2\mu} = \frac{10^2 + 17{,}1818}{20} \approx 5{,}8591 \ . \tag{6.20}$$

Dass die erwartete durchschnittliche Wartezeit eher länger ist und übrigens mit wachsender Varianz auch länger wird, lässt sich aber auch wiederum intuitiv erklären, und zwar dadurch, dass man bei der Ankunft an der Bushaltestelle eher auf ein langes als auf ein kurzes Wartezeitintervall stößt. Bei Verkehrssimulationen arbeitet man häufig mit anderen Verteilungen, etwa der *Exponentialverteilung* oder der *Poisson-Verteilung*.[5]

6.2 Beziehungen in sozialen Netzwerken

Wenn die ganze Welt miteinander vernetzt ist, dann ist dies auch mit Fragen nach der Entwicklung von Beziehungen in Netzwerken verbunden. Schwarz-weiß gedacht besteht zwischen zwei Menschen, die sich kennen, entweder Sympathie oder Antipathie. Oft genügt für die Entwicklung der einen oder der anderen Ausrichtung schon weniger als sich zu kennen, ein erster Blick, ein erstes Aufeinandertreffen. Dass es vorteilhaft ist, miteinander auszukommen, wenn man durch ein Netzwerk miteinander verbunden ist, steht außer Frage. Hier ist in den vergangenen Jahrzehnten wenig geforscht worden. Erst in den letzten Jahren hat sich etwas getan, und zwar wirklich Interessantes. Die Entwicklung solcher Netzwerke scheint gerade in den Keimzellen, den Dreiecksbeziehungen, verankert zu sein.

6.2.1 Ein Netzwerk aus drei Beteiligten

Der einfachste Fall eines Beziehungsnetzwerks ist der eines Dreiecks. Drei Personen stehen miteinander in Beziehung, interagieren, haben womöglich wichtige Entscheidungen zu treffen. Mathematisch modelliert werden kann eine solche Situation durch einen Graphen, bei dem die Knoten die Personen darstellen und die *Kanten* deren Beziehung symbolisieren. Versieht man die Kanten eines solchen Graphen mit einer Bewertung – einem Symbol, einer Zahl – so spricht man von einem *bewerteten Graphen*. Solchen Graphen sind wir bereits bei den Problemen der kürzesten Wege begegnet.

Drei Personen bedeuten drei Beziehungen, also drei Kanten, die die Knoten verbinden und so ein Dreieck bilden.[6] Nun können Beziehungen positiv oder negativ geprägt sein, und hier setzt man mit dem einfachsten Modell an. Jede der drei Kanten wird mit einem ⊕ oder einem ⊖ versehen – je nachdem, ob die beiden beteiligten Personen einander sympathisch gesonnen sind oder nicht. Kombinatorisch ist dann klar, dass es im Wesentlichen vier verschiedene Fälle gibt, die in Abb. 6.3 zu sehen sind.

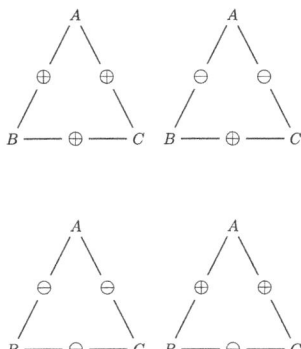

Abb. 6.3 *Oben* die zwei stabilen und *unten* die zwei instabilen Sympathie-Dreiecke

Zwei von diesen vier Möglichkeiten sind stabil. Sind alle drei Beteiligten miteinander befreundet, also alle Kanten mit ⊕ bewertet, wird man davon ausgehen können, dass diese Freundschaften halten. Auch die Situation mit nur einem ⊕ und zwei ⊖ ist stabil, denn zwei Freunde mit einem gemeinsamen Feind sind dadurch zusammengeschweißt. Die anderen beiden Szenarien sind instabil: Bei zwei ⊕ und einem ⊖ kann diejenige Person, die mit beiden anderen befreundet ist, deren Feindschaft auch in eine Freundschaft umwandeln, so dass die Situation mit drei ⊕ resultiert, oder aber der Druck wird zu groß, und eine der beiden Freundschaften wird zur Feindschaft. Auch die Situation dreier ⊖ ist instabil, denn gemäß der Regel, dass der Feind meines Feindes eigentlich mein Freund ist, wird sich hier langfristig ein Paar gegen den Dritten verbünden und die stabile Situation mit einem ⊕ und zwei ⊖ resultieren.

Dass gemeinsame Freunde eine Freundschaft zweier Personen stärken können und die Tatsache, dass Antipathien zwischen Personen, die man beide zu seinen Freunden zählt, diese Bindung schwächen können, sind uralte Weisheiten. Dass sich diese aber auch mathematisch untermauern lassen, ist eine gar nicht so alte Erkenntnis, die wir den vier Mathematiker J. Kleinberg, R. Kleinberg, S. Marvel und S. Strogatz zu verdanken haben, die sich mit diesem Phänomen beschäftigt haben.[7] Die von ihnen betrachteten Matrizen sind zeitabhängig und können die Veränderungen bei Freundschaften und Feindschaften sehr gut modellieren.

Dazu werden sogenannte *Adjazenzmatrizen* benötigt. Ein Netzwerk, ein Graph, ist durch Knoten und verbindende Kanten gegeben. Die Bewertungen bringen die zwei zu der Kante gehörenden Knoten miteinander in Verbindung, in unserem Fall sind sie ein Maß für die Bindungsstärke der beiden Personen, die durch die Knoten repräsentiert werden. Nun kann das von Natur aus graphische Erscheinungsbild durch eine Adjazenzmatrix in eine mathematische Sprache übersetzt und dadurch für den Einsatz von Software nutzbar gemacht werden. In Abb. 6.4 ist ein solches minimales Netzwerk aus drei Personen, A, B und C, dargestellt. Die zugehörige Adjazenzmatrix X hat neun Felder, die zu befüllen sind. Ihre Zeilen und Spalten stellen wir uns als mit den Personen nummeriert vor, so dass

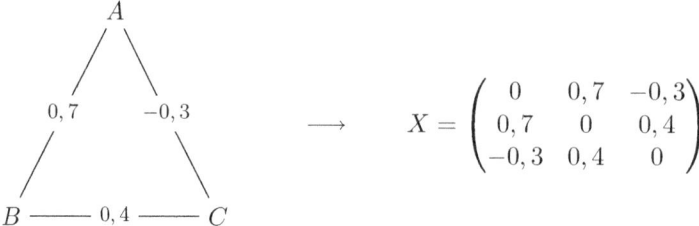

Abb. 6.4 Ein Netzwerk aus drei Personen mit Bindungszahlen und die zugehörige Adjazenzmatrix X

die Bindungszahl zwischen A und B in der ersten Zeile und zweiten Spalte von X steht. Hier ist nun also $x_{AB} = 0{,}7$ und $x_{AC} = -0{,}3$. Der Einfachheit halber nimmt man an, dass die Sympathie oder Bindungsstärke symmetrisch ist.[8] Damit treten neben die Variablen x_{AB}, x_{AC} und x_{BC}, die man als Maß für die Bindung zwischen je zwei dieser drei Personen einführt, automatisch die drei Variablen x_{BA}, x_{CA} und x_{CB}, die jeweils die gleichen Werte annehmen. Der Vollständigkeit halber müssen dann noch die drei Variablen x_{AA}, x_{BB} und x_{CC} eingeführt werden. Sie lassen sich als Maß für die Selbstsicherheit interpretieren und werden hier zunächst einmal neutral auf den Wert 0 gesetzt. Insgesamt ergibt sich so die Matrix

$$X = \begin{pmatrix} 0 & 0{,}7 & -0{,}3 \\ 0{,}7 & 0 & 0{,}4 \\ -0{,}3 & 0{,}4 & 0 \end{pmatrix}. \tag{6.21}$$

Es empfiehlt sich übrigens aus verschiedenen Gründen, eine Normierung vorzunehmen und etwa nur Werte zwischen −1 und 1 zuzulassen. Dabei bedeutet −1 totale Ablehnung und Feindschaft und 1 entsprechend totale Sympathie und Freundschaft.

Man sieht, dass B sowohl mit A als auch mit C durchaus gut auskommt, dass sich aber A und C untereinander eher feindlich gesonnen sind. Wir sind in dem Fall „zwei $\oplus$ und ein $\ominus$", der, wie wir uns bereits klar gemacht haben, ein instabiler ist. Ob nun aber die Feindschaft zwischen A und C beigelegt werden kann oder ob sich B von A oder von C lossagen wird – das ist eine Frage, deren Beantwortung mit dem erwähnten Modell in gewisser Weise möglich ist und der wir uns im nächsten Abschnitt zuwenden werden.

6.2.2 Dynamische Betrachtung

Dem erwähnten Modell zu Grunde liegt die im Kern bereits oben geschilderte Überlegung: Bestehende Freundschaften oder Feindschaften werden durch die Beziehungen zu Dritten gestärkt oder geschwächt, je nach dem, ob die beiden Bindungszahlen gleiches oder unterschiedliches Vorzeichen haben. Greifen wir die Matrix (6.21) noch einmal auf: Für die Entwicklung der Bindung zwischen A und B sind die beiden Bindungen zwischen A und C

sowie zwischen B und C wichtig. Erstere ist negativ, letztere positiv; als Konsequenz wird sich dies auf die Bindung von A und B negativ auswirken.

Diesen Grundbaustein nimmt man nun her, um den wesentlichen Kern des Modells zu entwickeln. Dazu betrachten wir nun ein beliebiges Netzwerk mit n Beteiligten, die wir mit $1, \ldots, n$ durchnummerieren, und deren Bindungszahlen eine Matrix der Form

$$A = \begin{pmatrix} x_{11} & x_{12} & \ldots & x_{1n} \\ x_{21} & x_{22} & \ldots & x_{2n} \\ \vdots & \vdots & & \vdots \\ x_{n1} & x_{n2} & \ldots & x_{nn} \end{pmatrix} \tag{6.22}$$

definieren. In dieser Matrix gilt wieder $x_{ij} = x_{ji}$ für alle i, j sowie $x_{ii} = 0$ für alle i. Für die dynamische Entwicklung einer Zweier-Beziehung spielen nun die *Produkte* der Bindungswerte dieser beiden mit jeweils allen anderen eine Rolle. Jedes Dreieck, in das zwei Personen involviert sind, beeinflusst den Bindungswert entweder positiv oder negativ. Werden wir noch expliziter, führen eine Zeitvariable t ein und betrachten die zeitliche Entwicklung von A, die wir demnach nun als $A(t)$ zu beschreiben haben. Startet man wie üblich bei $t = 0$, so handelt es sich bei $A(0)$ dann gerade um die Ausgangsmatrix.

Wir gehen nun davon aus, dass sich in einem (noch zu spezifizierenden) Zeitraum die Bindungszahl x_{ij} der Personen i und j ändert. Welche Größen haben hierauf einen Einfluss? Eine andere Person k hat einen positiven Einfluss, wenn i und j beide mit ihr befreundet oder beide mit ihr verfeindet sind. In jedem Fall ist dann aber das Produkt $x_{ik} x_{kj}$ positiv. Ist es negativ, bedeutet dies, dass die Person k nur entweder mit i oder mit j befreundet ist; so etwas schwächt die Bindungszahl x_{ij}. Demnach sind alle Produkte $x_{ik} x_{kj}$ zu berechnen, wobei k sämtliche Werte zwischen 1 und n durchläuft. Für $k = i$ oder $k = j$ liefert das Produkt keinen Beitrag, denn wir haben $x_{kk} = 0$ angenommen.[9] Summiert man all diese kleinen Änderungen, also all die Produkte $x_{ik} x_{kj}$ des Bindungswertes auf, so erhält man einen Ausdruck für die zeitliche Änderung der Bindungszahl x_{ij}, nämlich:

$$\frac{d}{dt} x_{ij} = \sum_{k=1}^{n} x_{ik} x_{kj} . \tag{6.23}$$

Der Summenausdruck in (6.23) ist aber nichts Anderes als der Eintrag der Produktmatrix A^2 an der Stelle (i, j). Das Quadrat der Matrix A selbst also stellt sich hier als ein sinnvolles Maß für die Änderungsrate von A heraus. So kommt die Differentialgleichung von Matrizen

$$\frac{d}{dt} A = A^2 \tag{6.24}$$

ins Spiel, deren Lösung durch

$$A(t) = A(0) \cdot (I - A(0))^{-1} \tag{6.25}$$

gegeben ist, wobei I wie die Einheitsmatrix und der Exponent -1 die inverse Matrix bezeichnet.[10] Zu der Verwendung der Zeitvariablen t muss noch etwas gesagt werden. Immer

Tab. 6.1 Zeitliche Entwicklung der durch die Ausgangsmatrix (6.21) gegebenen Beziehungswerte. Man sieht, wie sich x_{12} und x_{23} nach leichtem Rückgang wieder festigen und auch x_{13} schließlich positiv wird

t	x_{12}	x_{13}	x_{23}
0	0,7	−0,3	0,4
0,1	0,693	−0,274	0,382
0,2	0,696	−0,251	0,368
0,3	0,708	−0,230	0,359
0,4	0,731	−0,211	0,354
0,5	0,766	−0,191	0,353
0,6	0,816	−0,171	0,356
0,7	0,886	−0,150	0,364
0,8	0,986	−0,124	0,379
0,9	1,132	−0,092	0,403
1,0	1,355	−0,047	0,444
1,1	1,731	0,024	0,515
1,2	2,474	0,160	0,659
1,3	4,591	0,540	1,072

wenn es um geschlossene Lösungen von Differential- (oder auch allgemeineren) Gleichungen geht, stellt sich die Frage, für welche Werte von t denn diese geschlossene Darstellung richtig ist. In der Regel nämlich ist dies nicht überall der Fall, so auch hier. Der sogenannte *Konvergenzradius* der Darstellung (6.25) ist durch $R = \lambda^{-1}$ gegeben, wobei λ der größte Eigenwert der Matrix A ist.

Der kritische Einwand – falls A „große Eigenwerte" hat, ist die geschlossene Darstellung (6.25) ja nur für kleine Zeitwerte richtig – kann entkräftet werden, indem man Bindungsmatrizen mit „kleinen Eigenwerten" betrachtet. Und dies ist völlig gerechtfertigt – haben wir doch bei der Bildung solcher Matrizen keinerlei strenge Vorgaben, sondern nur relative, an Vorzeichen gebundene. Die Normierung der Bindungswerte, die wir willkürlich auf −1 bis 1 festgesetzt hatten, können wir jederzeit aufgeben; das Modell bleibt trotzdem richtig. Praktisch bedeutet dies, dass eine Stauchung der Bindungswertskala einer Streckung der Zeitskala entspricht. Das ändert aber an dem für uns relevanten Ergebnis nichts, denn es steht die Tatsache im Mittelpunkt, wie sich Beziehungsnetzwerke entwickeln. Streng genommen möchten wir am Ende sogar nur eine Übersicht über die Vorzeichen haben.

Das Beziehungsnetzwerk, das durch die Ausgangsmatrix (6.21) gegeben ist, ist noch sehr übersichtlich, und wir führen daran die erste dynamische Betrachtung durch. Es gibt drei relevante Beziehungen in diesem Netzwerk, von denen zwei positiv und eine negativ sind. Nach den zu Beginn angestellten Überlegungen wird sich entweder die Feindschaft im Lauf der Zeit zu einer Freundschaft wandeln oder aber eine der beiden Freundschaften

6.2 Beziehungen in sozialen Netzwerken

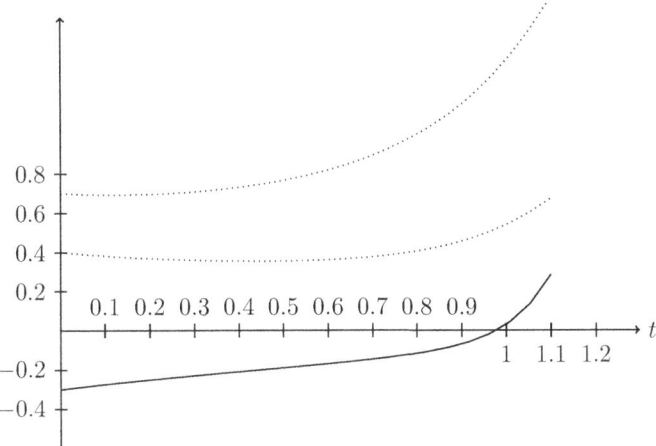

Abb. 6.5 Zeitliche Entwicklung in dem durch die Ausgangsmatrix (6.21) gegebenen Beziehungsnetzwerk: Die zwei Sympathie-Bindungen zu Beginn beeinflussen im Lauf der Zeit auch die dritte Bindung

zu einer Feindschaft werden. In jedem Fall wird ein stabiles Dreieck entstehen. Wir werden nun sehen, dass auch der eben entwickelte mathematische Prozess dieses Ergebnis bringt.

Zunächst berechnet man die Eigenwerte der Matrix A. Es ergeben sich (gerundet) die drei Werte $-0{,}957$, $0{,}248$ und $0{,}709$, letzterer ist das Maximum. Dessen Kehrwert gibt den Konvergenzradius R an, also den vernünftigen Bereich für die Zeitvariable:

$$R \approx 1{,}41 \ . \tag{6.26}$$

Beobachten wir nun die drei Beziehungswerte im Lauf der Zeit, die von 0 bis 1,41 parametrisiert ist. Tabelle 6.1 zeigt die zeitliche Entwicklung. In Abb. 6.5 ist der graphische Verlauf dargestellt.

Betrachten wir ein weiteres, etwas größeres Beziehungsnetzwerk, das durch

$$A = \begin{pmatrix} 0 & 0{,}7 & -0{,}3 & 0{,}7 & -0{,}3 \\ 0{,}7 & 0 & 0{,}4 & 0{,}2 & -0{,}1 \\ -0{,}3 & 0{,}4 & 0 & 0{,}6 & -0{,}1 \\ 0{,}7 & 0{,}2 & 0{,}6 & 0 & 0{,}5 \\ -0{,}3 & -0{,}1 & -0{,}1 & 0{,}5 & 0 \end{pmatrix} \tag{6.27}$$

gegeben ist. Der größte Eigenwert dieser Matrix ist 1,2052. Der Konvergenzradius beträgt somit etwa 0,8298 Zeiteinheiten (und könnte, wie gesagt, entsprechend gestreckt werden, was aber eine Vergrößerung der Einträge in A voraussetzen würde). Es stehen hier fünf Personen miteinander in Beziehung, was zehn relevanten Zweierbeziehungen entspricht. Zu Beginn sind vier davon negativ gewertet; es gibt vier Feindschaften, nämlich bei den

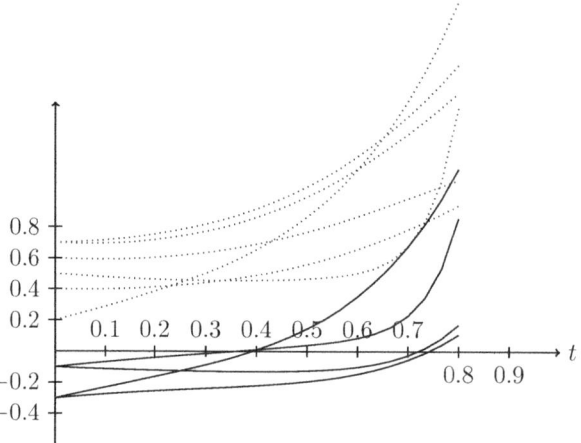

Abb. 6.6 Zeitliche Entwicklung in dem durch die Ausgangsmatrix (6.27) gegebenen Beziehungsnetzwerk: Zu Beginn gibt es nur sechs Sympathie-Bindungen; bei den anderen vier (*durchgehend gezeichnet*) kommt die Sympathie erst im Lauf der Zeit

Paaren (1/3), (1/5), (2/5) und (3/5). In Abb. 6.6 ist der Verlauf der zehn Bindungswerte eingetragen, und man sieht, wie sich im Lauf der Zeit die erwähnten vier negativen Werte alle zum Positiven wenden.

Kleine Änderungen in der Ausgangsmatrix können sich übrigens enorm auswirken. Betrachten wir beispielsweise die geringfügig geänderte Matrix

$$A = \begin{pmatrix} 0 & 0{,}7 & -0{,}3 & -0{,}7 & -0{,}3 \\ 0{,}7 & 0 & 0{,}4 & 0{,}2 & -0{,}1 \\ -0{,}3 & 0{,}4 & 0 & 0{,}6 & -0{,}1 \\ -0{,}7 & 0{,}2 & 0{,}6 & 0 & 0{,}5 \\ -0{,}3 & -0{,}1 & -0{,}1 & 0{,}5 & 0 \end{pmatrix}, \tag{6.28}$$

bei der die einzige Änderung gegenüber (6.27) darin besteht, dass die Einträge x_{14} und x_{41} nun ein negatives Vorzeichen bekommen haben. Wie Abb. 6.7 zeigt, passiert hier nun etwas völlig Anderes: Nicht alle Beziehungen werden ins Positive „gehoben", sondern zu den fünf, die zu Beginn negativ sind, kommt sogar noch eine hinzu.

6.2.3 Langfristige Entwicklung und Praxis

Was passiert, wenn wir Netzwerke mit vielen Personen betrachten? Gibt es eine „Ordnung", einen systematischen, erkennbaren zeitlichen Verlauf? In der Tat liefert das mathematische Modell hier die Bestätigung einer Tatsache, die aus dem Alltag hinlänglich bekannt ist. Bis auf sehr wenige Ausnahmen endet die oben beschriebene dynamische Entwicklung stets

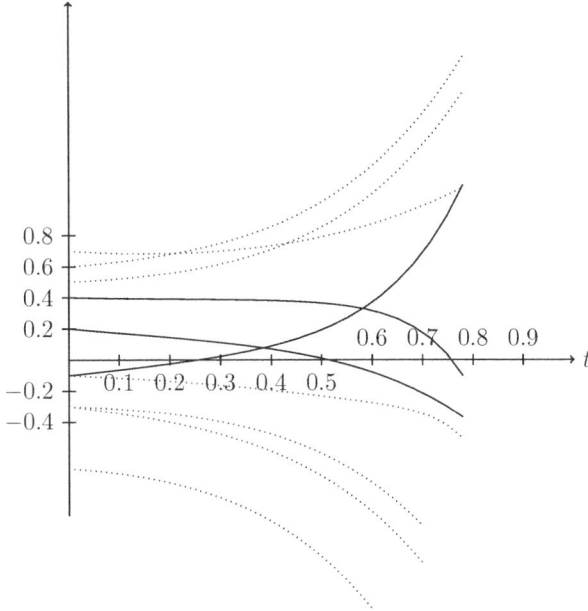

Abb. 6.7 Zeitliche Entwicklung in dem durch die Ausgangsmatrix (6.28) gegebenen Beziehungsnetzwerk: Zu Beginn gibt es fünf Sympathie-Bindungen, nach einiger Zeit auf Grund der Dynamik nur noch vier

in einer Einteilung der n Personen *in zwei Gruppen*, und zwar folgendermaßen: Innerhalb jeder Gruppe gibt es nur positiv bewertete Bindungen, während die Verbindungen zwischen den Gruppen negativ bewertet sind. Zwei Lager also, innerhalb derer Freundschaft und zwischen denen Feindschaft herrscht. Dazu gehört allerdings auch der Grenzfall, dass eines der beiden Lager leer ist, so wie wir es oben bei der Entwicklung der Ausgangsmatrix (6.27) gesehen haben. Hier waren am Ende alle befreundet.

In ihrer Arbeit zeigen Kleinberg, Kleinberg, Marvel und Strogatz, dass tatsächlich nur diese Zustände eintreten können und keine „Zwischenstufen", wie man zuvor vermutet hatte. Wie gezeigt ermöglicht das Modell sogar Prognosen über die Entwicklung eines Netzwerks, und wie man wahrscheinlich vermutet, ist eine „globale Freundschaft" um so wahrscheinlicher, je mehr Freundschaften es bereits am Anfang gibt.

Besonders spannend sind natürlich die Anwendungen in der Praxis: Wieviel taugt das Modell dort? Erstaunlicherweise sehr viel. Es bestätigt im Nachhinein viele klassische Resultate, so auch das vielfach zitierte und untersuchte Phänomen des Karate-Clubs. Wayne Zachary untersuchte in den 1970er Jahren die gruppendynamischen Phänomene im Karate-Club einer US-amerikanischen Universität. Dort hatten sich die Sportler in zwei Lager gespalten. Nun wurde untersucht, inwiefern die Sportler auch außerhalb des Clubs Umgang miteinander pflegten. Zachary setzte hierfür Methoden der Graphentheorie ein, und zwar konkret den Ford-Fulkerson-Algorithmus zur Bestimmung kürzester Wege, einen Algorithmus, der dem Dijkstra-Algorithmus sehr verwandt ist.[11] Über 30 Jahre später werteten Kleinberg, Kleinberg, Marvel und Strogatz das Datenmaterial aus und untersuchten das Phänomen mit Hilfe von Bindungszahlen. Bei 33 der 34 Sportler konnten sie mit ihrer Methode eine korrekte Aussage über die Zuordnung zu einem der beiden Lager treffen.

Auch eine weitere Frage konnte mit der Methode behandelt werden: Wie entstehen und entwickeln sich feindliche Lager und strategische Beziehungen in Kriegssituationen? Dazu wurde der Stand der diplomatischen Beziehungen in Europa im Jahre 1939 quantifiziert und eine Simulation gestartet, bei der sich die beteiligten Staaten zu entscheiden hatten, ob sie auf der Seite der Alliierten gegen Hitler standen oder ob sie zu den Achsenmächten um Deutschland gehören wollten. Bei den meisten Staaten entsprach die Entwicklung in der Simulation dem tatsächlichen historischen Verlauf. Nur die Prognose für das Verhalten Dänemarks und Portugals war falsch. Weitere Anwendungsmöglichkeiten liegen auf der Hand, so etwa die Entstehung von Lagern bei den boomenden sozialen Netzwerken im Internet.

Einige Einwände gegen das Modell sollen auch nicht unerwähnt bleiben. So ist beispielsweise die Deutung der Einträge x_{kk} nicht unmittelbar einsichtig. Im standardisierten Fall, den wir oben angesetzt haben, sind diese Werte zu Beginn auf den neutralen Wert 0 gesetzt. Doch bereits nach „kurzer Zeit" (hier sei erneut angemerkt, dass die betrachtete Zeit in den Berechnungen ohnehin ggf. gestreckt oder gestaucht werden muss) erhalten diese Einträge einen von 0 verschiedenen Wert. Wie ist dieser zu deuten? Welche Möglichkeiten gibt es, die Zahlen x_{kk} von vorneherein auf von null verschiedene Werte zu setzen? Das sind Fragen, die noch viel Raum für weitere Forschung lassen.

6.3 Evolutionäre Spieltheorie und Schwarmintelligenz

Entscheidungen in Gruppen können sehr komplex werden, und dies auch bei einer eigentlich noch recht überschaubaren Anzahl von Gruppenmitgliedern. Was passiert aber, wenn die Gruppen sogar so groß sind, dass eine wirkliche Interaktion zwischen allen Beteiligten nicht mehr realisierbar ist? Man spricht dann von *Schwarmintelligenz*, einem immer häufiger gebrauchten Ausdruck. Dass diese Terminologie aus dem Tierreich stammt, kommt nicht von ungefähr, denn dort gibt es zahlreiche Vorbilder, die Ideengeber waren für Methoden und Verfahren, die mittlerweile in der Praxis ganz selbstverständlich und äußerst erfolgreich angewendet werden. Ein Beispiel für den erfolgreichen Einsatz entsprechender Algorithmen ist etwa die Verbesserung der Auslastung von LKW-Routen. Solche komplexen Probleme können nach dem Vorbild von Insekten, so etwa Bienen oder Ameisen, behandelt werden. Diese verwenden etwa bei der Staatenbildung überraschend effiziente Strategien, bei denen die einzelnen Individuen weitgehend unabhängig voneinander operieren und dennoch in der Lage sind, komplexe Probleme zu lösen.

Die zentrale Frage ist also: Wie organisieren sich Schwärme? Ob dies die Koordination von Zugvögeln bei ihrem Flug oder auch das Verhalten von Ameisen bei der Futtersuche ist, der Mensch kann davon lernen. Die bei solchen Fragestellungen auftretende Schwarmintelligenz ist in gewisser Hinsicht ein Grenzfall der Netzwerk-Intelligenz. Sind vielleicht die Rationalität und Individualität der Spieltheorie, des Homo Oeconomicus, doch vereinbar mit Kooperation und Koordination? Für ein Funktionieren solcher Systeme jedenfalls ist eine überaus starke Interaktion zwischen den Beteiligten unerlässlich. Nur so können sie komplexe Optimierungsprobleme, wie etwa die Ermittlung kürzester Wege, lösen. Wir beginnen zunächst mit einigen Aspekten der evolutionären Spieltheorie.

6.3.1 Historische Entwicklung

Die evolutionäre Spieltheorie, eine Verquickung von Mathematik und Biologie, ist selbst für spieltheoretische Verhältnisse eine recht junge Disziplin, deren ernsthafte Beginne gerade einmal in die 1970er Jahre zurückreichen. Ausgangspunkt waren Modelle, die Biologen entwickelten, um strategische Aspekte der Evolution zu verstehen und Verhaltensmuster in Tierpopulationen zu beschreiben. Interessanterweise muss in diesem Zusammenhang erneut John Maynard Smith erwähnt werden, der auch bei Robert Axelrods Strategienwettbewerb teilnahm und dort, wie in dem Zusammenhang erwähnt, mit der Strategie *Tit-For-Two-Tat* antrat. Auf ihn gehen in der Tat die wesentlichen Konzepte der evolutionären Spieltheorie zurück.[12] In den tierischen Verhaltensmustern, so nahm man an, lag der Schlüssel zur Arterhaltung. Doch hat das einzelne Tier in der Regel kein Bewusstsein, zumindest nicht in dem Sinn einer übergeordneten Form kollektiver Rationalität. Die evolutionäre Spieltheorie stand daher nie wirklich in einer Reihe mit den rationalen Konzepten, die wir im ersten Kapitel kennengelernt haben. Hier war von Anfang an Individualität wichtiger, und die unmittelbare Weitergabe der Gene stand im Vordergrund. Alles, was diesem Ziel dienlich war, war eine „gute Strategie". Im Rahmen einer Herausbildung solcher genetisch bedingter Verhaltensweisen ist die evolutionäre Spieltheorie mittlerweile als berechtigte Teildisziplin anerkannt und wird in den verschiedensten Bereichen angewendet. In diesem Licht sind übrigens durchaus auch die von Robert Axelrod zu Beginn der 1980er Jahre organisierten Wettbewerbe der Strategien zu sehen; auch dort ging es um „Lernfähigkeit", wenn auch die von Computerprogrammen.

Charles Darwin formulierte in den 1860er und 1870er Jahren seine berühmte Theorie der Evolution durch natürliche Auswahl. Von dort war es ein langer Weg, und zwar bis in die 1930er Jahre, bis die evolutionäre Dynamik mathematisch unterfüttert werden konnte. Dies geschah mit der Populationsgenetik, die Veränderungen von Frequenzen der Genotypen in Populationen formal zu erfassen versucht, und schließlich einige Jahre später mit der *Quantitativen Genetik*, die nicht mehr auf der Ebene einzelner Gene operiert, sondern sich mit Verteilungen von Genotypen bzw. Phänotypen beschäftigt. Viele Aspekte, die bei der klassischen Spieltheorie vielleicht zu kurz kommen und die doch im Sinne dieses Buchs wichtig sind, werden bei der evolutionären Spieltheorie berücksichtigt. Während die bloße Gleichgewichtssuche bei Spielen häufig mehrfache Lösungen zulässt, setzen sich in der Praxis doch häufig nicht alle davon durch. Der Begriff des teilspielperfekten Gleichgewichts war ein erster Schritt in diese Richtung; das häufig irrationale Verhalten realer Spieler kann und muss noch mehr berücksichtigt werden. Die evolutionäre Spieltheorie tut dies in gewisser Weise und nutzt spieltheoretische Methoden zur Beschreibung solcher Entwicklungen.

Die Entwicklung der *Populationsdynamik* verlief übrigens davon weitgehend unabhängig, begann aber etwa zum gleichen Zeitpunkt, für evolutionäre Fragestellungen interessant zu werden. Beides beeinflusste die Entwicklung der evolutionären Spieltheorie und ging teilweise in ihr auf. Dennoch bleiben im Prinzip zwei unterschiedliche Ansätze mit nicht all zu vielen Überschneidungen: die strenge Sicht der Genetiker, die sämtliche evolutionäre Entwicklung nur im Rahmen genetischer Betrachtungen erklären will, und die Sicht der Spieltheoretiker.

6.3.2 Evolutionär stabile Strategien

Bei der Herausbildung spezieller Verhaltensweisen in Populationen, bei der evolutionären Entwicklung also, ist *natürliche Selektion* eine wichtige Komponente. Der Mensch ist von Komplexität umgeben und weit davon entfernt, alles beschreiben, geschweige denn erklären zu können, was er sieht. Ansätze in diese Richtung liefert das *Selbstorganisationsprinzip* aus der Physik, und das Prinzip der natürlichen Selektion ist ein weiteres Konzept zum Verständnis von Komplexität. Hat ein gewisses Verhaltensmuster *messbaren Erfolg*, so bedeutet dies einerseits seinen Erhalt, sein Überleben, andererseits vielleicht sogar Vermehrung. Weniger erfolgreiche Muster sterben langfristig aus. Ein solches Aussterben, auf einer weniger biologischen Ebene, ist uns bereits begegnet: Beim erweiterten Spiel *Schere – Stein – Papier – Brunnen* (Abb. 2.6) stirbt die Strategie *Stein* langfristig aus, weil sie von *Brunnen* dominiert wird.

Die Begriffe und Konzepte dieses und ähnlicher harmloser Spiele der klassischen Spieltheorie können nun auch bei „evolutionären Spielen" genutzt werden. Spieler sind dabei die einzelnen Individuen in einer Population, die einem Adaptionsprozess unterworfen ist; die Strategien sind nichts anderes als die Phenotypen dieser Individuen. Ähnlich wie das Durchsetzen der Strategie *Brunnen* kann auch Durchsetzungsvermögen als Auszahlung in einem evolutionären Spiel von Verhaltensmustern betrachtet werden. Eine Möglichkeit, es zu messen, stellt etwa die Zahl der Nachkommen dar, im biologisch-evolutionären Kontext häufig *Fitness* genannt. Einfluss auf die Fitness haben viele Faktoren, so etwa die Umwelt oder die Mitspieler, und zwar in Form konkurrierender Verhaltensmuster.

Man geht in der Regel davon aus, dass die Nachkommen eines Musters mit der gleichen Strategie vorgehen werden wie ihre Vorfahren. Einen Spieler, der sich in diesem Zusammenhang dennoch für eine Änderung seiner Strategie entscheidet, wird in diesem Zusammenhang „Mutant" genannt. Er kann zu einer bestimmten Stufe des Spiels neu (von außen) dazukommen oder aber es handelt sich um einen etablierten Spieler, der seine Strategie ändert. Häufig kann bei Tierpopulationen beobachtet werden, dass selbst sehr starke Tiere in Revier- oder Paarungskämpfen ihre Überlegenheit nur sehr selten verwenden, um einen

6.3 Evolutionäre Spieltheorie und Schwarmintelligenz

		B	
		Falke	Taube
A	Falke	$\left(\dfrac{G-K}{2}\Big/\dfrac{G-K}{2}\right)$	$(G/0)$
	Taube	$(0/G)$	$\left(\dfrac{G}{2}\Big/\dfrac{G}{2}\right)$

Abb. 6.8 Auszahlungsmatrix beim Falke-Taube-Spiel

Rivalen schwer oder gar tödlich zu verletzen. Dieses friedliche Verhalten den Rivalen der eigenen Art gegenüber ist also eine häufige „Strategie" in der Evolution, und schon sind wir bei spieltheoretischen Begriffen. Bei den Schlüssen, die man aus der spieltheoretischen Betrachtungsweise zieht, ist aber selbstverständlich Vorsicht geboten. Die Konzepte sind nicht immer auf die Erklärung biologischer Phänomene übertragbar.[13]

Die Prinzipien der evolutionären Spieltheorie greifen dann auch in der Ökonomie, und zwar, eventuell leicht variiert, immer dann, wenn das Verhalten der Beteiligten *nicht aus rationalen Überlegungen*, sondern vielmehr als Ergebnis sonstiger – kultureller, soziologischer, genetischer – Prozesse abgeleitet wird. Ein sehr klares Beispiel, das auch den Bogen zurück zu den „klassischen Beispielen" aus dem ersten Kapitel schlägt, ist das prominente *Falke-Taube-Spiel*. Ursprünglich natürlich aus der Biologie und Verhaltensforschung kommend, hat es sich als ein interessantes und bemerkenswerterweise übergreifendes Konzept entwickelt, unter dessen Dach sich viele der bekannten Beispiele zusammenfassen lassen. Hier soll es nun die Motivation für den Begriff der *evolutionär stabilen Strategie* geben. Das Konzept geht zurück auf den britischen Biologen Richard Dawkins, der als einer der ersten aussagekräftige Methoden schuf, mit denen Prozesse mit evolutionärem Charakter modelliert werden konnten.[14]

Beispiel 23

In einer Population treffen die zwei Verhaltensweisen *Falke* und *Taube* aufeinander. Die Falken verfolgen eine aggressive Kampfstrategie und kämpfen stets so lange, bis sie gewinnen oder soweit verletzt sind, dass sie unterliegen. Tauben hingegen sind zwar auch auf den Gewinn aus, beschränken sich jedoch eher aufs Drohen, als dass sie eine Verletzung im Kampf riskieren.

In Abb. 6.8 ist die Auszahlungsmatrix zu Dawkins' Spiel zu sehen. Stehen sich ein Falke und eine Taube gegenüber, so ist der Ausgang des Kampfes klar: Der gesamte Gewinn G wird vom Falken eingestrichen, denn die Taube wird schnell erkennen, dass ihr Gegner es ernst meint. Zwei Tauben, die aufeinander treffen, drohen beide nur, und diejenige, die die größte Ausdauer hat, wird den Gewinn erhalten, die andere wegfliegen. So kann jede der beiden *im langfristigen arithmetischen Mittel* die Hälfte des Gewinns erwarten. Anders sieht die Situation bei zwei Falken aus. Den Gewinn G erhält man nur durch einen Kampf, bei dem der Unterlegene die Verletzungskosten K erleidet. Die Auszahlung ist dann entweder

		B	
		Falke q	Taube $1-q$
A	Falke p	pq	$p(1-q)$
	Taube $1-p$	$(1-p)q$	$(1-p)(1-q)$

Abb. 6.9 Wahrscheinlichkeiten für das Aufeinandertreffen der verschiedenen Strategien, falls die beiden Populationen gemäß den Verteilungen $(p, 1-p)$ bzw. $(q, 1-q)$ gemischt sind

$(G/-K)$ oder $(-K/G)$. Langfristig ergibt sich der Matrixeintrag wieder durch Bildung des arithmetischen Mittels.

Gilt nun etwa $G > K$, übersteigt also der zu erwartende Gewinn bei einem Kampf die möglicherweise entstehenden Verletzungskosten, so ergibt sich als Nash-Gleichgewicht die Kombination *Falke/Falke*. Eine stabile Situation zwar, auch wenn die Kombination *Taube/Taube* für beide Beteiligten einen größeren Gewinn verspräche. Es handelt sich in diesem Fall um nichts anderes als um das Gefangenendilemma. Qualitativ ist kein Unterschied zwischen der Auszahlungsmatrix in Abb. 6.8 und etwa den Matrizen aus Abb. 2.16 oder Abb. 2.17. Gilt andererseits $G < K$, sind also die Verletzungskosten höher als der zu erwartende Gewinn, ergeben sich mit den Kombinationen *Falke/Taube* und *Taube/Falke* zwei Nash-Gleichgewichte. Das ist dann das ebenfalls bekannte Chicken Game, wobei die *Taube*-Strategie dem „feigen Ausweichen" entpricht, während *Falke* Weiterfahren ohne Rücksicht auf Verluste bedeutet.

In einer Population mit diesen beiden Verhaltensmustern kann keines der beiden ganz aussterben: Handeln sehr viele nach der Strategie *Taube*, so kann sich ein *Falke* hier gut ausbreiten, da er ja überdurchschnittlich oft auf eine Taube trifft. Umfasst die Population größtenteils Falken, so verletzen sich diese mit der Zeit so schwer, dass sich wiederum eine friedliche Taube in der Population wohlfühlt und ausbreiten kann. Es stellt sich die Frage nach einer Art Gleichgewicht, die sich einpendelt, einer Strategieverteilung, die „evolutionär stabil" ist.

Bisher wurden Konfrontationen innerhalb einer Population (Falke gegen Taube, Taube gegen Taube etc.) betrachtet. Treffen zwei Populationen aufeinander, so hat jede ihren spezifischen Anteil an Falken und an Tauben. Es stellt sich dann bei einer solchen Konfrontation und Vermischung zweier Populationen die Frage, ob sich eine der beiden Mischungen gegenüber der anderen durchsetzen kann. Die beiden Mischungen der Populationen können dann als gemischte Strategien $(p, 1-p)$ und $(q, 1-q)$ interpretiert werden. Spielen die beiden Populationen dann „gegeneinander", so bedeutet dies, dass nach wie vor einzelne Individuen gegeneinander antreten, deren Auftreten aber nun durch die Gewichtung der beiden gemischten Strategien gegeben ist. In Abb. 6.9 sind die resultierenden Wahrscheinlichkeiten für das Aufeinandertreffen der entsprechenden Strategien dargestellt.

Damit haben wir uns dem Begriff der *evolutionär stabilen Strategie* bereits angenähert. In der Sprache der Falken und Tauben versteht man darunter eine gemischte Strategie

6.3 Evolutionäre Spieltheorie und Schwarmintelligenz

$(p, 1 - p)$, deren Fitness von keiner anderen gemischten Strategie übertroffen wird (die also die beste Antwort auf sich selbst ist) und die in jede andere Population, die durch eine andere gemischte Strategie charakterisiert wird, eindringen und sich dort ausbreiten kann. Trotz der Terminologie erkennt man schnell wieder, dass sich dahinter nichts anderes verbirgt als der wohlbekannte Begriff des Nash-Gleichgewichts in gemischten Strategien. Wie ein solches berechnet wird, das wurde ausführlich im Abschn. 2.5 besprochen. Mit den entsprechenden Werten aus der Auszahlungsmatrix ist für die Berechnung dieser Strategie die Gleichung

$$\frac{G-K}{2} \cdot p + G \cdot (1-p) = 0 \cdot p + \frac{G}{2} \cdot (1-p) \tag{6.29}$$

zu lösen, und man erhält

$$p = \frac{G}{K}. \tag{6.30}$$

Mit dieser Wahrscheinlichkeit trifft man also in der stabilen Situation auf einen Falken. Der Wert für p entspricht genau dem Anteil an Falken in der Population. Für die durchschnittliche Fitness dieser gemischten Strategie ergibt sich hier

$$\begin{aligned}\bar{u} &= \frac{G-K}{2} \cdot p^2 + G \cdot p \cdot (1-p) + 0 \cdot (1-p) \cdot p + \frac{G}{2} \cdot (1-p)^2 \\ &= \frac{G}{2} \cdot \left(1 - \frac{G}{K}\right).\end{aligned} \tag{6.31}$$

Tatsächlich ist auch in einem quantitativ messbaren Sinn die so berechnete gemischte Strategie in dem oben definierten Sinn evolutionär stabil. Dazu beobachten wir eine beliebige Population Q mit der Strategie $(q, 1-q)$. Die durchschnittliche Fitness einer solchen Population beträgt

$$\bar{u}_{Q,Q} = \frac{G-K}{2} \cdot q^2 + G \cdot q \cdot (1-q) + \frac{G}{2} \cdot (1-q)^2 = \frac{G}{2} \cdot \left(1 - \frac{K}{G} \cdot q^2\right). \tag{6.32}$$

Trifft die Population Q nun auf eine Population P_{ESS} mit evolutionär stabiler Strategie $\left(\frac{G}{K}, 1 - \frac{G}{K}\right)$, so ergibt sich als durchschnittliche Fitness für Q

$$\begin{aligned}\bar{u}_{Q,P_{ESS}} &= \frac{G-K}{2} \cdot q \cdot \frac{G}{K} + G \cdot q \cdot \left(1 - \frac{G}{K}\right) + \frac{G}{2} \cdot (1-q) \cdot \left(1 - \frac{G}{K}\right) \\ &= \frac{G}{2} \cdot \left(1 - \frac{G}{K}\right)\end{aligned} \tag{6.33}$$

und als durchschnittliche Fitness für P_{ESS}

$$\begin{aligned}\bar{u}_{P_{ESS},Q} &= \frac{G-K}{2} \cdot \frac{G}{K} \cdot q + G \cdot \frac{G}{K} \cdot (1-q) + \frac{G}{2} \cdot \left(1 - \frac{G}{K}\right) \cdot (1-q) \\ &= \frac{G}{2} \cdot \left(1 + \frac{G}{K} - 2q\right).\end{aligned} \tag{6.34}$$

Man sieht, dass eine evolutionär stabile Strategie tatsächlich in jede andere Strategie eindringen kann. Dieses mathematische Modell entspricht der evolutionstheoretischen Tatsache, dass nur die am besten angepassten Strategien überleben können und sich alternative beste Antworten auf eine Strategie in einer monomorphen Population mit dieser Strategie nicht ausbreiten. Die vorgestellten Konzepte, wie etwa die evolutionär stabilen Strategien oder das Falke-Taube-Spiel bieten einen bequemen Rahmen, in dem evolutionäre Phänomene gut beschrieben werden können. Dennoch kann man nicht genug betonen, dass die Evolution an sich kein Prozess ist, der – in einem spieltheoretisch positiven Sinn – einer Population einen „Gewinn" bringt. Evolution führt eben im Allgemeinen nicht zu Nash-Gleichgewichten oder Pareto-Optima. Es ist, ganz im Gegenteil, manchmal der Fall, dass die Evolution unsinnige, unverständliche Dinge treibt, dass sie sich selbst im Wege steht, dass sie die Fitness der beteiligten Arten nicht hinreichend berücksichtigt. Ein kritisches Zitat dazu:

> Man soll sich dadurch nicht irreführen lassen, was die Anwendungen der evolutionären Spieltheorie im Bereich der Biologie oder der Ökologie angeht, es werden zwar wöchentlich Abhandlungen veröffentlicht, in denen solche Anwendungen vorgeführt werden, diese sind aber häufig auf sehr spezielle Artengemeinschaften bezogen und insofern gelangen sie nicht so sehr in die allgemeine Diskussion. Der Reichtum und die Kraft der evolutionären Spieltheorie liegt letztendlich in ihrer paradigmatischen Bedeutung, die den Evolutionsprozess mit ganz einfachen Prinzipien verständlich macht und es erlaubt, konzeptionelle Argumentationen durchzuführen, ohne sich auf allzu spezielle Eigenheiten eines Systems stützen zu müssen. Dies ist eine vornehme Art zu sagen, dass die evolutionäre Spieltheorie bisher nicht falsifiziert oder verifiziert werden konnte, weil die Annahmen und die Struktur dieser Theorie so vage sind und so weit von der möglichen Realität entfernt sind, dass man selbst bei einem offenkundigen Widerspruch zwischen den Vorhersagen und Beobachtungen eher dazu geneigt ist, die Annahmen oder Begleitumstände in Frage zu stellen als die Theorie selbst.[15]

6.3.3 Dynamische Modelle

Wenn also die evolutionäre Spieltheorie im Grunde nicht schlecht und für die Darstellung evolutionärer Prozesse gut geeignet ist, aber dann letzten Endes doch zu sehr vereinfacht (so etwa das Konzept der evolutionär stabilen Strategien letztendlich ein statisches ist, obwohl man doch mit Evolution Dynamik verbindet): Was sind dann mögliche Alternativen, die in diese Richtung gehen und das statische Konzept erweitern könnten? Mit der *Replikatordynamik* steht hier ein mögliches Modell bereit. Dabei geht es nicht mehr um bloße Populationsgrößen, sondern um dynamische Veränderungen von Strategien, um ein vernetzteres Nebeneinander und Miteinander verschiedener Populationen, um eine „Ko-Evolution". Hierbei entwickeln sich die Anteile in der Population entsprechend ihrer relativen Fitness.

Zunächst betrachten wir noch einmal das Falke-Taube-Spiel aus diesem Blickwinkel und geben damit einen kurzen Einblick in die dynamische Theorie. Dynamische, also zeitabhängige Systeme resultieren oft in Differentialgleichungen, so auch hier. Damit die Über-

6.3 Evolutionäre Spieltheorie und Schwarmintelligenz

		B	
		Falke	Taube
A	Falke	$(-1/-1)$	$(3/0)$
	Taube	$(0/3)$	$(1,5/1,5)$

Abb. 6.10 Auszahlungsmatrix beim Falke-Taube-Spiel mit $G = 3$ und $K = 5$, einem Chicken Game

legungen nicht zu abstrakt werden, werden nun konkrete Werte für G und K gewählt, und zwar

$$G = 3 \quad \text{und} \quad K = 5, \tag{6.35}$$

so dass das Falke-Taube-Spiel hier wegen $G < K$ einem Chicken Game entspricht, dessen Auszahlungsmatrix in Abb. 6.10 zu sehen ist. Man geht von einer gewissen Aufteilung $(q, 1 - q)$ innerhalb einer Population aus, führt die zusätzliche Zeitvariable t und die Bezeichnungen

- $q(t)$: Anteil der Falken zum Zeitpunkt t
- $u(t)$: Fitness der Falken zum Zeitpunkt t
- $\overline{u}(t)$: durchschnittliche Fitness der Population zum Zeitpunkt t

ein. Es gibt verschiedene sinnvolle Modelle, wie man das Verhalten der zeitabhängigen Funktion $q(t)$ beschreiben kann. Dem hier vorgestellten Modell liegt die Beziehung

$$q'(t) = q(t) \cdot (u(t) - \overline{u}(t)) \tag{6.36}$$

zu Grunde. Warum ist diese Differentialgleichung plausibel? Die Änderungsrate des Falkenanteils, $q'(t)$, hängt einerseits vom Anteil der Falken zum Zeitpunkt t, also von $q(t)$, ab. Andererseits ist aber bei überdurchschnittlicher Fitness der Falken auch davon auszugehen, dass ihr Anteil steigt. In diesem Fall wird die Klammer in (6.36) und damit die Änderungsrate $q'(t)$ positiv. Mit den konkreten Werten für G und K ergibt sich aus (6.32)

$$\overline{u}(t) = \frac{3}{2} \cdot \left(1 - \frac{5}{3} \cdot q(t)^2\right) = \frac{3}{2} - \frac{5}{2} q(t)^2, \tag{6.37}$$

und für die Fitness der Falken zum Zeitpunkt t gilt

$$u(t) = \frac{3-5}{2} \cdot q(t) + 3 \cdot (1 - q(t)) = 3 - 4q(t). \tag{6.38}$$

Die Differentialgleichung (6.36) geht damit in die konkrete Form

$$q'(t) = \frac{1}{2} \cdot q(t) \cdot (3 - 8q(t) + 5q(t)^2) \tag{6.39}$$

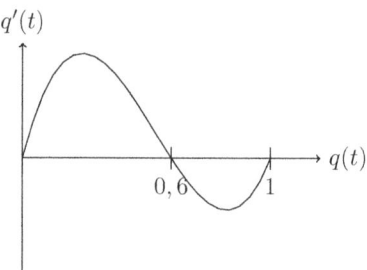

Abb. 6.11 Replikatordynamik für das Falke-Taube-Spiel mit den Werten $G = 3$ und $K = 5$. Dieser Fall entspricht einem Chicken Game, und die evolutionär stabile Strategie ist $q = 0{,}6$

über. Diese Gleichung nennt man die *Replikatorgleichung*. Im Hinblick auf evolutionäre Stabilität interessieren natürlich die Fixpunkte der Funktion $q(t)$. Wann also gilt $q'(t) = 0$? Die rechte Seite in Gleichung (6.39) wird in drei Fällen null, nämlich für

$$q(t) = 0 \quad \text{oder} \quad q(t) = 0{,}6 \quad \text{oder} \quad q(t) = 1. \tag{6.40}$$

Die Replikatordynamik liefert hier zunächst keine sensationellen neuen Erkenntnisse. Schlägt man nämlich den Bogen zurück zur Spieltheorie im ersten Kapitel, so liefert die Auszahlungsmatrix des Falke-Taube-Spiels für $G = 3$ und $K = 5$ (also für ein Chicken Game) ebenfalls drei Nash-Gleichgewichte. Zwei davon sind Gleichgewichte in reinen Strategien (und entsprechen damit den beiden Werten $q = 0$ und $q = 1$), und ein drittes ergibt sich in gemischten Strategien durch Lösung der Gleichung

$$-q + 3(1-q) = 1{,}5(1-q), \tag{6.41}$$

also $q = 0{,}6$.

Die dynamische Betrachtung liefert hier aber eine weitere Information, nämlich welcher dieser drei Gleichgewichtszustände auch *evolutionär stabil* ist. Und dies ist tatsächlich nur $q = 0{,}6$. Die beiden anderen Lösungen $q = 0$ und $q = 1$ entsprechen einer reinen Tauben- bzw. einer reinen Falkenpopulation. In eine solche Population können sehr einfach Mutanten eindringen und sich ausbreiten. Man sieht dies, und Abb. 6.11 macht dies auch graphisch deutlich, indem man q' als Funktion von q betrachtet. Da nämlich q' positiv ist, wenn q kleiner als $0{,}6$ und negativ ist, wenn q größer als $0{,}6$ ist, fällt der Anteil tatsächlich immer wieder auf den Wert $0{,}6$ zurück. Damit ist dieser Wert evolutionär stabil. Übertragen auf das Chicken Game, ob nun in der Autofahrer-Variante oder beim Aufeinandertreffen der weichen und harten Verhandlungsstrategien, ist dies ebenfalls sinnvoll. Das Gleichgewicht, das man in gemischten Strategien erhält, ist evolutionär stabil. Keine der beiden reinen Verhandlungsstrategien etwa wird sich auf Dauer durchsetzen.

Was passiert, wenn man das Szenario abändert und den Fall

$$G = 5 \quad \text{und} \quad K = 3 \tag{6.42}$$

6.3 Evolutionäre Spieltheorie und Schwarmintelligenz

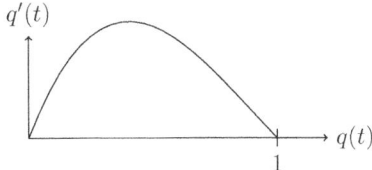

Abb. 6.12 Replikatordynamik für das Falke-Taube-Spiel mit den Werten $G = 5$ und $K = 3$. Dieser Fall entspricht einem Gefangenendilemma, und die evolutionär stabile Strategie ist $q = 1$

betrachtet? Die Matrix entspricht dann einem Gefangenendilemma, und auch in der Replikatordynamik spiegeln sich nun bekannte Ergebnisse wider. Es gibt hier zwei Gleichgewichte, bei $q = 0$ und $q = 1$, von denen aber nur letzteres evolutionär stabil ist. Wie Abb. 6.12 zeigt, ist nämlich $q'(t)$ überall positiv, was bedeutet, dass von jeder Ausgangsmischung der Population aus, von jedem Wert für $q(t)$ also, die Population auf den Wert $q = 1$ und damit auf eine reine Falkenpopulation zusteuert. Die Falken setzen sich mit Hilfe dauerhafter Defektion durch.

6.3.4 Synchronisation

Entscheidungen zu treffen setzt immer zunächst Kommunikation und Austausch von Informationen voraus. Sich ohne Worte, nur durch Aktionen zu verständigen, das ist in vielen Situationen wichtig und hilfreich. Eines der bekanntesten theoretischen „Hutprobleme" etwa besteht aus der Suche nach einem solchen nicht abgesprochenen Algorithmus. Man stelle sich eine große Menschenmenge auf einem Platz vor, die durch das Tragen von Hüten in zwei Farben (etwa schwarz und weiß) in zwei Gruppen geteilt, jedoch auf dem Platz „durcheinander" stehen, also nicht nach den Hutfarben geordnet sind. Wie immer bei solchen Problemen sieht jeder die Hutfarbe und damit die Gruppenzugehörigkeit aller anderen, nur die eigene ist unbekannt und kann auch nicht ermittelt werden. Sämtliche klassische Kommunikation, Reden, Deuten, Blinzeln, Nicken ist untersagt. Die Kommunikation erfolgt allein durch ruhiges Herumgehen auf dem Platz. Wie können sich die Menschen nach den Hutfarben sortieren, die beiden Gruppen sich also zusammenfinden? Denken Sie darüber nach.

Zunächst einmal unternehmen wir aber einen Ausflug ins Tierreich, wo es für solches Verständigungs-Verhalten viele Vorbilder gibt. Das ist im Lauf der letzten ein oder zwei Jahrzehnte tatsächlich immer deutlicher geworden und gehört auch in das Feld der Schwarmintelligenz. Ein besonders schönes Beispiel für Synchronisation etwa findet man bei vielen Arten von Glühwürmchen oder Leuchtkäfern, vor allem in vielen Ländern Südostasiens. Zu Beginn des 20. Jahrhunderts gab es einen kleinen Boom der dahingehenden Forschung, und zwischen 1915 und 1935 erschienen allein in *Science* über 20 Artikel, die sich mit solchen Phänomenen befassten. Auch der amerikanische Biologe Hugh Smith beobachtete auf seinen Reisen, dass die männlichen Exemplare solcher Käfer regelrechte kleine Blitze erzeugten, um auf diese Weise Weibchen anzuziehen, dass sich diese Blitze aber in der Tat synchronisierten. Smith schildert das Phänomen folgendermaßen:

> Man stelle sich einen zwölf bis dreizehn Meter hohen Baum vor, wo anscheinend auf jedem Blatt ein Leuchtkäfer sitzt, und alle Leuchtkäfer blitzen etwa dreimal in zwei Sekunden in vollkommenem Gleichtakt auf, während der Baum zwischen den Blitzen in völliger Dunkelheit dasteht. Dazu stelle man sich an die 200 Meter Flussufer vor mit einer ununterbrochenenen Reihe von Mangroven vor, bei denen auf jedem Blatt ein Käfer sitzt – und alle blitzen in perfektem Gleichtakt auf, die Insekten auf den Bäumen am Ende der Reihe absolut gleichzeitig mit denen dazwischen. Dann kann jeder, dessen Phantasie ausreichend lebendig ist, sich dieses erstaunliche Schauspiel einigermaßen vorstellen.[16]

Ein unglaubliches Szenario; wie um alles in der Welt funktioniert diese Synchronisation? Lange Zeit vermutete die Fachwelt, dass es eine Art „Anführer" geben müsse, der, ähnlich einem Dirigenten im Orchester, durch sein Signal den Takt angibt. Das konnte aber nie bestätigt werden, und erst systematische Untersuchungen von Renato Mirollo und Steven Strogatz konnten im Jahre 1990 Licht ins Dunkel bringen. Ihnen gelang eine mathematische Modellierung in Form einer Population von Oszillatoren.[17] Dazu muss man verstehen, wie das Erzeugen der Leuchtblitze funktioniert. Hierfür erforderlich ist eine chemische Substanz, die in der Lage ist, Licht zu emittieren. Jeder Blitz verbraucht etwas von dieser Substanz, und nach dem Aufblitzen dauert es eine ganze Weile, bis wieder ein Blitz erzeugt werden kann (beinahe so, als müsste eine Batterie wieder aufgeladen werden). In diesem Sinne funktionieren die Käfer wie Oszillatoren, die über eine natürliche Dynamik verfügen und gekoppelt sind, womit wir im Reich der dynamischen Systeme angekommen sind.

Durch die oszillatorische Kopplung sind die Käfer also untereinander verbunden, und mehr noch, der Blitz eines anderen Käfers regt andere Käfer an, woraufhin sie schneller wieder zum eigenen Blitzen in der Lage sind. Das „Aufladen der Batterie" wird beschleunigt. Ian Stewart hat ein einfaches Spiel entwickelt, *Flash*, das diesen Prozess beschreibt.[18] Bei Flash werden die Käfer durch Punkte repräsentiert, die sich im Uhrzeigersinn auf dem Rand eines Quadrats bewegen. Die Zeit zwischen den Blitzen wird dabei durch die vier verschiedenen Quadratseiten versinnbildlicht, die vier Phasen der Aufladung entsprechen, welche ein Käfer zwischen zwei Blitzen „durchwandert". Ist ein Käfer in der oberen linken Ecke angekommen, so blitzt er, was alle anderen Käfer auf dem Spielplan anregt: Sie bewegen sich dann mehrere Felder vor, und zwar um so mehr, je weiter sie schon vorangekommen sind. Während dieser Bewegungen der anderen verharrt der Käfer auf dem Blitzfeld und bewegt sich erst dann weiter, wenn alle Züge (auch eventuelle Kettenreaktionen, wenn ein weiterer Käfer auf dem Blitzfeld landet) verrechnet sind. In dem hier vorgestellten einfachen Modell bewegt sich ein Käfer, der sich auf dem rechten bzw. unteren bzw. linken Quadratrand befindet, zwei bzw. drei bzw. vier Felder statt nur ein Feld vorwärts.

6.3 Evolutionäre Spieltheorie und Schwarmintelligenz

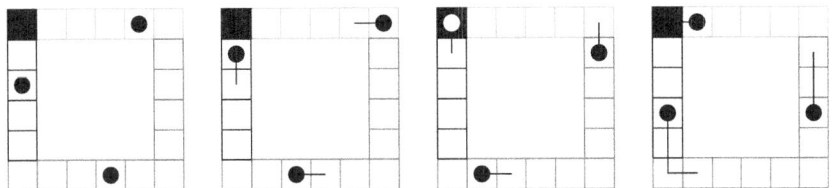

Abb. 6.13 Drei „Käfer" bewegen sich auf dem Spielplan im Uhrzeigersinn. Alle drei bewegen sich zunächst jeweils ein Feld vor. Nach zwei Schritten erreicht einer der Käfer das „Blitzfeld", was zur Folge hat, dass sich im nächsten Schritt die Bewegungen der beiden anderen beschleunigen

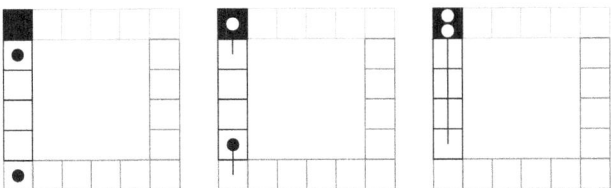

Abb. 6.14 Zwei Käfer werden synchronisiert

Beobachten wir in Abb. 6.13 für drei Käfer beispielhaft, was passiert. Links ist dort die Ausgangsposition abgebildet, danach bewegen sich alle drei Käfer jeweils ein Feld weiter – die „normale Aufladungsgeschwindigkeit" zwischen den Blitzen. Beim nächsten Schritt erreicht dann allerdings einer der drei Käfer das Blitzfeld. Er sendet also seinen Blitz aus und regt damit die beiden anderen an. Dies wird im Folgebild deutlich. Hier bewegen sich die beiden anderen Käfer nun schneller, was bedeutet, ihre Aufladezeit wird verkürzt. Der Käfer auf dem rechten Quadratrand bewegt sich zwei, der auf dem unteren sogar drei Felder vor.

Wie erfolgt nun das Synchronisieren? In Abb. 6.14 ist dieser Prozess zu sehen: Ein Käfer zieht auf das Blitzfeld, was zur Folge hat, dass ein zweiter Käfer durch den Beschleunigungsimpuls ebenfalls dort landet. Haben alle anderen (hier nicht sichtbaren) Käfer ihre Züge ebenfalls gemacht, ziehen die beiden Käfer vom Blitzfeld aus synchronisiert weiter. Mit der Zeit finden so alle Käfer zu einem einheitlichen Rhythmus – jedenfalls ist dies in der Mehrzahl der Ausgangspositionen der Fall. Dieser Prozess kann im Modell schon einmal etwas länger dauern. In Abb. 6.15 ist ein Teil der Synchronisation dreier Käfer abgebildet. Es werden insgesamt etwa 50 Schritte benötigt.

Wo gibt es nun für dieses schöne Phänomen der Natur Anwendungsmöglichkeiten? Die Art und Weise, wie die Leuchtkäfer sich synchronisieren, ist zunächst auf die Neurowissenschaften übertragbar. Die Prozesse, die bei den Käfern für die beschleunigte Reaktion des Leuchtstoffes verantwortlich sind, lassen sich mathematisch durch im Wesentlichen dieselben Differentialgleichungen beschreiben wie manche elektrochemischen Reaktionen von Neuronen. Durch diesen Bezug konnten tatsächlich Probleme aus der Gehirnforschung an-

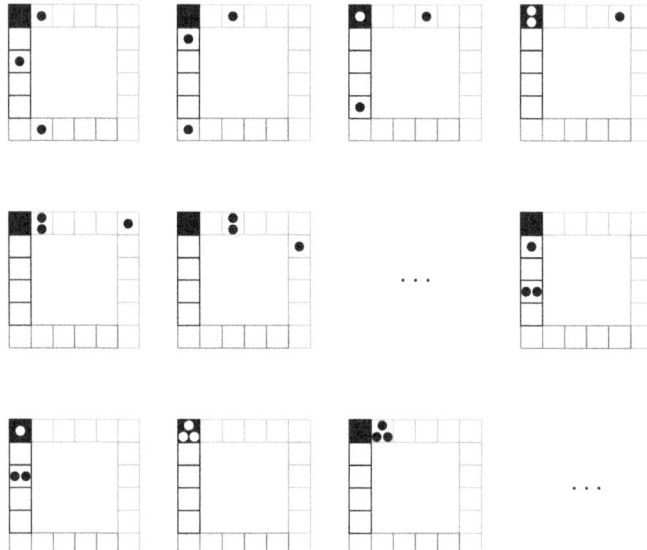

Abb. 6.15 Synchronisation dreier Käfer: Die ersten beiden einigen sich schnell auf einen Rhythmus; bis der dritte nachzieht, vergehen fast 40 weitere Schritte

gegangen werden, etwa der wichtige Aspekt, wie eigentlich ein Gedanke entsteht. Norbert Wiener bezog sich in diesem Zusammenhang ebenfalls auf das Beispiel der Leuchtkäfer:

> Ein interessantes Experiment, das auf die Gültigkeit meiner Hypothese bezüglich der Gehirnwellen Licht zu werfen vermag, könnte durchaus bei der Untersuchung von Leuchtkäfern oder von anderen Tieren wie zum Beispiel von Fröschen, die erfreulicherweise sichtbare oder hörbare Impulse aussenden und ebenso diese Impulse empfangen können, durchgeführt werden. [...] Ich habe es bestätigt gehört, dass bei einigen Leuchtkäfern Südostasiens dieses Phänomen so deutlich ist, dass es kaum als Täuschung bezeichnet werden kann.[19]

Neben dieser Anwendung in der Neuroforschung spielt Synchronisation in überraschend vielen Bereichen unseres Alltags eine Rolle. Zunächst kommen einem viele Situationen in den Sinn, in denen mehr oder weniger spontane Synchronisation vorkommt: Applaus, der ausgehend von einem anfänglich chaotischen Zustand mit der Zeit mehr und mehr Rhythmus gewinnt, ohne dass von jemandem erkennbar ein Takt vorgegeben würde. Oder, wirtschaftlicher gedacht, die Synchronisation von Produktion und Absatz, von Angebot und Nachfrage, allgemeiner die Synchronisaiton in Prozessabläufen. Die diesbezüglichen systematischen Erkenntnisse sind noch sehr rar gesät; es gibt kaum Forschung zu diesem Gegenstand. Man kann aber die Prognose wagen, dass es sie in nicht allzu ferner Zukunft geben wird.

Kommen wir schließlich noch zu der Lösung des zu Beginn des Abschnitts vorgestellten Problems: Wie sortiert sich eine Menschenmenge in zwei Gruppen, wenn die Gruppenzugehörigkeit nur eine Eigenschaft ist, die jeder von den anderen, aber nicht von sich selbst weiß und wenn darüber hinaus jede Art von Kommunikation außer Herumgehen erlaubt ist? Zwei der Personen stellen sich nebeneinander und bilden so den Beginn einer Reihe. Sie wissen nichts von ihrer Hutfarbe, aber das macht nichts. Nun stellen sich die anderen Personen nach und nach in diese Reihe, und zwar immer genau an die Trennlinie der Hutfarben. Solange in der Reihe nur eine Hutfarbe vertreten ist, stellt man sich einfach links oder rechts neben die Reihe – ganz einfach.

6.3.5 Ameisenalgorithmen

Sehr schöne mathematische Modelle, die auf Schwarmintelligenz aus dem Tierreich beruhen, liefern die sogenannten *Ameisenalgorithmen*. Sie sind heuristische Verfahren zur Lösung kombinatorischer Optimierungsprobleme und nehmen das Verhalten von Ameisen bei der Futtersuche zum Vorbild. Die erste ernsthafte Betrachtung solcher Algorithmen geht auf Marco Dorigo in den 1990er Jahren zurück.[20] Dies war im Prinzip der Startschuss für die mittlerweile immer populärer werdenden Methoden der Schwarmintelligenz.

Was sind nun die wesentlichen Verhaltensweisen, die den Ameisen abgeschaut werden können? Ameisen benutzen regelrechte „Straßen" zwischen ihrem Bau und der Futterquelle, die in den meisten Fällen auf möglichst direktem Weg verlaufen. Sie tun dies, obwohl sie auf Grund ihrer Größe keinen Überblick haben. Sie bewegen sich nah am Boden fort und können die Futterquelle und den Bau zu den meisten Zeitpunkten nicht sehen. Warum ihre Orientierung dennoch funktioniert, liegt an dem chemischen Lockstoff Pheromon, den die Tiere absondern können. Muss eine Ameise bei der Wegauswahl eine Entscheidung treffen, so tut sie dies mit Hilfe einer Wahrscheinlichkeitsverteilung: Je stärker ein Weg mit Pheromon markiert ist, um so wahrscheinlicher wird die Ameise ihn auswählen. Nils Boysen verdeutlicht dies anhand des folgenden Gedankenexperiments:

> Zwischen Ameisenhaufen und Futterquelle sei ein Hindernis, welches die Ameisen weder überschauen noch übersteigen können. Ihnen verbleibt entweder der längere Weg A, für den eine Ameise eine Zeiteinheit benötigt, oder der kürzere Weg B, der in einer halben Zeiteinheit durchlaufen werden kann. Weiterhin sei angenommen, dass jeweils zwei Ameisen pro Zeiteinheit sich auf die Futtersuche begeben. Starten nun zum Zeitpunkt Null zwei Ameisen, so finden sie am Hindernis keinerlei Orientierung, da keiner der Wege mit Pheromon markiert ist. Dementsprechend sei angenommen, dass eine der Ameisen den längeren Weg A und eine den kürzeren B einschlägt. Ist eine Zeiteinheit vergangen und stehen zwei weitere Ameisen am Hindernis, so finden sie folgende Situation vor: Die Ameise, die Weg A eingeschlagen hat, erreicht gerade die Futterquelle. Dementsprechend ist Weg A einmal durchlaufen und mit einer Pheromoneinheit markiert. Die Ameise auf Weg B hat bereits nach einer halben Zeiteinheit die Futterquelle erreicht und ist bereits zum Zeitpunkt 1 auf dem kürzeren Weg ins Nest zurückgekehrt. Weg B ist mithin zweimal durchlaufen und doppelt markiert. Die zwei neuen Ameisen werden nun mit höherer Wahrscheinlichkeit den kürzeren Weg B einschlagen, weil dieser stärker mit Pheromon gekennzeichnet ist. So verstärkt sich die Anziehungskraft langsam immer weiter, bis eine Ameisenstraße auf dem kürzeren Weg B entstanden ist und kaum noch eine Ameise den längeren Weg A einschlägt.[21]

Das hier vorgeschlagene Gedankenexperiment ist in der Tat bei weitem nicht so unrealistisch, wie es auf den ersten Blick scheinen mag. Das Ergebnis, zu dem man gedanklich kommt, wurde von Biologen mit Ameisenvölkern, die in Glasröhrensystemen unterwegs waren, bestätigt, ebenso wie die unwahrscheinlich anmutenden getakteten Startzeitpunkte der Ameisen.[22] Nun ist, da am Anfang eine Zufallsauswahl steht, durchaus der Fall denkbar, dass sich zu Beginn beide Ameisen für Weg A entscheiden. Unter diesen Umständen würde die Straße tatsächlich auf dem längeren Weg entstehen, der dann am stärksten markiert ist. Und in der Tat kommt auch dies vor. Meist jedoch gibt es trotzdem einige Abweichler, einige Querdenker unter den Tieren, die bei der Untersuchung von Alternativen hin und wieder doch auf einen möglicherweise kürzeren Weg treffen. Auch die Vereinfachung auf nur zwei mögliche Wege ist legitim. In der Praxis hat die größere Anzahl möglicher Wege lediglich einen Einfluss auf die Zeit, die es bis zur Solidierung der Straße braucht, nicht aber auf das Ergebnis an sich.

Es soll nun ein einfacher Ameisenalgorithmus vorgestellt werden, und zwar anhand eines Sitzordnungsproblems, so wie es etwa bei einer Hochzeit oder bei einer Tagung auftreten könnte. Wer dort mit wem an einen gemeinsamen Tisch zu setzen ist, ist eine nicht immer leicht zu treffende Entscheidung. Solche Probleme sind natürlich identisch mit bekannten „harten" Problemen aus der Betriebswirtschaft. Dort gibt es etwa das Logistik-Problem, bei dem innerhalb einer großen Halle oder auf einem Werksgelände Werkstätten zu platzieren sind, die einen gewissen Materialfluss untereinander haben. Dieser Fluss entspricht den Sympathiewerten im folgenden Tischordnungsbeispiel.[23] Das Sitzordnungsproblem aus Boysens Arbeit wird hier etwas modifiziert.

Beispiel 24

Es sollen vier Personen auf zwei Tische verteilt werden. Die Sympathie der Personen untereinander wird auf einer Skala von 1 bis 5 gemessen, wobei 3 einem neutralen Wert entspricht. Die Sympathiewerte der Personen sind in der Matrix S festgehalten:

$$S = \begin{pmatrix} 3 & 1 & 5 & 2 \\ 1 & 3 & 2 & 3 \\ 5 & 1 & 3 & 2 \\ 3 & 2 & 1 & 3 \end{pmatrix}. \tag{6.43}$$

Die Matrix S ist hier übrigens nicht symmetrisch, was der Tatsache Rechnung trägt, dass das Sympathieempfinden durchaus auch nicht immer in beiden Richtungen gleich ist. Sympathie muss nicht immer im gleichen Grad erwidert werden. Die Einträge auf der Diagonalen, in gewisser Weise also die „Eigensympathie", haben hier alle den neutralen Wert 3. Es soll nun eine Sitzordnung ermittelt werden, die unter Erfüllung der offensichtlichen Nebenbedingungen, also etwa der vollständigen Besetzung aller Tische oder der Zuordnung genau eines Platzes pro Person, eine möglichst hohe „Gesamtsympathiesumme" erzielt. Eine Lösung dieses Problems ist, weil es so überschaubar ist, nicht besonders schwierig. Man kann wegen der Sympathiewerte davon ausgehen, dass sich die Personen 1 und 3 an einem Tisch zusammenfinden. Aber gerade weil das Ergebnis auf der Hand liegt, kann man daran das Prinzip der Ameisenalgorithmen gut verdeutlichen und nachvollziehen.

Der Ameisenalgorithmus hat im Wesentlichen zwei Teile und richtet sich damit nach dem Vorbild der Natur. Es sind dies die *virtuelle Wegsuche* und, daran anschließend, die *virtuelle Markierung durch Pheromon*. Dazu werden Variablen p_{ij} eingeführt, die ein Maß für die „Bindung" von Person i an Tisch j darstellen. Würde man das Sitzordnungsproblem auf herkömmliche Weise als binäres lineares Optimierungsproblem zu lösen versuchen, wären die Variablen p_{ij} Binärvariablen, die den Wert 1 annehmen, falls Person i am Tisch j sitzt und 0, falls dies nicht der Fall ist.[24] Hier aber können sie beliebige reelle Werte, nämlich die „Pheromon-Werte", annehmen. Man fasst sie in der *Pheromon-Matrix* zusammen:

$$P = \begin{pmatrix} p_{11} & p_{12} \\ p_{21} & p_{22} \\ p_{31} & p_{32} \\ p_{41} & p_{42} \end{pmatrix}. \tag{6.44}$$

Die Matrix P hat vier Zeilen, die den vier Personen, und zwei Spalten, die den zwei Tischen entsprechen. Der Ameisenalgorithmus, der hier beschrieben werden soll, umfasst nun die folgenden beiden Schritte:

1. *Virtuelle Wegsuche:*
   Hierbei wird die reale Wegsuche der Ameise imitiert, indem auf die „Erfahrung" aus der Pheromonmatrix zurückgegriffen wird. Zusätzlich aber spielen auch die Sympathiewerte eine Rolle. Zu Beginn ist die Pheromonmatrix vorgegeben (oder sie erfolgt nach einer ersten, zufälligen Wegsuche). Wie bei der Wegwahl einer realen Ameise konstruiert eine „virtuelle Ameise" nun eine vorläufige Lösung, die in den iterierten Folgeschritten dann eventuell verbessert wird. Bildlich kann man sich dies etwa so vorstellen: Zu Beginn befinden sich alle vier Personen außerhalb des Raums und betreten dann (evtl. in einer zufälligen Reihenfolge) den Raum und suchen sich einen freien Platz an einem Tisch aus. Dabei orientieren sie sich einerseits an den Pheromon-Werten, die auf den Tischen bereits für sie abgelegt sind, und andererseits daran, wie sympathisch die Personen sind, die bereits mit am Tisch sitzen. Ein Tisch wird also von einer Person mit umso größerer Wahrscheinlichkeit ausgewählt, je mehr Pheromon für sie dort abgelegt ist und je sympathischer ihr die bereits dort Platzierten sind.

   Dieser Auswahlprozess lässt sich nun sehr gut mathematisch modellieren. In der hier vorgestellten Weise werden die Vorschläge von Dorigo ein wenig variiert. Sind alle Tische noch unbesetzt, so wählt eine Person den Tisch aus, an dem der maximale Pheromon-Wert für sie hinterlegt ist. Andernfalls ist mindestens für einen Tisch der Sympathiewert von null verschieden. In diesem Fall soll die Wahrscheinlichkeit $P(i, t)$ dafür, dass Person i den Tisch t wählt,

$$P(i, t) = \frac{p_{it} \cdot s_{it}}{p_{i1} \cdot s_{i1} + p_{i2} \cdot s_{i2}} \tag{6.45}$$

betragen. Dabei bezeichnen s_{i1} bzw. s_{i2} die Sympathiesumme, die Person i für Tisch 1 bzw. Tisch 2 empfindet. Der Zähler des Bruchs in (6.45) entspricht dann der aktuellen Bewertung von Person i für Tisch t, in die sowohl der Pheromon-Wert p_{it} als auch der Sympathiewert s_{it} für die bereits am Tisch t sitzenden Gäste einfließt. Durch den Nenner wird diese Bewertung zu allen anderen Tischen ins Verhältnis gesetzt, so dass man einen vernünftigen Wahrscheinlichkeitswert erhält. Gemäß dieser Auswahlwahrscheinlichkeiten erfolgt dann schließlich die Auswahl durch Ziehen einer Zufallszahl zwischen 0 und 1, wobei dieses Intervall entsprechend eingeteilt und gewichtet wird.

2. *Virtuelle Markierung durch Pheromon:*
Die acht Einträge von P gehören zu den acht möglichen Zuordnungen, von denen im Beispiel nur vier realisiert werden können, und zwar die mit den sich am stärksten entwickelnden Pheromon-Werten. Wie aber entwickeln sich nun diese Werte? Die Matrix P, die wie beschrieben entweder durch eine virtuelle zufällige Wegsuche zu Beginn hervorgebracht oder sonstwie zufällig initialisiert wurde, wird nun modifiziert, und zwar folgendermaßen: Die aktuelle Verteilung der Personen auf die Tische entspricht einer gewissen Sympathiesumme s. Diejenigen vier Komponenten von P, die zu dieser initialen Verteilung gehören, werden nun um den Wert $s/8$ erhöht. Die ganze hieraus resultierende Matrix P wird anschließend mit einem Faktor kleiner als eins multipliziert, der der „Verwitterung", dem Verfliegen des Pheromons entspricht.

Rechnen wir dies nun einmal mit der konkreten Sympathiematrix S durch und gehen dabei von der initialisierten Pheromon-Matrix

$$P = \begin{pmatrix} 0,2 & 0,4 \\ 0,4 & 0,3 \\ 0,2 & 0,3 \\ 0,5 & 0,1 \end{pmatrix} \qquad (6.46)$$

aus. Person 1 betritt den Raum und kann sich zunächst nur nach den initialen Pheromon-Werten richten. Sie wählt daher Tisch 2, weil der Wert dort größer ist als an Tisch 1, nämlich 0,4 gegenüber 0,2. Nun betritt Person 2 den Raum und kann sich bereits nach zwei Kriterien richten, nämlich den Pheromon-Werten und der Tatsache, dass an Tisch 2 bereits Person 1 sitzt. Gemäß der Sympathiematrix S hat dieser Tisch dann für Person 2 einen Wert von $s_{22} = 1$ hat, während Tisch 1 unbesetzt, daher neutral, einen Wert von $s_{21} = 3$ besitzt. Demnach ergibt sich

$$P(2,1) = \frac{p_{21} \cdot s_{21}}{p_{21} \cdot s_{21} + p_{22} \cdot s_{22}} = \frac{0,4 \cdot 3}{0,4 \cdot 3 + 0,3 \cdot 1} = 0,8 \qquad (6.47)$$

und entsprechend

$$P(2,2) = 0,2 \,. \qquad (6.48)$$

Nun kommt der Zufall mit ins Spiel. Mit einer viermal so großen Wahrscheinlichkeit wählt Person 2 also Tisch 1. Gehen wir davon auch zunächst aus, dass sie dies tut. Als nächstes

6.3 Evolutionäre Spieltheorie und Schwarmintelligenz 189

betritt Person 3 den Raum und berechnet ihre Sympathiewerte für die Tische: $s_{31} = 1$ und $s_{32} = 5$. Diese Zahlen entnimmt man wiederum der Sympathiematrix S. Für die Auswahlwahrscheinlichkeiten ergibt sich

$$P(3,1) = \frac{p_{31} \cdot s_{31}}{p_{31} \cdot s_{31} + p_{32} \cdot s_{32}} = \frac{0{,}2 \cdot 1}{0{,}2 \cdot 1 + 0{,}3 \cdot 5} \approx 0{,}1176 \tag{6.49}$$

und entsprechend

$$P(3,2) \approx 0{,}8824 \,. \tag{6.50}$$

Person 3 wird also mit hoher Wahrscheinlichkeit Tisch 2 wählen. Die Sitzordnung ist nun wegen der Rahmenbedingungen abgeschlossen, denn da jeder Tisch mit genau zwei Personen zu besetzen ist, muss Person 4 Tisch 1 wählen. Es folgt nun der zweite Schritt, die Pheromon-Markierung. Die derzeitige Sitzordnung hat bereits eine sehr hohe Gesamtsympathiesumme von $s = 15$, daher werden nun die vier Einträge der Matrix P, die zu der Aufteilung gehören, um $15/8 = 1{,}875$ erhöht. Anschließend „verfliegt" ein Teil des Pheromons, sagen wir gemäß dem Faktor 0,8:

$$P = \begin{pmatrix} 0{,}2 & 0{,}4 \\ 0{,}4 & 0{,}3 \\ 0{,}2 & 0{,}3 \\ 0{,}5 & 0{,}1 \end{pmatrix} \to P = \begin{pmatrix} 0{,}2 & 2{,}275 \\ 2{,}275 & 0{,}3 \\ 0{,}2 & 2{,}175 \\ 2{,}375 & 0{,}1 \end{pmatrix} \to P = \begin{pmatrix} 0{,}16 & 1{,}82 \\ 1{,}82 & 0{,}24 \\ 0{,}16 & 1{,}74 \\ 1{,}9 & 0{,}08 \end{pmatrix} . \tag{6.51}$$

Nun folgt ein zweiter Schritt des Ameisen-Algorithmus. Im gedanklichen Modell wird wieder angenommen, alle vier Personen stehen zu Beginn vor der Tür und betreten nacheinander den Raum. Person 1 wählt wiederum Tisch 2, und für Person 2 haben die Tische erneut die Sympathiewerte $s_{21} = 3$ und $s_{22} = 1$. Mit den neuen Pheromonwerten ergibt sich für Person 2 dann die Wahrscheinlichkeit

$$P(2,1) = \frac{p_{21} \cdot s_{21}}{p_{21} \cdot s_{21} + p_{22} \cdot s_{22}} = \frac{1{,}82 \cdot 3}{1{,}82 \cdot 3 + 0{,}24 \cdot 1} \approx 0{,}9579$$

für die Auswahl von Tisch 1, eine deutliche Verstärkung gegenüber (6.47). Ebenso deutlich ist die Auswahl von Tisch 2 durch Person 3, denn jetzt gilt

$$P(3,2) = \frac{p_{32} \cdot s_{32}}{p_{31} \cdot s_{31} + p_{32} \cdot s_{32}} = \frac{1{,}74 \cdot 5}{0{,}16 \cdot 1 + 1{,}74 \cdot 5} \approx 0{,}9819 \,. \tag{6.52}$$

Die Werte stabilisieren sich, und es scheint sich an der Tischordnung nichts mehr zu ändern. Was wäre nun aber passiert, wenn im ersten Schritt Person 2 Tisch 2 gewählt hätte (wofür die Wahrscheinlichkeit immerhin 20 % beträgt)? Für die daraus resultierende Sitzordnung – Personen 1 und 2 am Tisch 2 sowie 3 und 4 an Tisch 1 – ergäbe sich eine Gesamtsympathiesumme von 5, also deutlich weniger als zuvor. Die Pheromon-Matrix würde sich folgendermaßen ändern:

$$P = \begin{pmatrix} 0{,}2 & 0{,}4 \\ 0{,}4 & 0{,}3 \\ 0{,}2 & 0{,}3 \\ 0{,}5 & 0{,}1 \end{pmatrix} \rightarrow P = \begin{pmatrix} 0{,}2 & 1{,}025 \\ 0{,}4 & 0{,}925 \\ 0{,}825 & 0{,}3 \\ 1{,}125 & 0{,}1 \end{pmatrix} \rightarrow P = \begin{pmatrix} 0{,}16 & 0{,}82 \\ 0{,}32 & 0{,}74 \\ 0{,}66 & 0{,}24 \\ 0{,}9 & 0{,}08 \end{pmatrix}. \quad (6.53)$$

Ein zweiter Schritt des Algorithmus verläuft in dem Fall nun bei weitem nicht so klar. Person 1 hat beim Betreten des Raums wiederum keine Wahl und setzt sich an Tisch 2. Person 2 wählt nun nur noch mit einer Wahrscheinlichkeit von

$$P(2,1) = \frac{p_{21} \cdot s_{21}}{p_{21} \cdot s_{21} + p_{22} \cdot s_{22}} = \frac{0{,}32 \cdot 3}{0{,}32 \cdot 3 + 0{,}74 \cdot 1} \approx 0{,}5647$$

Tisch 1. Beide Tische sind für Person 2 also nahezu gleichwahrscheinlich. Somit ist im Prinzip alles wieder offen, und die Sitzordnung könnte sich tatsächlich gegenüber dem ersten Schritt noch einmal ändern, so dass sich das gleiche Ergebnis wie zuvor ergäbe, nämlich Personen 1 und 3 am Tisch 2 sowie 2 und 4 an Tisch 1, was einer Gesamtsympathiesumme von 1 entspricht. Die Wahrscheinlichkeit dafür, dass sich die erzielte Lösung mit den weniger guten Sympathiewerten stabilisiert, ist deutlich geringer.

Ameisenalgorithmen sind in der Tat in der Praxis bereits weit verbreitet. Vor kurzem haben österreichische Forscher eine Lösung für die Zustelllogistik in Sao Paulo, Brasilien entwickelt. Dort sind die Verkehrsbedingungen äußerst schlecht und Standzeiten von Lkw häufig sehr hoch. Wegen der zusätzlich auch ungewöhnlichen wirtschaftlichen Rahmenbedingungen (so kann es etwa auf Grund der geringen Personalkosten durchaus sinnvoll sein, mehrere Fahrer pro LKW zu haben, die sich mit um die Verteilung kümmern) musste ein sehr komplexer Algorithmus her; eine Variante des oben beschriebenen Ameisenalgorithmus half.

6.4 Zukünftige Entscheidungsaspekte

In den letzten Abschnitten wurden alternative Entscheidungskonzepte vorgestellt, die teilweise eingesetzt werden, teilweise auch noch nicht. Hier ist viel Platz für Forschung, und es wird sich in den kommenden Jahren und Jahrzehnten einiges tun. Wir sind am Ende dieses Buchs und, wenn man so will, mitten im richtigen Leben angekommen. Der Mensch, der manchmal so herrlich inkonsequent in seinem Denken und Handeln ist, lässt sich nicht mit den rationalen Regeln der klassischen Spieltheorie allein einfangen und beherrschen. Er widersetzt sich und ist nicht vorhersehbar, er ist nicht so berechenbar, wie häufig angenommen wird. Das hat Vorteile und Nachteile.

Wir leben heute anders, als wir das vor zehn, vor zwanzig Jahren getan haben. Wir sind vernetzt, teilen uns mit, tauschen uns aus. Das ist eine Chance, die viele Visionen übertreffen mag, die man noch im letzten Jahrhundert hatte. Die Intelligenz der Masse kann für manche Entscheidungen, sicher nicht für alle, genutzt werden. Mit diesen neuen Möglichkeiten, die sich hier eröffnen, sinnvoll und verantwortungsvoll umzugehen, das ist etwas, was man lernen muss und was tatsächlich völlig neue Fähigkeiten und vielleicht neue moralische Vorstellungen erfordert. Dies ist nun schon einige Male angeklungen, und abschließend sollen hier einige weitergehende Gedanken dazu geäußert werden.

6.4.1 Die Grenzen des Wachstums

Ideen für zukünftige Entscheidungsaspekte findet man nicht selten in der Vergangenheit. Blickt man etwa in die 1960er Jahre zurück, so begann damals ein Wind zu wehen, der bislang in dieser Intensität nicht gekannt war und daher vielleicht auch zunächst unterschätzt wurde. Der Wind wehte durch Deutschland und den Rest von Europa, wurde zum Sturm. Er ging aus von den Hochschulen, an denen die Studierenden zu protestieren begannen und sich gegen das in ihren Augen viel zu starre und festgefahrene System auflehnten, und er griff bald auch auf andere Bevölkerungsschichten über. Die Folgen sind bekannt, und wenn auch nicht alles, was aus dieser Strömung erwuchs, gut war und in gesellschaftlichen Verbesserungen resultierte, so war doch ein Schritt in eine neue und richtige Richtung getan.

Der italienische Unternehmer Aurelio Peccei, der zu dieser Zeit die Firmen Fiat und Olivetti leitete, gehörte in seiner Stellung vermutlich zum Feindbild vieler, die sich gegen das Establishment auflehnten. Dennoch war er es, der, durchaus im Geist dieser Bewegung, im Jahre 1968 den *Club of Rome* gründete. Auch der Club of Rome setzte sich zunächst einmal aus Menschen zusammen, die eigentlich zum Feindbild der protestierenden Studierenden gehörten: Unternehmer wie Peccei, Wissenschaftler oder auch sonstige Prominente.

Zu den nachhaltig im Bewusstsein gebliebenen Anfangstaten des Club of Rome gehörte die Initiierung einer Studie mit dem Titel *The Limits to Growth, Die Grenzen des Wachstums*. Die Studie wurde von der Stiftung *Volkswagenwerk* gefördert, und es waren insgesamt 17 Wissenschaftler des *Massachusetts Institute of Technology* daran beteiligt. Davon werden in der Regel heute als Hauptautoren D. H. Meadows, D. L. Meadows und J. Randers genannt.[25] Man kann nicht oft genug sagen, dass viele Ideen und Konzepte um Nachhaltigkeit, ja, der Gedanke der Nachhaltigkeit im Prinzip selbst, nichts Neues sind, zumindest keine Idee aus dem 20. oder 21. Jahrhundert. Allerdings wird man diese Studie doch als die Geburtsstunde des „modernen Begriffsverständnisses von Nachhaltigkeit" bezeichnen können. Grundlage der Studie waren für die damalige Zeit recht moderne und aufwändige Computersimulationen und -analysen. Wie sehr die Studie und das damit in der Bevölkerung Europas geweckte Bewusstsein für ein Verständnis von Nachhaltigkeit wertgeschätzt wurde, kommt nicht zuletzt in der Verleihung des Friedenspreis des Deutschen Buchhandels an den Club of Rome zum Ausdruck. Mit der Verkaufszahl von bis heute über 30 Millionen wurde das Buch zu einem Riesenerfolg.

Was lokal wirkt, kann sehr oft globale Wirkung haben, das wurde in den vergangenen Jahrzehnten erst richtig verstanden. Die Probleme rund um Überbevölkerung, Über-

Industrialisierung, Ausbeutung von Rohstoffreserven und Zerstörung von Lebensraum sind deutlich größer und dringlicher als bisher angenommen. Verschiedenste Simulationsprogramme kommen heute zu noch drastischeren Ergebnissen als *Die Grenzen des Wachstums* vor 40 Jahren. Sollten einige der damals entwickelten Ideen zwischenzeitlich aus unserem Bewusstsein verlorengegangen sein, so sind sie nun mit der alten Vehemenz längst wieder dort angekommen. Wohlstand, das sollte damals mit der Studie verdeutlicht werden, und das müssen wir uns auch heute wieder in Erinnerung rufen, ist nun einmal nicht das Nonplusultra. Die Befreiung davon kann den Menschen in vielerlei anderer Hinsicht frei machen. Nun sollte schon damals nicht nur ein plattes „Macht euch frei von eurem Besitz" propagiert werden, sondern es sollte der Versuch unternommen werden, mit vernünftigen, aussagekräftigen, quantitativen Analysen eine solide Basis für die Verbreitung solcher Ideen zu schaffen. Das ist gelungen, und das liest sich auch noch heute gut. Nun werden, 40 Jahre später, die Töne von Wissenschaftlern verschiedenster Forschungsrichtungen laut, die die damaligen Ergebnisse bestätigen und um neue Aspekte bereichern. Ein Ende des viel gepriesenen Wachstums, das uns aus der Krise des ausgehenden ersten Jahrzehnts des 21. Jahrhunderts gezogen haben soll, muss keine Katastrophe bedeuten, sondern ist, ganz im Gegenteil, eine Notwendigkeit für eine vernünftige zukünftige Entwicklung. Eben weil dies ja keine neuen Erkenntnisse sind, sind heute die Fragen nach der Umsetzbarkeit um so drängender. Interessante Aspekte rücken in unser Bewusstsein, so etwa die Glücksforschung. Zentraler Gedanke in diesem Zusammenhang ist: Konsum kostet neben Geld auch Zeit, Zeit, die in anderen Bereichen des Zusammenlebens verlorengeht, Zeit für immer mehr und immer unterschiedlichere Arten des Konsums. Der Stress, in den die Menschen hierdurch geraten, mindert das Glücksgefühl. Andererseits verbraucht wachsender Konsum auch die ökologischen Ressourcen unseres Planeten, und um den immer näher rückenden Zusammenbruch zu vermeiden, muss gehandelt werden.

Auch die sogenannte *Neue Erwartungstheorie*, im Englischen *Prospect Theory*, ist zwar nicht mehr neu, hält aber doch für einige Entscheidungsprobleme, die in unserer Zeit erstmals oder erneut auftreten, interessante Ansätze bereit. Die beiden Psychologen Daniel Kahneman und Amos Tversky entwickelten die diesbezüglichen Ideen ebenfalls in den 1970er Jahren. Viele Wissenschaftler einigten sich damals darauf, dass die klassisch-rationale Spieltheorie im Sinne Morgensterns und von Neumanns, aber auch die auf John Nash zurückgehende kooperativere Verhandlungstheorie, noch nicht ausreichen, um sämtliche Phänomene bei der Entscheidungsfindung adäquat beschreiben und analysieren zu können. Zu dieser Zeit traten auch neben Mathematikern und Wirtschaftswissenschaftlern vermehrt Psychologen in den Entwicklungsprozess ein, die ganz neue und bisher wenig beachtete Aspekte mit einbrachten. Es herrschte der Wunsch, den klassischen „Kosten-Nutzen-Standpunkt" zu verlassen und realistischere Alternativen anzubieten. Alternativen, die auch die menschliche Psyche mit berücksichtigten. Wie trifft der Mensch Entscheidungen in unsicheren Situationen? Einige der erwähnten Methoden geben darauf Antworten, manche befriedigend, manche unbefriedigend. Schwierigkeiten ergeben sich allemal, so wie es im Fall der Portfolio-Optimierung ausführlich diskutiert wurde. Verschiedene Ansichten der Menschen müssen berücksichtigt werden; Umwelteinflüsse spielen eine große Rolle. In manchen modernen Theorien greifen die alten quantitativen Begriffe, wie etwa der Erwartungswert dies in der neuen Erwartungstheorie tut. Für andere neue Konzepte sind sie gänzlich ungeeignet. Mehr denn je herrscht eine Vielfalt an Möglichkeiten.

Die *Grenzen des Wachstums* und die *Neue Erwartungstheorie* sind heute so aktuell wie lange nicht. Oder sie sind im Prinzip nie aus der Mode gekommen. Den Wohlstand zu verringern, das war damals und ist heute eines der Hauptziele. Der Mensch wird Tag für Tag von so vielen Reizen materieller und nun auch informationstechnischer Art überflutet, dass er überhaupt nicht mehr in der Lage ist, diese zu verarbeiten. Wir können uns mehr leisten und wir wissen mehr, als gut für uns ist. Ein wohldurchdachter Verzicht wirkt befreiend und kann sogar quantitativ nachweisbare Vorzüge haben. Viele Wissenschaftler – Naturwissenschaftler, Soziologen, Ökonomen – sind heute bereits davon überzeugt, dass das alte Wohlstandsmodell ausgedient hat. Der Mensch tut nur gut daran, wenn er so schnell wie möglich dieser Tatsache ins Auge sieht und bereits jetzt seinen Lebensstil ändert. Der hier geschilderte Standpunkt, häufig ist von *Postwachstumsökonomie* die Rede, hat in Niko Paech, Volkswirt an der Universität Oldenburg, einen vehementen Vertreter:

> Mit Nachhaltigkeitszielen lässt sich der zunehmende Konsum- und Mobilitätswohlstand inzwischen kaum noch vereinbaren. Folglich müssen immer dramatischere Effizienz- oder Konsistenzvisionen herbeikonstruiert werden, um wenigstens die theoretische Möglichkeit einer Entkopplung aufrechtzuerhalten. [...] Nachhaltige Entwicklung kann indes nur eine Kunst der Reduktion sein. Deshalb zielt eine Postwachstumsökonomie darauf, Expansionszwänge zu überwinden. Der wichtigste besteht in einem Lebensstil, der vollständig von geldvermittelter und global arbeitsteiliger Fremdversorgung abhängig ist. Wenn Bedürfnisse, die einst durch Handwerk, Eigenarbeit, Subsistenz, lokale Versorgung und soziale Netzwerke befriedigt wurden – oder auf deren Befriedigung man schlicht verzichtete –, durch käufliche Produkte, Dienstleistungen und eine komfortable Automatisierung/Mechanisierung erfüllt werden, ist die Existenzsicherung einer Geld speienden Wachstumsmaschine ausgeliefert.[26]

Immer mehr Menschen verzichten beispielsweise heute schon auf ein eigenes Auto. Das zeigt nicht zuletzt die steigende Zahl an Car-Sharing-Unternehmen, zumindest in den Großstädten. Nicht mehr jeden Tag das eigene Auto zu benutzen, das ist besser für die Gesundheit und für die Psyche. Immer mehr Menschen müssten aber auch auf Arbeitszeit verzichten, ein interessanter Punkt. Paech kommt zu dem Ergebnis, dass die 40-Stunden-Woche im Prinzip als Modell ausgedient hat. Er regt an, 30-Stunden-Modelle auszuprobieren.[27] Längst hat nicht mehr jeder Arbeitgeber ein Problem mit praktiziertem „Jobsharing". Es muss nur gewagt werden, in die Praxis umgesetzt werden. Natürlich müssten auch die Politikerinnen und Politiker einiges dafür tun, müssten die gesetzlichen Rahmenbedingungen schaffen.

Interessanterweise ist auch dies wieder die Situation des Gefangenendilemmas: Der Verzicht vieler auf einen kleinen Teil kommt der „durchschnittlichen Gesamtsituation" aller Beteiligten zugute und damit, der Kreis schließt sich, profitieren letzten Endes tatsächlich alle. Nun muss man keineswegs befürchten, dass diese kontrollierte Einschränkung von Wohlstand den Untergang der Marktwirtschaft nach sich zieht. Paech weist hier gern auf die Situation der Nachkriegsgeneration hin und betont, dass ein ähnliches Modell damals gut funktionierte:

> Vergleichen Sie doch mal das Wohlstandsniveau, das etwa in den 1960er Jahren vorherrschte und das unsere Eltern- oder Großelterngeneration so wahnsinnig glücklich gemacht hat. Vergleichen Sie das mit dem heutigen Wohlstandsniveau. Um welchen Faktor ist das gestiegen, und um wie viel ist das Glück der Menschen gestiegen? Wahrscheinlich um gar keinen Faktor.[28]

6.4.2 Ausblicke

Wir sind am Ende unserer Reise durch die Entscheidungstheorie, die bei den klassischen Konzepten begann und im dritten Kapitel bei einigen der neuen Denkweisen, Konzepte, Methoden endet. Der Begriff der *Nachhaltigkeit* ist heute in aller Munde, und von ihm scheint eine gewisse Faszination auszugehen. Unter seinem Dach wird in der Regel allerlei zusammengefasst, was für die Entwicklung einer verantwortungsvollen Entscheidungstheorie für das 21. Jahrhundert wesentlich ist. Einige der Aspekte sollen abschließend kurz herausgegriffen werden.

- Die Menschen werden immer älter, und das hat eine simple Konsequenz, die aber wesentlichen Einfluss auf das Zusammenleben hat: Es leben mehr Generationen gleichzeitig, die miteinander auskommen und aufeinander Rücksicht nehmen müssen, die aber auch voneinander lernen können. Es sind Konzepte zu schaffen, die auf einen häufig so genannten „Interessenausgleich der Generationen" abzielen. Welche Verschuldung des Staates darf noch toleriert werden? Wie wird in Zukunft ein Rentensystem funktionieren? Was sind erfolgversprechende Ansätze für ein gutes Gesundheitswesen? Neben diesen sachlichen Problemen, bei aller Wichtigkeit, sind auch die ethischen zu berücksichtigen. Was dürfen ältere Generationen den Folgegenerationen zumuten und hinterlassen? Und was dürfen jüngere Generationen von den Vorgängergenerationen erwarten?
- Die Kommunikation zwischen den Menschen ist komplett in einem Umbruch. Der Prozess, der schon vor Jahrzehnten durch die Entwicklung der Ideen angestoßen wurde und der durch das Internet eine Beschleunigung erfuhr, ist noch nicht abgeschlossen. Manche Möglichkeiten werden den Menschen erst langsam bewusst, beispielsweise die Möglichkeit von friedlichen Revolutionen. Kommunikation und die Verbreitung von Informationen sind so wichtig wie nie zuvor und bergen immense Chancen und auch Risiken.
- Einhergehend mit der Kommunikation sind Fragen der Sicherheit von Daten. Was das *Cloud Computing* angeht, so gibt es hier noch viel zu wenige Erfahrungswerte. Kaum jemand kann sagen, wie Fragen der Sicherheit, wie der Umgang mit sensiblen Daten zukünftig gehandhabt werden soll. Wird es in Kürze leistungsfähige Quantencomputer, deren Leistung tatsächlich ausreicht, um unsere noch als sicher geltenden Veschlüsse-

lungsverfahren wie RSA oder ECC zu brechen? Niemand wagt hier realistische Prognosen. Sollte jedenfalls die Entwicklung der Quantencomputer ebenso dramatisch schnell fortschreiten wie es die Technologie in den vergangenen Jahrzehnten zu tun pflegte, müssen neue Verfahren entwickelt werden. Und die Zeit, dies zu tun, ist jetzt. Die Dichte kryptologischer Verfahren muss größer werden. Es müssen neben den rein mathematischen auch physikalische oder biologische Verfahren, die es in Ansätzen bereits gibt, weiterentwickelt werden.

- Auch im öffentlichen Raum gibt es neue Wege für das Miteinander. So ist etwa der Gedanke des *Open Space*, den es in der Moderationstechnik für große Gruppen schon lange gibt, an einigen Stellen versuchsweise auf Verkehrskonzepte übertragen worden. Die Idee, nicht mehr alles strikt zu regeln, sondern ein Miteinander der verschiedenen Verkehrsteilnehmer, Fußgänger, Radfahrer, Autofahrer in einem begrenzten Raum nur auf der Basis gegenseitiger Rücksichtnahme zu ermöglichen, hat etwas beinahe Revolutionäres. Es gibt in solchen Bereichen keine klare Trennung von Straße und Bürgersteig mehr, und dennoch braucht es kein Stop-Schild und keine Ampel, sondern Autofahrer wie auch Fußgänger rechnen jederzeit damit, sich zu begegnen und schärfen dadurch ihre Aufmerksamkeit, nehmen Rücksicht.

Die Liste lässt sich weiter fortsetzen. Es gibt viele neue Ansätze, ob sie nun als Ideen noch in den Köpfen schlummern oder ob sie bereits umgesetzt sind. Sie werden unser Zusammenleben, unseren Informationsaustausch, schließlich unsere Entscheidungsprozesse in der Zukunft beeinflussen und prägen. Wenn sich die Kreativität, mit der neue Entscheidungsverfahren entwickelt werden, mit dem Bewusstsein paart, dass es viele bestehende und gut funktionierende Verfahren gibt, die untereinander und mit den neuen Methoden nur vernetzt werden müssen, dann gehen wir spannenden und guten Zeiten entgegen.

6.5 Verweise auf weiterführende Literatur

Entscheidungsprobleme vor nicht mehr rein rationalem Hintergrund sind in den vergangenen Jahren in einer Unmenge an Literatur behandelt worden. Die inhaltliche Bandbreite reicht davon von kooperativ-spieltheoretischen über psychologische bis hin zu soziologisch-ethischen Themen.

Im Zusammenhang mit ökonomisch-motivierten Entscheidungen sind auf jeden Fall die Probleme kürzester Wege in Netzwerken zu nennen. Hier bietet die Graphentheorie eine Fülle an Lösungen, die auch und gerade für logistische Prozesse in der Betriebswirtschaft von großem Interesse sind. Eine hervorragende Einführung in dieses Gebiet stellt R. Diestels Buch *Graphentheorie* [21] dar; es ist allerdings nur für mathematisch vorgebildete Leserinnen und Leser zu empfehlen. Eine praxisorientierte Darstellung findet sich in Christina Büsings Buch *Graphen- und Netzwerkoptimierung* [13].

Zur evolutionären Spieltheorie gibt es einige schöne Darstellungen. Die Arbeiten von John Maynard Smith, allen voran *The Logic of Animal Conflict* [68] und *Evolution and the Theory of Games* [69], bieten einen interessanten und historischen Einstieg ins Thema. Doch es gibt auch modernere Literatur, so etwa *Evolutionäre Spieltheorie: Grundlagen und neue Ansätze* von Amann [2]. Anschaulich und vergnüglich zu lesen ist auch *Darwin meets Business: Evolutionäre und bionische Lösungen für die Wirtschaft* von K.-S. Otto [58].

Ein Aspekt, der hier nur im Ansatz erwähnt werden konnte, ist die *Prospect Theory*, so wie sie von Daniel Kahnemann und Amos Tversky in den 1970er Jahren entwickelt wurde. Der Aspekt „Entscheidungen unter Unsicherheit" wird in vielen Standardwerken der Entscheidungstheorie zumindest ansatzweise behandelt, wenn auch nicht immer sehr befriedigend. Die Überschneidungen zur Risikotheorie erschweren den Zugang durchaus. In jedem Fall aber kann man sich diesem Themenkomplex nur dann auf vernünftige Weise nähern, wenn man über die erforderlichen Mathematikkenntnisse verfügt. In diesem Buch wurde daher auf eine quantitative Beschreibung verzichtet. Wer in das Thema einsteigen möchte, dem sei beispielsweise *Versicherungsentscheidungen und Prospect Theory: Die Risikoeinschätzung der Versicherungsnehmer als Entscheidungsgrundlage* von Theil [72] empfohlen, das die Zusammenhänge zwischen der Prospect Theory und der Risikoanalyse recht lesbar darstellt. Außerdem gibt es auch neuere Arbeiten dazu, die allerdings ebenfalls einen sehr mathematischen Zugang wählen und nicht ohne Weiteres lesbar sind. Für Interessierte lohnt sich aber allemal ein Blick, so etwa auf *Decision Theory with Prospect Interference and Entanglement* von Sornette und Yukaloy. In dieser Arbeit entwickeln die Autoren eine neue Variante der Prospect Theory, die auf dem Konzept der Hilbert-Räume basiert. Die hier angesiedelten Prinzipien ermöglichen tatsächlich einen neuen und interessanten Blickwinkel auf menschliche Entscheidungsfindung. Aber auch in einigen Büchern über Wirtschaftspsychologie finden sich Kapitel zum Thema, so etwa in *Wirtschaftspsychologie* von Moser [54].

Überhaupt gibt es einiges an Literatur im Geiste des dritten Kapitels, die klassische, „harte" Bereiche mit „weichen" in Verbindung bringt. Natürlich gibt es mittlerweile Standardwerke zur Wirtschaftsethik, so etwa *Integrative Wirtschaftsethik: Grundlagen einer lebensdienlichen Ökonomie* von Ulrich [73] oder *Unternehmensethik: Grundlagen und praktische Umsetzung* von Elisabeth Göbel [35].

Ein in diesem Zusammenhang äußerst empfehlenswertes Buch ist *Die Praxis des Vertrauens* von Hartmann [38]. Dem Autor gelingt hier auf kluge Weise, vermeintlich neue Themen wie Politikverdrossenheit oder Finanzkrise mit der zentralen und ursprünglichen Eigenschaft des Vertrauens in Verbindung zu bringen. Von der historischen Entwicklung des Begriffsverständnisses schlägt er immer wieder den Bogen zu konkreten Praxisanwendungen.

6.6 Anregungen zum Weiterdenken

1. In Kap. 5 wurde das Paradoxon der beiden unbekannten Geldbeträge erwähnt, von denen einer doppelt so groß wie der andere ist, und bei denen nach einer Entscheidung

6.6 Anregungen zum Weiterdenken

für einen der beiden (X) ein Tausch zum anderen einen offenbar größeren erwarteten Gewinn $(1,25X)$ verspricht. Wie kann man dieses Paradoxon auflösen?

2. Eine gewisse Anzahl von Briefen, die an verschiedene Personen gerichtet sind, wird zufällig in ebenso viele bereits beschriftete Umschläge gesteckt. Bei zwei Briefen und Umschlägen treffen Sie mit einer Wahrscheinlichkeit von 50 % die richtige Wahl. Nun werde die Anzahl der Briefe und Umschläge erhöht, und wieder erfolgt zufällig eine Zuordnung.

   (a) Was können Sie über die Wahrscheinlichkeit dafür aussagen, dass nach der Zuordnung sämtliche Briefe im richtigen Umschlag stecken? Können Sie eine Formel in Abhängigkeit der Zahl n der Briefe angeben?

   (b) Sie sollen sich nun mit der Frage beschäftigen, inwiefern die Wahrscheinlichkeit *mindestens* einer korrekten Zuordnung sich mit wachsendem n verändert. Betrachten Sie dazu zunächst die „kleinen Fälle" $n = 3$ und $n = 4$.

   (c) Treffen Sie für $n = 10$ oder $n = 1000$ eine intuitive Entscheidung und versuchen Sie dann, einen rechnerischen Zugang zu finden.

   (d) Finden Sie Anwendungen aus der Praxis, die durch ein solches Zuordnungsproblem modelliert werden können, und interpretieren Sie Ihre Ergebnisse jeweils. Ein Beispiel aus dem Alltag ist etwa eine Mitbring-Tombola, bei der man sich nach der Wahrscheinlichkeit dafür fragt, dass jemand das Los für seinen eigenen mitgebrachten Gewinn zieht.

3. Vor Ihnen stehen drei Kästchen, mit A, B und C bezeichnet. In A befinden sich zwei goldene Kugeln, in B zwei silberne Kugeln und in C eine goldene und eine silberne Kugel. Aus einem zufällig gewählten Kästchen ziehen Sie zufällig eine Kugel; es handelt sich dabei um eine goldene. Wie groß ist dann die Wahrscheinlichkeit, dass die in dem betreffenden Kästchen verbleibende Kugel ebenfalls eine goldene ist?

4. Zehn Personen ziehen der Reihe nach Streichhölzer (von denen wie üblich eines kürzer als die anderen ist). Wenn man nicht „den kürzeren ziehen möchte", sollte man eher früh, vielleicht sogar als erster ziehen, oder später?

5. Beim Chicken Game hat sich das Nash-Gleichgewicht in gemischten Strategien als evolutionär stabil herausgestellt, beim Gefangenendilemma das Nash-Gleichgewicht in reinen Strategien. Untersuchen Sie weitere bekannte Zwei-Personen-Spiele auf evolutionär stabile Zustände.

6. Ein Bereich, in dem Matrizen ebenfalls eine Rolle spielen, sind die sogenannten *Markov-Prozesse*, deren grundsätzliches Prinzip Sie anhand des folgenden Praxisbeispiels selbst herleiten sollen. Nehmen Sie an, ein Geschäft handelt mit Waschmaschinen und wird hierzu einmal pro Woche an einem festen Tag je nach Bestellung am Vortag von einem Großhändler beliefert. In dem Geschäft ist Platz für höchstens vier Waschmaschinen. Die Zufallsvariable X_t, die die Anzahl der Waschmaschinen im Geschäft in Woche t beschreibt, kann somit fünf verschiedene Werte annehmen kann, nämlich $0, 1, 2, 3, 4$.

(a) Der Händler kann sein Bestellverhalten mit Hilfe einer (5×5)-Matrix M beschreiben, indem er darin die Wahrscheinlichkeiten für alle möglichen Zustandsübergänge untersucht. (Falls er etwa in Woche t alle vorhandenen Waschmaschinen verkauft hat, dann für Woche $t+1$ drei nachbestellt und von diesen eine verkauft, entspricht dies einem Übergang von Zustand 0 nach Zustand 2. Hat er drei Waschmaschinen im Lager, bestellt keine neuen nach und verkauft dann in der Folgewoche auch keine Geräte, stagniert der Zustand bei 3 nach Zustand 3 usw.) Welche Eigenschaften hat eine solche Matrix?

(b) Nehmen Sie an, die Übergangsmatrix M des Händlers sieht so aus:

$$M = \begin{pmatrix} 0{,}23 & 0{,}28 & 0{,}36 & 0{,}23 & 0{,}13 \\ 0{,}37 & 0{,}33 & 0{,}21 & 0{,}29 & 0{,}19 \\ 0{,}23 & 0{,}17 & 0{,}26 & 0{,}36 & 0{,}37 \\ 0{,}09 & 0{,}15 & 0{,}12 & 0{,}08 & 0{,}29 \\ 0{,}08 & 0{,}07 & 0{,}05 & 0{,}04 & 0{,}02 \end{pmatrix}.$$

Man kann dann für jeden Zeitpunkt t einen Vektor x_t betrachten, dessen fünf Komponenten die Wahrscheinlichkeiten für die verschiedenen Zustände zum Zeitpunkt t angeben. Befinden sich etwa zu Beginn ($t = 0$) zwei Waschmaschinen im Geschäft, so entspricht dies der Wahrscheinlichkeitsverteilung

$$x_0 = \begin{pmatrix} 0 \\ 0 \\ 1 \\ 0 \\ 0 \end{pmatrix}, \tag{6.54}$$

denn mit Sicherheit (also Wahrscheinlichkeit 1) ist dann der Zustand 2 erfüllt, und alle anderen Zustände haben die Wahrscheinlichkeit 0. Welche Bedeutung hat dann der Vektor $M \cdot x_0$?

(c) Wie entwickelt sich nun die Wahrscheinlichkeitsverteilung? Versuchen Sie, dies anhand geeigneter Matrizenmultiplikationen zu beschreiben und mit der Matrix M konkret durchzuführen.

7. Wie im Text erwähnt, untersuchte Wayne Zachary in den 1970er Jahren die gruppendynamischen Phänomene zwischen den 34 Mitgliedern eines Karate-Clubs. Die Resultate sind seiner 1977 veröffentlichten Arbeit *An information flow model for conflict and fission in small groups* zu entnehmen [77]. In dieser Arbeit wird auch eine Beziehungsmatrix mit 34 Zeilen und 34 Spalten erwähnt. Machen Sie sich mit den Methoden Zacharys vertraut und stellen Sie Verbindungen zu den erwähnten Problemen kürzester Wege her. Versuchen Sie auch, mit Hilfe der Matrix und einer geeigneten Software (etwa einem Computeralgebrasystem) das Karate-Club-Phänomen mit der Methode der Bin-

dungszahlen zu behandeln und so die Ergebnisse von Kleinberg, Kleinberg, Marvel und Strogatz nachzuvollziehen.
8. Untersuchen Sie soziale Netzwerke, in die Sie selbst eingebunden sind, daraufhin, wie sie sich mit der Zeit entwickeln. Testen Sie unterschiedliche Normierungen für die Sympathiewerte aus und arbeiten Sie vielleicht auch mit einem „Selbstbewusstseins-Maß", also mit Werten für die Zahlen x_{kk}.

6.7 Anmerkungen zu Kapitel 6

[1] Die Ergebnisse der Studie sind in den *Annals of Internal Medicine* veröffentlicht worden [29].

[2] Für die konkrete Berechnung der Varianz einer Zufallsvariablen X bietet sich manchmal die *Verschiebungsformel*

$$V(X) = E(X^2) - E(X)^2 \qquad (6.55)$$

an.

[3] Will man den Erwartungswert einer Zufallsvariablen schätzen, die durch ein Zufallsexperiment realisiert wird, so kann man von einer Stichprobe ausgehen. Das arithmetische Mittel

$$\overline{x} = \frac{1}{n} \sum_{k=1}^{n} x_k$$

der Stichprobe ist ein sogenannter *erwartungstreuer Schätzer* für den Erwartungswert der Zufallsvariablen.

[4] Anders als beim Mittelwert ist die Stichprobenvarianz

$$s^2 = \frac{1}{n} \sum_{k=1}^{n} (x_k - \overline{x})^2$$

kein guter, kein erwartungstreuer Schätzer für die Varianz der Zufallsvariablen. Jedoch erfüllt

$$s^2 = \frac{1}{n-1} \sum_{k=1}^{n} (x_k - \overline{x})^2$$

genau diese Anforderung.

[5] Mit Hilfe von *Poisson-Prozessen* können Szenarien mit *seltenen Ereignissen* sehr gut beschrieben werden. Ein solcher Poisson-Prozess hat seinen Ursprung in einem sehr einfachen diskreten Modell, der bekannten *Binomialverteilung*. Führt man ein Zufallsexperiment mit nur zwei möglichen Ausgängen (ein sogenanntes *Bernoulli-Experiment*; häufig nennt man einen der beiden Ausgänge einen „Treffer") mehrfach, sagen wir n-mal, hintereinander durch, so gilt für die Zufallsvariable X, die die Zahl der „Treffer" dabei angibt,

$$P(X = k) = \binom{n}{k} \cdot p^k \cdot (1-p)^{n-k} = \frac{n!}{k! \cdot (n-k)!} \cdot p^k \cdot (1-p)^{n-k},$$

wobei p die Trefferwahrscheinlichkeit bezeichnet. Bekannterweise hat diese Verteilung den Erwartungswert $\mu = n \cdot p$ und die Varianz $\sigma^2 = n \cdot p \cdot (1-p)$. Betrachtet man dann Experimente mit

„seltenen und unwahrscheinlichen Treffern" (ist also p sehr viel kleiner als 1 und k sehr viel kleiner als n), so folgt

$$P(X = k) \approx \frac{n^k}{k!} \cdot p^k \cdot \left(1 - \frac{\mu}{n}\right)^n \approx \frac{\mu^k}{k!} \cdot e^{-\mu}, \tag{6.56}$$

und dies ist die übliche Form, in die (für sehr große n und sehr kleine p) die Binomialverteilung übergeht. Man spricht dann schon von der *Poisson-Verteilung*, und wir haben erkannt, woher in diesem Zusammenhang die Formulierung mit der Exponentialfunktion kommt.

Solche Verteilungen kommen bei Aussagen vor wie: „An dieser Kreuzung ereignen sich im Mittel 0,3 Unfälle pro Monat." Was soll das bedeuten, und wie lässt sich die Wahrscheinlichkeit für das Ereignis berechnen lässt, dass sich auf diesem Straßenabschnitt *in einem Monat mehr als ein Unfall ereignet*? Dazu könnte man die Aussage so auffassen, dass das Ereignis „ein Unfall pro Monat" mit einer Wahrscheinlichkeit von $p = 0{,}3$ und das Ereignis „kein Unfall pro Monat" mit einer Wahrscheinlichkeit von $p = 0{,}7$ eintritt. Dies entspricht einer klassischen Binomialverteilung mit den Parametern $n = 1$ und $p = 0{,}3$ und somit dem Erwartungswert $\mu = n \cdot p = 0{,}3$. Es ist klar, dass dieses Modell zwar die Bedingung erfüllt, aber wohl kaum ernsthaft in Frage kommen darf, da sich ja grundsätzlich auch zwei oder mehr Unfälle ereignen können. Bei leichter Abänderung der Sichtweise geht man davon aus, es geschehe *pro Tag*: ein Unfall mit einer Wahrscheinlichkeit von $p = \frac{0{,}3}{30} = 0{,}01$ und kein Unfall mit einer Wahrscheinlichkeit von $1 - p = 0{,}99$. Dann passieren wiederum „im Mittel 0,3 Unfälle pro Monat", denn es gilt wieder $\mu = n \cdot p = 30 \cdot 0{,}01 = 0{,}3$. Allerdings ist das Szenario ein wenig realistischer geworden – wenn auch noch nicht perfekt; wir haben den Fall zweier Unfälle an einem Tag nicht abgedeckt. Das weitere Vorgehen ist aber nun jedem klar, der schon einmal mit Grenzwerten zu tun gehabt hat. Wir lassen die Anzahl der Abschnitte n immer mehr anwachsen, was hingegen die Wahrscheinlichkeit eines „Treffers" (Unfalls) während eines Zeitintervalls immer mehr sinken lässt; das *Produkt* $\mu = n \cdot p = 0{,}3$ hingegen bleibt aber konstant! Und genau dies ist die eingangs etwas theoretische beschriebene Situation, die wir – für den diskreten Fall – mit (6.56) modellieren können.

[6] Man spricht hier auch von einem *vollständigen Graphen*: Jeder Knoten ist mit jedem anderen verbunden.

[7] Seit Beginn des Jahrtausends untersuchen sie solche Phänomene mit Hilfe gewisser Matrix-Differentialgleichungen [46].

[8] Das kann auch realistischer modelliert werden, da Sympathie in der Regel nie ganz symmetrisch ist, sondern es verschiedene Schattierungen gibt. Hier wird diese Eigenschaft nur der Einfachheit halber angenommen.

[9] Es gibt auch andere Interpretationen, nach denen die Zahlen x_{kk} auch positiv oder negativ sein können, je nach „Selbstbindung" der Person, also beispielsweise nach dem Grad ihres Selbstbewusstseins.

[10] Die Einheitsmatrix hat die spezielle Gestalt

$$I = \begin{pmatrix} 1 & 0 & \cdots & 0 & 0 \\ 0 & 1 & \cdots & 0 & 0 \\ \vdots & & \ddots & & \vdots \\ 0 & 0 & \cdots & 1 & 0 \\ 0 & 0 & \cdots & 0 & 1 \end{pmatrix}$$

und spielt bei der Matrizenmultiplikation die Rolle des neutralen Elements. Die zu einer Matrix X inverse Matrix wird mit X^{-1} bezeichnet und ist dadurch definiert, dass $X \cdot X^{-1} = I$ ist. Mehr Details zur Matrizenrechnung findet man beispielsweise im Standardwerk von Gerd Fischer [28], und die exakte Herleitung der Lösung (6.25) kann in der Arbeit von Kleinberg, Kleinberg, Marvel und Strogatz nachgelesen werden [46].

6.7 Anmerkungen zu Kapitel 6

[11] Im Jahre 1977 veröffentlichte Wayne Zachary die Resultate in seiner Arbeit *An information flow model for conflict and fission in small groups* [77].

[12] Als theoretischer Biologe befasste sich John Maynard Smith intensiv mit der Verquickung von Biologie und Mathematik, insbesondere Spieltheorie. Wegweisend sind hier seine beiden Arbeiten *The Logic of Animal Conflict* [68] und *Evolution and the Theory of Games* [69].

[13] Im Gegensatz zu vielen anderen spieltheoretischen Modellen wird hier übrigens die Entscheidung für eine Strategie häufig nicht bewusst gefällt. Den „Spielern" ist vielleicht noch nicht einmal klar, dass überhaupt eine strategische Entscheidungssituation vorliegt. Üblicherweise werden in den Modellen daher Spieler und Strategien gleichgesetzt und nicht voneinander getrennt, denn ein Spieler wird hier weniger durch seine Strategienmenge charakterisiert, sondern vielmehr durch die Strategie, die er repräsentiert bzw. die ihn repräsentiert.

[14] Dawkins wurde in den 1970er Jahren vor allem durch sein Buch *The Selfish Gene* bekannt [16]. Hierin analysiert er den „großen" Prozess der Evolution auf der „kleinen" Ebene der Gene.

[15] Das Zitat stammt aus dem Beitrag *Evolutionsspiele* von S. Gallwas, J. Harttmann und F. Sossong [30].

[16] Das Beispiel der Leuchtkäfer wurde wie auch dieses Zitat (in der Übersetzung von Helmut Reuter) [70] entnommen.

[17] Nachzulesen ist dies neben weiteren faszinierenden Resultaten in Strogatz' Buch *Sync: How Order Emerges From Chaos In the Universe, Nature, and Daily Life* [71].

[18] Dies ist nachzulesen in *How to cut a cake* [70].

[19] Der amerikanische Mathematiker Norbert Wiener beschäftigte sich überwiegend mit der sogenannten *Kybernetik*, einem Gebiet, für das er in den 1940er Jahren den Namen selbst vorschlug und das sich mit der Steuerung und Regelung mechanischer wie organischer Prozesse befasst. Von ihm stammt auch das wunderbare Zitat (hier im englischen Original): „The economists have developed the habit of dressing up their rather imprecise ideas in the language of the infinitesimal calculus. Any pretense of applying precise formulae to these loosely defined quantities is a shame and a waste of time."

[20] Der italienische Mathematiker Marco Dorigo schlug Ameisenalgorithmen in den 1990er Jahren vor, um damit u. A. das berühmte *Travelling Salesman Problems* zu behandeln.

[21] Das Zitat stammt aus Boysens Arbeit *Ameisenalgorithmen und das Hochzeitsproblem*, der wir auch die Idee für die Anwendung auf Sitzordnungen entnommen haben [9].

[22] Die entsprechenden Arbeiten sind *Self-organisation mechanisms in ant societies: Trail recruitment to newly discovered food sources* [19] und *The self-organizing exploratory pattern of the argentine ant* [3].

[23] Diese sogenannte *Layoutplanung* ist Thema jedes Standard-Logistik Buchs und kann etwa bei Domschke und Drexl nachgelesen werden [23].

[24] Das lineare Optimierungsproblem hätte in diesem Fall die Form:

$$\text{Maximiere die Gesamtsympathiesumme } \sum_{i,j=1}^{n} \sum_{t=1}^{T} s_{ij} \cdot p_{it} \cdot p_{jt}$$

$$\text{unter den Nebenbedingungen } \sum_{t=1}^{T} p_{it} \text{ für alle } i.$$

[25] Die Studie *The Limits to Growth* wurde als Buch im Jahr 1972 veröffentlicht [51]. Im Jahr 2004 folgte *The Limits to Growth: The 30-Year Update* [52].

[26] So schreibt Niko Paech in dem Beitrag *Die Legende vom nachhaltigen Wachstum*, der in der 9288. Ausgabe von *Le Monde diplomatique* im September 2010 erschien.

[27] Die interessanten Ansätze sind in vielen Publikationen Paechs nachzulesen, darunter *Nachhaltiges Wirtschaften jenseits von Innovationsorientierung und Wachstum: eine unternehmensbezogene Transformationstheorie* aus dem Jahr 2012 [59].

[28] So äußerte sich Paech in einem Radiointerview mit Sandra Schulz vom Deutschlandfunk im Januar 2012.

Literatur

1. Albert A, Ortmanns W (2008) Entscheidungs- und Spieltheorie: Eine anwendungsbezogene Einführung. Wissenschaft und Praxis, Sternenfels
2. Amann E (1999) Evolutionäre Spieltheorie: Grundlagen und neue Ansätze. Physica, Heidelberg
3. Aron S, Deneubourg JL, Goss S, Pasteels JM (1990) The self-organizing exploratory pattern of the argentine ant. Journal of Insect Behaviour 3:159–168
4. Axelrod R (2005) Die Evolution der Kooperation, 6. Aufl. Oldenbourg Wissenschaftsverlag, München
5. Berger P (1999) Irrtümer im deduktiven Hypothesentesten I: Die Forschungsarbeit von P.N. Johnson-Laird und P.C. Wason. Proseminar-Hypothesen in Wissenschaft und Denken
6. Berlekamp ER, Conway JH, Guy RK (1985) Gewinnen. Strategien für mathematische Spiele. Vieweg, Wiesbaden
7. Berninghaus S, Ehrhart KM, Güth W (2010) Strategische Spiele, 3. Aufl. Springer, Berlin
8. Bitz M (1981) Entscheidungstheorie. Vahlen
9. Boysen N, Ringle CM (2005) Ameisenalgorithmen und das Hochzeitsproblem. WISU – Das Wirtschaftsstudium 34:327–332
10. Braess D (1968) Über ein Paradoxon aus der Verkehrsplanung. Unternehmensforschung 12:258–268
11. Burger E (1959) Einführung in die Theorie der Spiele. de Gruyter, Berlin
12. Byrne R, Evans J, Newstead S (1993) Human Reasoning: The Psychology of Deduction. Psychology Press, Hove
13. Büsing C (2010) Graphen- und Netzwerkoptimierung. Spektrum Akademischer Verlag
14. Cournot A (1838) Recherches sur les principes mathématiques de la théorie des richesses
15. van Damme E (1998) On the state of the art in game theory: An interview with Robert Aumann. Games and Economic Behavior 24:181–210
16. Dawkins R (1976) The Selfish Gen. Oxford
17. Delgado MR, Ozbay E, Phelps EA, Schotter A (2008) Understanding overbidding: Using the neural circuitry of reward to design economic auctions. Science 321(5897):1849–1852
18. Dempe S, Schreier H (2006) Operations Research. Teubner, Wiesbaden
19. Deneubourg JL, Goss S, Pasteels JM (1987) Self-organisation mechanisms in ant societies: Trail recruitment to newly discovered food sources. Experimentica Supplementum 54:155–175

20. Devlin K (2003) Das Mathe-Gen: Wie sich das mathematische Denken entwickelt. Deutscher Taschenbuch Verlag
21. Diestel R (2006) Graphentheorie, 3. Aufl. Springer, Berlin
22. Dixit AK, Nalebuff BJ (1997) Spieltheorie für Einsteiger. Schäffer Poeschel, Stuttgart
23. Domschke W, Drexl A (1996) Logistik (Band 3): Standorte, 4. Aufl. Oldenbourg Wissenschaftsverlag, München
24. Eggebrecht W, Manhart K (1991) Fatale Logik: Egoismus oder Kooperation in der Computersimulation. c't 6:144
25. Eichstädt T (2008) Einsatz von Auktionen im Beschaffungsmanagement: Erfahrungen aus der Einkaufspraxis und die Verbreitung auktionstheoretischer Konzepte. Gabler, Wiesbaden
26. Eickemeier S, Rommelfanger HJ (2001) Entscheidungstheorie: Klassische Konzepte und Fuzzy-Erweiterungen. Springer, Berlin
27. Eisenführ F, Langer T, Weber M (2010) Rationales Entscheiden, 5. Aufl. Springer
28. Fischer G (2010) Lineare Algebra, 17. Aufl. Vieweg+Teubner, Wiesbaden
29. Gaissmaier W, Gigerenzer G, Schwartz LM, Wegwarth O, Woloshin S (2012) Do Physicians Understand Cancer Screening Statistics? A National Survey of Primary Care Physicians in the United States. Annals of Internal Medicine 156(5):340–349
30. Gallwas S, Harttmann J, Sossong F (1997) Evolutionsspiele. In: Avenhaus R, Lehmann F, Wölling A (Hrsg) Anwendungen der Spieltheorie, Bericht S-9703, Institut für Angewandte Systemforschung und Operations Research, S 195–216
31. Gillenkirch RM, Laux H, Schenk-Mathes HY (2012) Entscheidungstheorie, 8. Aufl. Springer Gabler, Wiesbaden
32. Griggs RA (1995) The effects of rule clarification, decision justification, and selection instruction on Wason's abstract selection task. In: Evans J, Newstead SE (Hrsg) Perspectives on thinking and reasoning: Essays in honor of Peter Wason. Lawrence Erlbaum Associates Ltd., Hove, S 17–39
33. Gurmann S (2005) Internet-Auktionen: Gewerberecht – Zivilrecht – Strafrecht. Springer, Berlin
34. Gärtner F (2008) Erfolgsfaktoren bei Online-Auktionen: Eine empirische Analyse. Diplomica, Hamburg
35. Göbel E (2010) Grundwissen Unternehmensethik, 2. Aufl. UTB, Stuttgart
36. Güth W (1998) Spieltheorie und ökonomische (Bei)Spiele, 2. Aufl. Springer, Berlin
37. Haas R, Meixner O (2012) Wissensmanagement und Entscheidungstheorie: Theorien, Methoden, Anwendungen und Fallbeispiele, 2. Aufl. Facultas
38. Hartmann M (2007) Die Praxis des Vertrauens. Suhrkamp
39. Hoch SJ, Tschirgi JE (1983) Cue redundancy and extra logical inferences in a deductive reasoning task. Memory and Cognition 11:200–209
40. Hofstadter DR (1983) Kann sich in einer Welt voller Egoisten kooperatives Verhalten entwickeln? Spektrum der Wissenschaft 8:8–14
41. Holler M (1992) Ökonomische Theorie der Verhandlungen, 3. Aufl. Oldenbourg Wissenschaftsverlag, München
42. Holler M, Illing G (1993) Einführung in die Spieltheorie. Springer, Berlin
43. Ingram JK (1888) A History of Political Economy
44. Kahnemann D, Tversky A (1979) Prospect theory: An analysis of decision under risk. Econometrica 47:263–292

45. Keener JP (1993) The Perron-Frobenius Theorem and the Ranking of Football Teams. SIAM Review 35(1):80–93
46. Kleinberg J, Kleinberg R, Marvel S, Strogatz S (2011) Continuous-Time Model of Structural Balance. Proc National Academy of Sciences 108(5):1771–1776
47. M J Osborne AR (1990) Bargaining and Markets. San Diego
48. Mager TJ, Klühspies J (2009) Verkehr in der Forschung: Beiträge zur Verkehrsforschung. ksv, Köln
49. Mandelbrot B, Hudson RL (2005) Fraktale und Finanzen. Piper, München
50. Markowitz HM (1952) Portfolio Selection. Journal of Finance 7:77–91
51. Meadows DH, Meadows DL, Randers J (1972) The Limits to Growth. Universe Books
52. Meadows DH, Meadows DL, Randers J (2004) The Limits to Growth: The 30-Year Update. Chelsea Green Pub
53. Mérő L (1998) Die Logik der Unvernunft. Birkhäuser, Basel
54. Moser K (2007) Rationales Entscheiden. Springer, Berlin
55. Nash J (1950) The Bargaining Problem. Econometrica 18:155–162
56. von Neumann J, Morgenstern O (1944) Theory of Games and Economic Behavior. Princeton University Press
57. Ortmann KM, Schwarzer K (2009) Spieltheoretische Analyse der Machtverhältnisse im Rat der Europäischen Union. Forschungsbericht der Beuth Hochschule für Technik, Berlin, S 48–51
58. Otto KS (2010) Darwin meets Business: Evolutionäre und bionische Lösungen für die Wirtschaft. Gabler, Wiesbaden
59. Paech N (2012) Nachhaltiges Wirtschaften jenseits von Innovationsorientierung und Wachstum: Eine unternehmensbezogene Transformationstheorie. Metropolis, Marburg
60. Rieck C (2012) Spieltheorie, 11. Aufl. Christian Rieck, Eschborn
61. Robertson J, Webb W (1998) Cake-cutting Algorithms. A.K. Peters, Natick
62. Rosenbaum S (2011) Curation Nation: Why the Future of Content is Context and How to win in a world where Consumers are Creators. McGraw-Hill, New York
63. Rubinstein A (1982) Perfect Equilibrium in a Bargaining Model. Econometrica 50(1):155–162
64. Rubinstein A (1990) Game Theory in Economics. Edward Elgar, Cheltenham
65. Schreiber A (2003) Mittelwerte – zwischen Wahrheit und Lüge. DMV Mitteilungen 2
66. Shubik M (1965) Spieltheorie und Sozialwissenschaften. S. Fischer, Frankfurt
67. Shubik M (1971) The Dollar Auction Game: A Paradox in Noncooperative Behavior and Escalation. The Journal of Conflict Resolution 15(1):109–111
68. Smith JM (1973) The Logic of Animal Conflict. Nature 246:15–18
69. Smith JM (2011) Evolution and the Theory of Games. Cambridge University Press
70. Stewart I (2006) How to cut a cake – and other mathematical conundrums. Oxford University Press
71. Strogatz S (2004) Sync: How Order Emerges From Chaos In the Universe, Nature, and Daily Life. Hyperion, Freiburg
72. Theil M (2002) Versicherungsentscheidungen und Prospect Theory: Die Risikoeinschätzung der Versicherungsnehmer als Entscheidungsgrundlage. Springer, Berlin

73. Ulrich P (2007) Integrative Wirtschaftsethik: Grundlagen einer lebensdienlichen Ökonomie, 4. Aufl. Haupt, Bern
74. Vecchio NL (2009) Experimentelle Auktionen: Der Winner's Curse: Experimente und Erklärungsansätze. Grin, München
75. Wason P, Johnson-Laird P (1972) Psychology of Reasoning: Structure and Content. Harvard University Press, Cambridge
76. Weber M (1919) Wissenschaft als Beruf. In: Weber, M Gesammelte Aufsätze zur Wissenschaftslehre, 3. Aufl. Mohr, Tübingen, S 582–613
77. Zachary WW (1977) An information flow model for conflict and fission in small groups. Journal of Anthropological Research 33:452–473
78. Zermelo E (1913) Understanding overbidding: Using the neural circuitry of reward to design economic auctions. Proceedings of the Fifth International Congress of Mathematicians, S 501–504

Personenverzeichnis

A
Aumann, Robert, 6, 83
Axelrod, Robert, 92, 173

B
Berlekamp, Elwyn R., 64
Bertrand, Joseph Louis, 38
Borel, Émile, 16
Bouton, Charles Leonard, 11
Braess, Dietrich, 117, 141

C
Conway, John Horton, 20, 64
Cournot, Augustin, 38, 72

D
Dawkins, Richard, 175
Dean, James, 31
Dijkstra, Edsger Wibe, 141
Dixit, Avinash K., 64

E
Euler, Leonhard, 68

F
Fermat, Pierre de, 11, 68

G
Gauß, Carl Friedrich, 4
Gombaud, Antoine, 15, 69
Grundy, Patrick Michael, 66

Guy, Richard K., 64

H
Harsanyi, John C., 17
Henry, Charles, 68
Hofstadter, Douglas, 93, 139

I
Ingram, John Kells, 5, 8, 17, 75

J
Johnson-Laird, Philip, 110, 112

K
Kahnemann, Daniel, 148, 192
Keener, James P., 143
Kolmogorov, Andrei, 15

L
Laplace, Pierre-Simon, 71

M
Mandelbrot, Benoit, 80
Mann, Golo, 91, 138
Markowitz, Harry M., 76, 81
Merő, László, 65
Morgenstern, Oskar, 16, 64, 75, 84, 100, 103, 192

N
Nalebuff, Barry J., 64
Nash, John F., 17, 27, 107
Neumann, John von, 16, 27, 64, 75, 84, 100, 103, 192

P
Paech, Niko, 193, 201
Pareto, Vilfredo, 43
Pascal, Blaise, 11, 68
Peccei, Aurelio, 191

R
Rapoport, Anatol, 93, 94, 139

S
Selten, Reinhard, 17, 81, 82, 84
Shapley, Lloyd, 100
Shubik, Martin, 101, 137, 139
Smith, Hugh, 182
Smith, John Maynard, 94

T
Tannery, Paul, 68

Taylor, Richard, 68
Tversky, Amos, 148, 192

V
vos Savant, Marilyn, 146

W
Wason, Peter, 109, 141
Weber, Max, 5, 6, 8, 43
Wiles, Andrew, 68
Wood, Natalie, 31

Z
Zachary, Wayne, 171
Zermelo, Ernst, 16

Sachwortverzeichnis

A
Absatz-Preis-Funktion, 38
Adjazenzmatrix, 165
Always-Cooperate-Strategie, 139
Always-Defect-Strategie, 139
Anforderungsvektor, 143
Antwort
    beste, 29
Auktionen, 135
Auszahlung, 57
Auszahlungsfunktion, 71
Auszahlungsmatrix, 2, 23, 24, 28, 44, 55, 63, 71

B
Banzhaf-Index, 103
Battle of Sexes, 31, 61
Bayes-Regel, 153, 158
Bertrand-Oligopol, 38
Bertrand-Paradoxon, 43
Bindungszahl, 166
Binomialverteilung, 200
Braess-Paradoxon, 117

C
Champion-Strategie, 139
Chicken Game, 31
Cost-Average-Effekt, 77, 82
Cournot-Oligopol, 72

D
Dame, 16
Deegan-Packel-Index, 103
deskriptive Statistik, 154
Diagnosetest, 154, 159
Dichtefunktion, 79
Differentialgleichung, 200
Dijkstra-Algorithmus, 122, 172
Diskontierungsfaktor, 109
diskreter Strategieraum, 37
Diversifikation, 76
Drehung, 125
Drohpunkt, 103, 145
Durchschnitt, 77

E
Earth Day, 117
Eatherley-Strategie, 139
Ecke, 84
Eigenvektor, 126
Eigenwert, 126–128, 130, 132, 134, 168
einfache Mehrheit, 101
Einstimmigkeit, 101
Eistorte, 107
empirische Entscheidungstheorie, 3
Entscheidung unter Unsicherheit, 196
Entscheidungsmatrix, 2
Ereignis, 70
Ergebnisraum, 69
Erwartungswert, 57, 59, 73, 79, 147, 148
evolutionär stabile Strategie, 96, 174, 176–178,
    180, 181, 197
Exponentialfunktion, 39, 115, 200
Exponentialverteilung, 164
Extensivform, 17, 47, 84, 89, 107

F
Falke-und-Taube-Spiel, 175
Feld-Strategie, 139

Fermatsche Vermutung, 68
Finanzgeschäfte, 12
Fitness, 174
Ford-Fulkerson-Algorithmus, 171
France-Strategie, 139

G
Gefangenendilemma, 32
    iteriertes, 36
gemischte Strategie, 22, 24, 55, 57, 58, 62, 67, 176, 177
geometrische Reihe, 140
geschlossenes Modell, 17
Geschwindigkeit, 82
Gewinn, 6, 10, 18, 19, 23
Gewinnfunktion, 39
Gewinnposition, 48
Gewinnsatz, 12
Gewinnstrategie, 16
Glücksspiele, 11
Gleichgewicht
    korrelierendes, 8
    Nash-, 27
    pareto-optimales, 43, 103
    teilspielperfektes, 86, 174
Graphentheorie, 13, 84, 122, 171, 195
Grenzen des Wachstums, 191, 193
Grim-Strategie, 139
Grundy-Spiel, 66

H
harmonisches Mittel, 82
Homo Oeconomicus, 5, 45, 75, 81, 148, 173
Hot-Hand-Phänomen, 96

I
induktive Statistik, 154
Informationsbezirk, 85
Invarianz, 103
Investorenspiel, 89, 90

J
Joss-Strategie, 139

K
Knoten, 84

Koalition, 97
Koalitionswert, 98
kombinatorische Spieltheorie, 20
Königsberger Brückenproblem, 68
Kostenfunktion, 39
Kybernetik, 201

L
Langzeit-Strategie, 20–22, 36, 47, 55, 92, 94
Laplace-Experiment, 71, 132
Laplace-Würfel, 22
logistisches Wachstum, 115, 137

M
Markov-Prozess, 197
Markteintrittsspiel, 51–53, 86, 92
Matrix, 23
    stochastische, 132
Maxi-Max-Prinzip, 2
Mehr-Personen-Spiel, 16, 18, 29, 44, 45, 116
Mehrheit
    einfache, 101
    qualifizierte, 101
Mengenlehre, 16
Mini-Max-Prinzip, 2, 16, 98, 100
Ministerrat, 98, 101
Mittel
    arithmetisches, 77
    harmonisches, 78, 82
Monopolist, 51, 86, 87, 92
Mühle, 16
Mutant, 174, 180

N
Nash-Gleichgewicht, 27
    in gemischten Strategien, 57, 59, 62, 63, 197
    in reinen Strategien, 29, 30, 34, 63, 197
Navigationssystem, 121
Neue Erwartungstheorie, 192, 193
NIM-Spiel, 10, 16, 20, 48, 84
Nobelpreis, 6, 17, 81, 140
Normalform, 17, 23, 47, 55, 84, 87
Normalverteilung, 78, 79
normative Entscheidungstheorie, 3
Nullsummenspiel, 16, 27, 30, 71, 100
Nutzenfunktion, 71

O

öffentliches Gut, 45
Oligopol, 38, 72
Open Space, 149, 195

P

p-Münze, 56, 59, 73
Page Ranking, 131
pareto-optimales Gleichgewicht, 43, 103
Pareto-Optimalität, 103
Pavlov-Strategie, 96
Pendler, 115
Pfadregel, 13, 69, 133, 157
Pheromon-Matrix, 187
Poisson-Verteilung, 164
Portfolio-Optimierung, 75, 78, 80, 96, 192
Potenz-Methode, 133
Preiskampf, 53
Produktionsquote, 34
Psychologie, 28, 65, 141, 195
Public-Goods-Index, 103

Q

qualifizierte Mehrheit, 101
Quantenphysik, 65

R

Random-Strategie, 139
reine Strategie, 17, 20, 21, 23, 48, 55
Remis, 16, 66
Rendite, 76
Replikatordynamik, 178
Replikatorgleichung, 180
Rubinstein-Stahl-Modell, 135, 140
Rückwärtsinduktion, 107

S

Sattelpunkt, 28, 71
Sättigungswert, 115
Schach, 16
Schere – Stein – Papier, 18–22, 24–27, 29, 62, 174
Shapley-Wert, 100
Shubik-Strategie, 139
Spiegelung, 125
Spiel
  in Extensivform, 17, 47, 84, 89, 107
  in Normalform, 17, 23, 47, 55, 84, 87
  Mehr-Personen-, 16, 18, 29, 44, 45, 116
  mit unvollständiger Information, 17, 48, 84, 135
  mit vollständiger Information, 17, 18, 24, 26, 48, 84, 135
  nicht-sequentielles, 18
  sequentielles, 18
  Zwei-Personen-, 2, 18, 23, 24, 26, 27, 30, 31, 33, 34, 38, 44, 47, 51, 66, 73, 90, 97, 104, 107, 108, 125, 135, 197
Spielbaum, 13, 51, 84, 86, 88
Spieldefinition, 18
Spiele
  stetige, 37
  strategische, 16
Spielregel, 18
Spieltheorie, 16
  evolutionäre, 173
  kombinatorische, 20
Spielzug, 19
stetige Verzinsung, 81
stetiger Strategieraum, 37
Stochastik, 11
Strategie, 17–19
  dominante, 23, 25
  dominierte, 23, 25
  evolutionär stabile, 96, 174, 176–178, 180, 181, 197
  gemischte, 22, 24, 55, 57, 58, 62, 67, 176, 177
  Langzeit-, 20–22, 36, 47, 55, 92, 94
  Pavlov-, 96
  reine, 17, 20, 21, 23, 48, 55
  Tit-For-Tat-, 93
Strategieraum
  diskreter, 37
  stetiger, 37
Strategieregel
  bei sequentiellen Spielen, 49
  bei Spielen in Normalform, 26
Stückpreis, 38
Superadditivität, 99
Superspiel, 108
Symmetrie, 103
Synchronisation, 181

T

Teilspiel, 86

teilspielperfektes Gleichgewicht, 86, 140
Teilungsproblem, 11, 52
Tester-Strategie, 139
Tic-Tac-Toe, 16
Tit-For-Tat-K-Strategie, 139
Tit-For-Tat-Strategie, 93, 139
Tit-For-Two-Tats-Strategie, 139
Topologie, 68

U
Umschlagproblem, 147, 197
unvollständige Information, 17, 48, 84, 135
Updaten, 122
Urnenmodell, 154

V
Varianz, 78
Verhandlungen, 103
Verhandlungsproblem, 103
Verlustposition, 48
Verschiebungsformel, 162, 199
Verzinsung, 77
virtuelle Wegsuche, 187

vollständige Information, 17, 18, 24, 26, 48, 84, 135
vollständiger Graph, 200

W
Wahrscheinlichkeit
  bedingte, 157
Wahrscheinlichkeitsraum, 15, 73, 158
Wahrscheinlichkeitsrechnung, 11
Wahrscheinlichkeitsverteilung, 55, 57, 185, 198
Wartezeit-Paradoxon, 161
Wason's Selection Task, 109, 111, 146
Weinproblem, 149
Win-Stay-Lose-Shift, 96

Z
Zerlegung, 159
Ziegenproblem, 146, 155
Zufallsexperiment, 13, 69, 71, 73, 154, 157, 199
Zufallsvariable, 57, 73
Zwei-Personen-Spiel, 2, 18, 23, 24, 26, 27, 30, 31, 33, 34, 38, 44, 47, 51, 66, 73, 90, 97, 104, 107, 108, 125, 135, 197

The manufacturer's authorised representative in the EU is Springer Nature Customer Service Centre GmbH, Europaplatz 3, 69115 Heidelberg, Germany. If you have any concerns regarding our products, please contact ProductSafety@springernature.com

Printed and bound by CPI Group (UK) Ltd, Croydon, CR0 4YY

25/03/2026

02078221-0002